COLLECTION D'AUTEURS ÉTRANGERS

FRÉDÉRIC NIETZSCHE

Le Voyageur et son Ombre

Opinions et Sentences mêlées

(Humain, trop Humain, deuxième partie)

TRADUITS PAR

HENRI ALBERT

DEUXIÈME ÉDITION

PARIS
SOCIÉTÉ DV MERCVRE DE FRANCE
XV, RVE DE L'ÉCHAVDÉ-SAINT-GERMAIN, XV

MCMII

8° R
18303

(16)

LE
VOYAGEUR ET SON OMBRE

OUVRAGES DU MÊME AUTEUR

EN VENTE

PAGES CHOISIES, publiées par HENRI ALBERT avec une préface. Portrait de Frédéric Nietzsche, gravé sur bois par JULIEN TINAYRE. Un fort vol. in-18.................................... 3.50

L'ORIGINE DE LA TRAGÉDIE, ou *Hellénisme et Pessimisme*, traduit par JEAN MARNOLD et JACQUES MORLAND. Un volume in-18... 3.50

HUMAIN, TROP HUMAIN (1re partie), traduit par A.-M. DESROUSSEAUX. Un volume in-18................................. 3.50

LE VOYAGEUR ET SON OMBRE, OPINIONS ET SENTENCES MÊLÉES (HUMAIN, TROP HUMAIN, 2e partie), traduit par HENRI ALBERT. Un volume in-18... 3.50

AURORE (*Réflexions sur les Préjugés moraux*), traduit par HENRI ALBERT. Un volume in-18................................. 3.50

LE GAI SAVOIR (*La Gaya Scienza*), traduit par HENRI ALBERT. Un volume in-18.. 3.50

AINSI PARLAIT ZARATHOUSTRA, traduit par HENRI ALBERT. Un volume in-18... 3.50

LA GÉNÉALOGIE DE LA MORALE, traduit par HENRI ALBERT. Un volume in-18... 3.50

LE CRÉPUSCULE DES IDOLES, LE CAS WAGNER, NIETZSCHE CONTRE WAGNER, L'ANTÉCHRIST, traduits par HENRI ALBERT. Un volume in-18... 3.50

PAR DELA LE BIEN ET LE MAL, traduit par L. WEISCOPF et G. ART. Un volume in-8................................... 8 fr.

SOUS PRESSE

LA VOLONTÉ DE PUISSANCE, *essai d'une transmutation de toutes les valeurs*, traduit par HENRI ALBERT. Deux volumes à.. 3.50

EN PRÉPARATION (volumes gr. in-18) :

HOMÈRE ET LA PHILOLOGIE CLASSIQUE. — DE L'AVENIR DE NOS ÉTABLISSEMENTS PÉDAGOGIQUES, etc.................... 1 vol.

LA PHILOSOPHIE PENDANT LA PÉRIODE TRAGIQUE DE LA GRÈCE, etc.. 1 vol.

CONSIDÉRATIONS INACTUELLES............................ 2 vol.

PAR DELA LE BIEN ET LE MAL (nouvelle édition)........... 1 vol.

POÈMES ET FRAGMENTS.................................... 1 vol.

ŒUVRES COMPLÈTES DE FRÉDÉRIC NIETZSCHE
PUBLIÉES SOUS LA DIRECTION DE HENRI ALBERT

FRÉDÉRIC NIETZSCHE

Le Voyageur et son Ombre

Opinions et Sentences mêlées

(Humain, trop Humain, deuxième partie)

TRADUITS PAR

HENRI ALBERT

DEUXIÈME ÉDITION

PARIS
SOCIÉTÉ DV MERCVRE DE FRANCE
XV, RVE DE L'ÉCHAVDÉ-SAINT-GERMAIN, XV

MCMII

IL A ÉTÉ TIRÉ DE CET OUVRAGE :

Dix exemplaires sur papier de Hollande, numérotés de 1 à 10.

JUSTIFICATION DU TIRAGE :

1360

Droits de traduction et de reproduction réservés pour tous pays,
y compris la Suède, la Norvège et le Danemark.

HUMAIN, TROP HUMAIN

(Deuxième partie)

AVANT-PROPOS

I.

Il ne faut parler que lorsque l'on n'a pas le droit de se taire, et ne parler que de ce que l'on a *surmonté* — tout le reste est bavardage, « littérature », manque de discipline. Mes écrits ne parlent que de mes victoires : j'y suis, « moi », avec tout ce qui m'était contraire, *ego ipsissimus*, oui même, s'il m'est permis d'employer une expression plus fière, *ego ipsissimum*. On le devine : j'ai beaucoup de choses — au-dessous de moi... Mais il fallut toujours du temps, de la santé, de l'espace, de la distance jusqu'à ce que naquît en moi le désir d'utiliser, en vue de la connaissance, un fait personnel que j'avais laissé derrière moi, une fatalité que je voulais après coup dévoiler, dépouiller, « représenter » (ou quelle que soit l'expression que l'on veuille employer). Dans ce sens, tous mes écrits, avec une seule exception il est vrai, doivent être *antidatés* — ils ne parlent toujours que de ce que j'ai derrière moi — : quelques-uns même, comme par exemple les trois premières *Considérations inactuelles*, remontent plus loin encore, en deçà de la période d'incubation d'un livre publié antérieurement (je veux parler de *l'Origine de la tragédie*, un subtil observateur ne saurait l'ignorer). Cette explosion irritée contre le faux patriotisme allemand, la complaisance et l'avachissement de la langue chez David Strauss vieilli, un sentiment qui provoqua la première *Inactuelle* et me soulagea de pensées venues longtemps auparavant, lorsque, jeune étudiant, je vivais au milieu de la culture allemande, de la culture des philistins (je revendique la paternité de cette expression « philistin de la culture », dont on use et abuse aujourd'hui —) ; et ce que j'ai dit contre la « maladie historique », je l'ai exprimé comme quelqu'un qui avait appris à en guérir lentement et avec peine, et qui n'avait nullement l'intention de renoncer dorénavant à « l'historisme », parce que jadis il en avait souffert. Lorsque, par la suite, je voulus, dans la troisième *Considération inactuelle*, exprimer la vénération que je portais à mon premier et seul éducateur, le *grand* Arthur Schopenhauer — je le ferais aujourd'hui encore, bien plus fortement et d'une façon plus personnelle — je me trouvais déjà, pour ma part, au milieu du scepticisme et de la décomposition morale, c'est-à-dire autant occupé à la critique qu'à l'approfondissement de tout pessimisme — je ne croyais plus « à rien du tout », comme dit le peuple, pas non plus à Schopenhauer : c'est à cette époque que naquit un mémoire, tenu secret jusqu'ici, *sur la vérité et le mensonge au sens extra-moral*. Mon discours solennel, mon apologie victorieuse en l'honneur de Wagner, à l'occasion de son triomphe de Bayreuth en 1876 — Bayreuth signifie la plus grande victoire que jamais artiste ait remportée —, un ouvrage qui possède au plus haut point l'apparence de « l'actualité », n'était encore au fond qu'un hommage de reconnaissance à l'égard d'une tranche du passé, à l'égard de la plus belle période de calme, calme dangereux aussi, que j'aie rencontrée pendant mon voyage en mer... et c'était effectivement une séparation, un adieu. (Richard Wagner s'y est-il peut-être trompé lui-même ? Je ne le crois pas. Tant que l'on aime encore, on ne peint certainement pas de pareilles images ; on ne « considère » pas encore, on ne choisit pas un poste d'observation à distance, tel que le contemplateur doit le choisir. « Pour la contemplation, un mystérieux *antagonisme*, celui des regards qui se croisent, est indispensable » — est-il dit à la page 46 de l'ouvrage indiqué, avec un tour de phrase traître et mélancolique qui ne s'adressait peut-être qu'à un petit nombre de personnes.) Le sang-froid qu'il fallait pour *pouvoir* parler de ces longues années intermédiaires, passées dans la solitude de l'âme et dans la privation, ne me vint qu'avec l'ouvrage *Humain, trop humain*, à quoi cette seconde introduction doit encore être consacrée. Il plane au-dessus de lui — attendu que c'est un livre dédié « aux esprits libres » — quelque chose de cette froideur presque sereine et pleine de curiosité qui est le propre du psychologue, cette froideur qui lui fait retenir une foule de choses douloureuses qui se trouvent déjà *derrière* lui, *au-dessous* de lui, pour les collectionner après coup et les fixer en quelque sorte d'une pointe d'épingle. Quoi d'étonnant si, durant un travail aussi piquant et aussi méticuleux, il coule à l'occasion un peu de sang, si le psychologue y garde du sang aux doigts, et peut-être pas seulement — aux doigts ?...

2.

Les *Opinions et Sentences mêlées*, comme le *Voyageur et son Ombre*, ont été publiées tout d'abord séparément, en continuation et appendice de ce livre humain, trop humain que je viens de nommer, « livre dédié aux esprits libres » : c'était en même temps la continuation et le redoublement d'une cure intellectuelle, je veux dire du traitement *anti-romantique*, tel que l'avait imaginé et administré mon instinct demeuré sain, pour combattre la maladie intermittente dont j'étais atteint : le romantisme sous sa forme la plus dangereuse. Puisse-t-on goûter maintenant, après six ans de guérison, les mêmes écrits réunis comme deuxième volume de *Humain, trop humain* : peut-être, ainsi réunis, présentent-ils leur enseignement avec plus de force et de précision, — une *doctrine de la santé* que je permettrai de recommander aux natures plus intellectuelles de la génération montante, comme *disciplina voluntatis*. Un pessimiste y prend la parole, un pessimiste qui souvent voulut jeter le manche après la cognée et qui toujours s'est remis à l'ouvrage, un pessimiste donc, avec la bonne volonté du pessimisme, et certainement plus un romantique : comment ? un esprit qui s'entend à cette ruse de serpent qui consiste à *changer de peau*, n'aurait-il pas le droit de donner une leçon aux pessimistes d'aujourd'hui, qui tous se trouvent encore en danger de romantisme? Et, en tous les cas, de leur en indiquer la manière ?...

3.

— Il était, en effet, grand temps de *prendre congé* : cela me fut démontré de suite. Richard Wagner, le plus victorieux en apparence, en réalité un romantique, caduc et désespéré, s'effondra soudain, irrémédiablement anéanti devant la sainte croix... Aucun Allemand n'avait-il donc alors d'yeux pour voir, de pitié dans la conscience, pour déplorer cet horrible spectacle? Ai-je donc été le seul qu'il ait fait — *souffrir?* N'importe, l'événement inattendu me jeta une lumière soudaine sur l'endroit que je venais de quitter, — et me donna aussi ce frisson de terreur que l'on ressent après avoir couru inconsciemment un immense danger. Lorsque je continuai seul ma route, je me mis à trembler. Peu de temps après je fus malade, plus que malade, fatigué, — fatigué par la continuelle désillusion au sujet de tout ce qui nous enthousiasmait encore, nous autres hommes modernes; de la force, du travail, de l'espérance, de la jeunesse, de l'amour inutilement prodigués partout ; fatigué par dégoût de tout ce qu'il y a de féminisme et d'exaltation désordonnée dans ce romantisme, de toute cette menterie idéaliste et de cet amollissement de la conscience, qui de nouveau l'avaient emporté là ur l'un des plus braves; fatigué enfin, et ce ne fut as ma moindre fatigue, par la tristesse d'un impitoyable soupçon, — je pressentais qu'après cette désillusion j'allais être condamné à me défier plus encore, à mépriser plus profondément, à être plus absolument seul que jamais. Ma *tâche* — qu'était-elle devenue? Comment? n'était-ce pas maintenant comme si ma tâche se retirait de moi? comme si, pour longtemps, je n'avais plus droit à elle? Que faire pour supporter *cette* privation, la plus grande de toutes? — Je commençai par *m'interdire*, radicalement et par principe, toute musique romantique, cet art ambigu, fanfaron, étouffant, qui prive l'esprit de sa sévérité et de sa joie et qui fait pulluler toutes sortes de désirs vagues et d'envies spongieuses. « *Cave musicam* », c'est aujourd'hui encore mon conseil à tous ceux qui sont assez virils pour tenir à la netteté dans les choses de l'esprit. Une pareille musique énerve, amollit, efféminé, son « éternel féminin » nous attire en bas !... Mes premiers soupçons se sont alors dirigés *contre* la musique romantique, je pris mes précautions; et si j'espérais encore quelque chose de la musique, c'était dans l'attente d'un musicien assez audacieux, assez méchant, assez méditerranéen et débordant de santé, pour prendre sur cette musique une immortelle *vengeance*. —

4.

Solitaire désormais et me méfiant jalousement de moi-même, je pris alors, et non sans colère, parti *contre* moi-même, et *pour* tout ce qui justement me faisait mal et m'était pénible : — c'est ainsi que j'ai retrouvé le chemin de ce pessimisme intrépide qui est le contraire de toutes les hâbleries romantiques, et aussi, comme il me semble, le chemin vers moi-même, — le chemin de *ma* tâche. Ce quelque chose de caché et de dominateur qui longtemps pour nous demeure innommé, jusqu'à ce qu'enfin nous découvrions que c'est là notre tâche, — ce tyran prend sur nous et en nous une terrible revanche, à chaque tentative que nous faisons pour l'éviter et pour lui échapper, à chaque décision prématurée, à chaque essai pour nous assimiler à ceux dont nous ne faisons point partie, chaque fois que nous nous adonnons à une occupation, si estimable soit-elle, qui nous détourne de notre objet principal, — et il se venge même de chacune de nos vertus qui voudrait nous protéger contre la rigueur de notre responsabilité la plus intime. La maladie est chaque fois le contre-coup de nos doutes, quand notre droit et notre tâche nous paraissent incertains, — quand nous commençons à nous relâcher quelque peu. Chose étrange et terrible en même temps! Ce sont nos *allègements* qu'il nous faut expier le plus durement! Et si, plus tard, nous voulons revenir à la santé, il ne nous reste pas de choix : nous devons nous charger plus *lourdement* que nous ne l'avons jamais été...

5.

— C'est alors seulement que j'appris ce langage d'ermite, à quoi ne s'entendent que les plus silencieux et les plus souffrants : je parlai sans témoins, ou plutôt avec l'indifférence vis-à-vis des témoins, pour ne pas souffrir du silence, je parlai de choses qui ne me regardaient pas, mais sur le ton que j'aurais pris si elles m'avaient regardé. J'appris l'art de me donner pour joyeux, objectif, curieux, et avant tout bien portant et méchant, — c'est là, me semble-t-il, du « bon goût » chez un malade. Un œil plus subtil cependant, animé d'une sympathie particulière, s'apercevra peut-être de ce qui fait le charme de cet écrit : — entendre parler un homme qui souffre et se prive, comme s'il ne souffrait et ne se privait *pas*. Ici l'équilibre en face de la vie, le sang-froid et même la reconnaissance à l'égard de la vie doivent être maintenus, ici domine une volonté sévère, fière, toujours en éveil, sans cesse irritable, une volonté qui s'est imposé la tâche de défendre la vie contre la douleur et d'extirper toutes les conclusions qui naissent comme des champignons vénéneux sur le sol de la douleur, de la déception, du dégoût, de l'esseulement et d'autres terrains marécageux. Un pessimiste trouverait peut-être là des indications précieuses pour s'examiner soi-même, — car c'est alors que j'ai pu m'arracher cette phrase : « Un homme qui souffre n'a pas encore *droit* au pessimisme ! » Alors je livrais en moi-même une campagne pénible et patiente contre le penchant foncièrement antiscientifique de tout pessimisme romantique, qui veut transformer quelques expériences personnelles en jugements universels, les amplifiant jusqu'à vouloir condamner le monde... en un mot, je fis faire un *tour* à mon regard. L'optimisme en vue d'une guérison, pour avoir le *droit* de redevenir pessimiste une fois ou l'autre — comprenez-vous cela ? Pareil à un médecin qui place son malade dans un entourage absolument étranger, pour l'écarter de tout ce qu'il laisse derrière lui — ses soucis, ses amis, ses lettres, ses devoirs, ses sottises, les tourments de sa mémoire — pour lui apprendre à tendre les mains et les sens vers une nourriture nouvelle, un nouveau soleil et un nouvel avenir; ainsi je me suis forcé, médecin et malade tout à la fois, à un *climat de l'âme*, contraire à mon âme ancienne, et non encore expérimenté; je me suis forcé surtout à une excursion lointaine à l'étranger, dans ce qui est étrange, à une curiosité tendue vers toute espèce de choses étranges... Il s'en suivit un long vagabondage, fait de recherches et de changements, une répugnance contre toute espèce d'arrêt, contre les lourdes affirmations et négations; de même une diététique et une discipline qui rendraient aussi facile que possible à l'esprit de courir au loin, de voler haut et, avant tout, de s'envoler toujours à nouveau. De fait, c'était là un minimum de vie, une séparation de toute convoitise grossière, une indépendance au milieu de toutes sortes de disgrâces extérieures, avec la fierté de *pouvoir* vivre au milieu de ces disgrâces; un peu de cynisme peut-être, quelque chose du fameux « tonneau », mais certainement aussi le bonheur du grillon, la sérénité du grillon, beaucoup de silence, de lumière, de folie très subtile, d'exaltation cachée — tout cela finit par produire un grand affermissement intellectuel, une joie et une plénitude grandissantes dans la santé. La vie elle-même nous *récompense* de notre volonté opiniâtre vers la vie, de cette longue guerre, telle que je l'ai menée alors, contre le pessimisme de la lassitude;

elle nous récompense déjà de tout regard attentif que lui jette notre reconnaissance, qui ne laisse échapper aucune offrande de la vie, fût-ce même la plus petite et la plus passagère. Elle nous rend en retour la plus grande offrande qu'elle puisse donner, — elle nous rend *notre tâche*. — —

6.

— Cet événement de ma vie — l'histoire d'une maladie et d'une guérison, car cela finit par une guérison — n'a-t-il été qu'un événement à moi personnel ? Cela n'a-t-il été que *mon* « humain, trop humain »? Je suis tenté de croire aujourd'hui le contraire ; je commence à penser et je pense toujours plus que mes livres de voyage n'ont pas été rédigés pour moi seul, comme il me semble parfois. — Puis-je, après six ans d'une conviction toujours grandissante, les envoyer à nouveau s'essayer en route? Puis-je recommander particulièrement de les prendre à cœur, à ceux qui s'affligent d'un « passé » et qui ont assez d'esprit de reste pour souffrir aussi de l'*esprit* de leur passé? Mais avant tout à vous, qui avez la tâche la plus dure, hommes rares, intellectuels et courageux, vous les plus exposés de tous, qui devez être la *conscience* de l'âme moderne et, comme tels, posséder sa *science*, vous chez qui se rassemble tout ce qu'il peut y avoir aujourd'hui de maladies, de poisons, de dangers, — vous dont c'est la destinée d'être plus malades que n'importe quel individu, parce que vous n'êtes pas seulement des « individus »..., vous, dont c'est la consolation de connaître le chemin d'une santé *nouvelle*, et hélas! de suivre ce chemin, d'une santé de demain et d'après-demain, prédestinés et victorieux comme vous l'êtes, vainqueurs du temps, vous les mieux portants et les plus forts, vous autres *bons Européens!* — —

7.

— Qu'il me soit permis, pour finir, de résumer encore dans une formule mon opposition contre le *pessimisme romantique*, c'est-à-dire le pessimisme des indigents, des mal-venus, des vaincus : il existe une volonté du tragique et du pessimisme qui est un signe de sévérité tout autant que de vigueur intellectuelle (goût, sentiment, conscience). Avec cette volonté au cœur on ne craint pas ce qu'il y a de redoutable et de problématique dans toute espèce d'existence ; on y recherche même ces qualités. Derrière une pareille volonté il y a le courage, la fierté, le désir d'un *grand* ennemi. Ce fut là d'abord *ma* perspective pessimiste, — une nouvelle perspective, comme il me semble ? une perspective qui, aujourd'hui encore, est nouvelle et étrange ? Jusqu'à présent, je m'en tiens à elle, et, si l'on veut m'en croire, tant pour moi que (à l'occasion du moins) contre moi... Voulez-vous que cela soit démontré? Mais quoi encore, si ce n'est cela, aurait été démontré dans cette longue préface ?

Sils-Maria, Engadine supérieure.

Septembre 1886.

PREMIÈRE PARTIE

OPINIONS ET SENTENCES MÊLÉES

1.

A ceux que la philosophie a déçus. — Si jusqu'à présent vous avez cru à la valeur supérieure de la vie et si vous vous voyez déçus maintenant, faut-il donc vous débarrasser de la vie au plus vil prix?

2.

Être gâté. — On peut aussi être gâté pour ce qui concerne la clarté des idées. Combien vous dégoûtent alors les rapports avec ces gens obscurs et nébuleux, qui aspirent et qui pressentent! Combien paraît ridicule, sans être réjouissant, leur éternel papillonnement, leur chasse perpétuelle, sans qu'ils parviennent véritablement à voler et à attraper quelque chose!

3.

Les prétendants de la réalité. — Celui qui finit par s'apercevoir combien et combien longtemps il a été dupé, embrasse, par dépit, la réalité même la plus laide : en sorte que, si l'on considère le monde dans son ensemble, c'est à la réalité que sont échus au cours des siècles les meilleurs prétendants, — car ce sont les meilleurs qui ont été dupés le mieux et le plus longtemps.

4.

PROGRÈS DE LA PENSÉE LIBRE. — Il n'y a pas de meilleur moyen pour rendre intelligible la différence qu'il y a entre la libre pensée de jadis et la pensée libre d'aujourd'hui que de se souvenir d'un axiome célèbre. Pour l'imaginer et le formuler il fallut toute l'intrépidité du siècle dernier, et pourtant, mesuré selon notre expérience d'aujourd'hui, il devient une naïveté involontaire, — je veux parler de l'axiome de Voltaire : « *Croyez-moi, mon ami, l'erreur aussi a son mérite.* »

5.

UN PÉCHÉ ORIGINEL DES PHILOSOPHES. — Les philosophes se sont emparés de tous temps des axiomes de ceux qui étudient les hommes (moralistes); il les ont *corrompus*, en les prenant dans un sens absolu et en voulant démontrer la nécessité de ce que ceux-ci n'avaient considéré que comme indication approximative, ou même seulement comme la vérité particulière à une ville ou à un pays pendant une dizaine d'années —; mais par là les philosophes croyaient s'élever au-dessus des moralistes. C'est ainsi que l'on trouvera, comme bases des célèbres doctrines de Schopenhauer concernant la primauté de la volonté sur l'intellect, l'invariabilité du caractère, la négativité de la joie — qui toutes, telles qu'il les entend, sont des erreurs — des principes de sagesse populaire érigés en vérités par des moralistes. Le mot « volonté » que Schopenhauer transforma pour en faire une désignation commune à plusieurs conditions humaines, l'introduisant dans le langage là où il y avait une lacune, à son grand profit personnel, pour autant qu'il était moraliste — dès lors il put parler de la « volonté » de la même façon dont Pascal en avait parlé —, le mot « volonté » chez Schopenhauer dégénéra entre les mains de son inventeur, à cause de sa rage philosophique des généralisations, pour le plus grand malheur de la science : car c'est faire de cette volonté une métaphore poétique que de prétendre attribuer à toutes les choses de la nature une volonté; enfin, on en a abusé par une fausse objectivation, en vue de l'utiliser à toutes sortes d'excès mystiques — et tous les philosophes à la mode répètent et semblent savoir exactement que toutes choses n'ont qu'une seule volonté et qu'elles sont même cette seule volonté (ce qui voudrait dire, d'après la description que l'on donne de cette volonté une et universelle, que l'on veut absolument avoir pour Dieu le *stupide démon*).

6.

Contre les imaginatifs. — L'imaginatif nie la vérité devant lui-même, le menteur seulement devant les autres.

7.

Inimitié contre la lumière. — Si l'on fait comprendre à quelqu'un qu'au sens strict il ne peut jamais parler de vérité, mais seulement de probabilité et des degrés de la probabilité, on découvre généralement, à la joie non dissimulée de celui que l'on instruit ainsi, combien les hommes préfèrent l'incertitude de l'horizon intellectuel, et combien, au fond de leur âme, ils *haïssent* la vérité à cause de sa précision. — Cela tient-il à ce qu'ils craignent tous secrètement que l'on fasse une fois tomber sur eux-mêmes, avec trop d'intensité, la lumière de la vérité ? Ils veulent signifier quelque chose, par conséquent on ne doit pas savoir exactement ce qu'ils sont? Ou bien n'est-ce que la crainte d'un jour trop clair, auquel leur âme de chauve-souris crépusculaire et facile à éblouir n'est pas habituée, en sorte qu'il leur faut haïr ce jour ?

8.

Scepticisme chrétien. — On présente maintenant volontiers Pilate, avec sa question « qu'est-ce que la vérité ? » comme avocat du Christ, et cela pour mettre en suspicion tout ce qui est connu et connaissable, le faire passer pour apparence, afin de pouvoir dresser sur l'horrible fond de l'impossibilité-de-savoir : la Croix !

9.

La « loi de la nature » une superstition. — Si vous parlez avec tant d'enthousiasme de la conformité aux lois qui existent dans la nature, il faut que vous admettiez soit que, par une obéissance librement consentie et soumise à elle-même, les choses naturelles suivent leurs lois — en quel cas vous admirez donc la moralité de la nature —; soit que vous évoquiez l'idée d'un mécanicien créateur qui a fabriqué la pendule la plus ingénieuse en y plaçant, en guise d'ornements, les êtres vivants. — La nécessité dans la nature devient plus humaine par l'expression « conformité aux lois », c'est le dernier refuge de la rêverie mythologique.

10.

ÉCHU A L'HISTOIRE. — Les philosophes voilés et les obscurcisseurs du monde, donc tous les métaphysiciens d'un sel plus ou moins gros, sont pris de douleurs, aux yeux, aux oreilles ou aux dents, lorsqu'ils commencent à soupçonner qu'il y a quelque réalité dans cet axiome affirmant que toute la philosophie est tombée maintenant dans le domaine de l'histoire. On peut leur pardonner à cause de leur chagrin, s'ils jettent des pierres et des immondices à celui qui parle ainsi : mais il se peut que la doctrine elle-même en devienne pour un temps malpropre et insignifiante et perde de son effet.

11.

LE PESSIMISTE DE L'INTELLECT. — L'homme véritablement libre par l'esprit pensera aussi très librement au sujet de l'esprit lui-même et ne se cachera pas ce qu'il peut y avoir de grave dans les sources et la direction de celui-ci. C'est pourquoi les autres le considéreront peut-être comme le pire ennemi de la libre pensée et lui appliqueront ce terme de mépris « pessimiste de l'intellect » qui doit mettre en garde contre lui : habitués comme ils le sont à ne point nommer quelqu'un d'après sa force et sa vertu dominante, mais d'après ce qui leur paraît le plus étrange en lui.

12.

BESACE DES MÉTAPHYSICIENS. — Il ne faut pas répondre du tout à ceux qui parlent avec tant de fanfaronnade de ce que leur métaphysique a de scientifique; il suffit de farfouiller dans le paquet qu'ils dissimulent derrière leur dos avec tant de pudeur; si l'on réussit à le défaire quelque peu on amènera à la lumière, à leur plus grande honte, le résultat de ce scientifisme : un tout petit bon Dieu, une aimable immortalité, peut-être un peu de spiritisme et certainement tout l'amas confus des misères d'un pauvre pécheur et de l'orgueil du pharisien.

13.

LA CONNAISSANCE NUISIBLE A L'OCCASION. — L'utilité qu'apporte une recherche absolue de la vérité est sans cesse démontrée au centuple, tellement qu'il faut s'accommoder sans hésiter des choses nuisibles, légères et rares, en somme, dont l'individu peut avoir à souffrir à cause de cette recherche. Il est impossible d'éviter les risques que court le chimiste qui peut se brûler ou s'empoisonner à l'occasion de ses expériences. — Ce que l'on peut dire du chimiste s'applique à toute notre civilisation : d'où il résulte clairement, soit dit en passant, combien il importe, pour celle-ci, d'avoir toujours en réserve des baumes pour les blessures et des contre-poisons.

14.

CE DONT LE PHILISTIN A BESOIN. — Le philistin croit que ce qui lui est le plus nécessaire c'est un chiffon de pourpre ou un turban de métaphysique, et il ne veut absolument pas se les laisser arracher ; et pourtant on le trouverait moins ridicule sans ces oripeaux.

15.

LES EXALTÉS. — Par tout ce que les exaltés disent en faveur de leur évangile ou de leur maître il se défendent eux-mêmes, bien qu'ils aient l'air de s'ériger en juges (et non point en accusés), car involontairement on leur fait souvenir, presque à chaque instant, qu'ils sont des exceptions qui ont besoin de se légitimer.

16.

LE BIEN INDUIT A LA VIE. — Toutes les choses bonnes sont de forts stimulants en faveur de la vie, c'est même le cas de tout bon livre, écrit contre la vie.

17.

BONHEUR DE L'HISTORIEN. — « Lorsque nous entendons parler les métaphysiciens subtils et les hallucinés de l'arrière-monde, nous comprenons, il est vrai, que nous autres, nous sommes les « pauvres d'esprit », mais aussi que c'est à nous qu'appartient le royaume du changement, avec le printemps et l'automne, l'hiver et l'été, et que c'est à ceux-ci qu'appartient l'arrière-monde avec ses brouillards sans fin, ses ombres grises et froides. »

— C'est ce que se prit à dire quelqu'un qui se promenait sous le soleil du matin : quelqu'un qui, en étudiant l'histoire, sentait se transformer sans cesse, non seulement son esprit, mais encore son cœur, et qui, en opposition avec les métaphysiciens, est heureux d'abriter en lui, non pas une âme immortelle, mais beaucoup d'âmes mortelles.

18.

Trois espèces de penseurs. — Il y a des sources minérales qui jaillissent, il y en a d'autres qui coulent, et d'autres encore qui ne viennent que goutte par goutte ; dans le même sens il y a trois espèces de penseurs. Le profane les évalue selon la capacité de l'eau, le connaisseur en examine la teneur, et les juge par conséquent d'après ce qui en eux n'est *pas* de l'eau.

19.

L'image de la vie. — Vouloir peindre l'image de la vie, cette tâche, bien que présentée par les poètes et les philosophes, n'en est pas moins insensée : sous la main des plus grands peintres et penseurs il ne s'est jamais formé que des images et des esquisses *tirées d'une* vie, c'est-à-dire de leur propre vie — et il ne saurait en être autrement. Dans une chose qui est en plein devenir, une autre chose qui devient ne saurait se refléter d'une façon fixe et durable, comme « la » vie.

20.

La vérité ne tolère pas d'autres dieux. — La

foi en la vérité commence avec le doute au sujet de toutes les « vérités » en quoi l'on a cru jusqu'à présent.

21.

Sur quoi l'on exige le silence. — Si l'on parle de la libre pensée comme d'une expédition très dangereuse au milieu des glaciers et des mers polaires, ceux qui ne veulent pas s'engager dans la même voie sont offensés, comme si on leur avait reproché leur hésitation ou leurs jambes trop faibles. Quand nous ne nous sentons pas à la hauteur d'une chose difficile, nous ne tolérons pas qu'elle soit mentionnée devant nous.

22.

Historia in nuce. — La parodie la plus sérieuse que j'aie jamais entendue est celle-ci : Au commencement était le non-sens, et le non-sens *était*, par Dieu ! et Dieu (divin) était le non-sens.

23.

Incurable. — L'idéaliste est incorrigible : si on le jette hors de son ciel il s'arrange avec l'enfer un idéal. Créez lui une déception et vous verrez qu'il ne met pas moins d'ardeur à embrasser sa déception qu'il n'en mettait il y a peu de temps à se draper de son espérance. Dans la mesure où son penchant appartient aux grands penchants incurables de la nature humaine, il peut provoquer des destinées tragiques et devenir plus tard l'objet de tragédies : en cela il touche à ce qu'il y a d'incurable, d'inévitable, d'irrémissible dans la destinée et le caractère humains.

24.

Les applaudissements sont une continuation du spectacle. — L'air radieux et le sourire bienveillant, c'est la façon d'approbation que l'on donne à la grande comédie du monde et de l'existence, — mais c'est en même temps une comédie dans la comédie qui doit entraîner les autres spectateurs au « *plaudite, amici* ».

25.

Courage de l'ennui. — Celui qui n'a pas le courage de permettre que l'on trouve ennuyeux son œuvre et lui-même, n'est certainement pas un esprit de premier ordre, que ce soit dans les arts ou dans les sciences. — Un esprit moqueur qui, par exception, serait aussi un penseur, en jetant un regard sur le monde et l'histoire, pourrait ajouter : «Dieu n'a pas ce courage; il a voulu rendre toutes choses intéressantes et il les a faites ainsi. »

26.

De la plus intime expérience du penseur. — Rien n'est plus difficile pour un homme que de saisir une chose d'une façon impersonnelle : je veux dire d'y voir précisément une chose et non pas une *personne* : on peut même se demander si, d'une façon générale, il lui est possible de suspendre, ne fût-ce que pendant un instant, le mécanisme de son instinct qui crée et imagine des personnes. Dans ses rapports avec les *pensées*, même les plus abstraites, il se comporte comme si elles étaient des individus avec lesquels on est forcé de lutter ou de prendre partie, des individus que l'on garde, soigne et élève. Ecoutons ou guettons-nous nous-mêmes dans la minute où nous entendons ou trouvons un axiome nouveau pour nous. Peut-être nous déplaît-il parce qu'il se présente avec tant de hauteur et d'orgueil : inconsciemment nous nous demandons si nous ne devons pas lui opposer un ennemi ou bien lui adjoindre un « peut-être » ou un « parfois »; le petit mot « probable » nous donne même satisfaction, parce qu'il brise la tyrannie personnelle de l'absolu qui nous importune. Lorsque, par contre, cet axiome nouveau nous apparaît sous une forme plus atténuée, tolérant et humble comme il convient, se jetant, en quelque sorte, dans les bras de la contradiction, nous avançons un autre exemple de notre souveraineté : car comment saurions-nous ne pas venir en aide à cet être faible, le caresser et le nourrir, lui donner de la force et de la plénitude et même une apparence de vérité et d'absolu? Nous est-il possible de nous comporter à son égard d'une façon naturelle, chevaleresque ou compatissante ? — Ailleurs encore nous voyons d'une part un jugement et d'autre part un autre jugement, éloignés l'un de l'autre, sans qu'ils soient liés et sans qu'ils tendent à se rapprocher : alors une idée nous chatouille, nous nous informons s'il n'y aurait pas un mariage à faire, une *conclusion* à tirer, nous avons le sentiment vague qu'au cas où cette conclusion aurait une suite l'honneur en reviendrait non seulement aux deux jugements unis par le mariage, mais encore à l'auteur de ce mariage. Si, par contre, on ne peut s'attaquer à cette idée ni par l'entêtement et le mauvais vouloir, ni par la bienveillance (si on la tient pour *vraie*—), on s'y soumet, et on lui rend hommage comme à un guide et un chef, on lui accorde une place d'honneur et on n'en parle pas sans pompe et fierté; car *son* éclat rejaillit sur vous. Malheur à celui qui voudrait l'obscurcir! Mais il arrive aussi que cette autorité devienne un jour scabreuse pour nous : — alors, nous qui sommes des infatigables faiseurs de rois (*king-makers*) dans le domaine de l'esprit, nous chassons du trône l'idée élue et y élevons en hâte son adversaire. Considérez cela et faites un pas de plus dans votre pensée : certes, personne ne parlera plus d'un « besoin de connaissance en soi »! — Pourquoi donc l'homme préfère-t-il le vrai au non vrai, dans cette lutte *secrète* avec les *idées-personnes*, dans ce mariage des idées, mariage demeuré le plus souvent caché, dans cette fondation d'Etats sur le domaine de la pensée, dans cette éducation et cette assistance de la pensée? Pour la même raison qui lui fait rendre justice dans ses rapports avec des personnes véritables : *maintenant* par habitude, héritage et éducation, *primitivement* parce que le vrai — comme aussi l'équitable et le juste — est plus *utile* et rapporte plus d'*honneurs* que le non-vrai. Car, dans le domaine de la pensée, il est difficile de maintenir la *puissance* et la *répu-*

tation, lorsque celles-ci s'édifient sur l'erreur et le mensonge : le sentiment qu'un pareil édifice pourrait s'effondrer une fois est *humiliant* pour la conscience de son architecte ; l'architecte a honte de la fragilité de son matériel, et, parce qu'il se considère *lui-même* comme plus *important* que le reste du monde, il ne voudrait rien exécuter qui ne fût plus *durable* que le reste du monde. Dans son désir de la vérité, il embrasse la foi en l'immortalité personnelle, c'est-à-dire la pensée la plus orgueilleuse et la plus altière qu'il y ait, car elle est liée intimement à l'arrière-pensée « *pereat mundus, dum ego salvus sim !* » Son œuvre est devenue pour lui son *ego*, il se transforme lui-même en une chose impérissable, qui affronte toute autre chose ; c'est sa fierté incommensurable qui ne veut se servir, pour son œuvre, que des pierres les meilleures et les plus dures, donc de vérités, ou de ce qu'il tient pour tel. A bon droit, on a de tous temps appelé l'*orgueil* « le vice de ceux qui savent », — mais la vérité et son prestige seraient en mauvaise posture, sur la terre, sans ce vice fécond. C'est dans le fait que nous *craignons* nos propres idées, nos propres paroles, mais aussi que nous nous y *vénérons* nous-mêmes, leur attribuant involontairement la faculté de pouvoir nous récompenser, nous mépriser, nous louer et nous blâmer, donc dans le fait que nous sommes en relation avec elles, comme avec des personnes libres et intellectuelles, des puissances indépendantes, d'égal à égal — c'est dans ce fait que le singulier phénomène que j'ai appelé « conscience intellectuelle » a ses racines. C'est donc encore une chose morale, d'un ordre supérieur, qui est sortie d'une racine vulgaire.

27.

Les obscurantistes. — L'essentiel, dans la magie noire des obscurantistes, ce n'est pas qu'elle veut troubler les cerveaux, mais qu'elle tend à noircir l'image du monde et à obscurcir notre *idée de l'existence*. Il est vrai que, pour arriver à cette fin, l'obscurantisme s'applique souvent à empêcher l'émancipation des esprits, mais, dans certains cas, il use précisément du moyen opposé et cherche, par l'extrême affinement de l'intelligence, à engendrer la satiété. Les métaphysiciens subtils qui préparent le scepticisme et qui, par leur extrême sagacité, invitent à la méfiance envers la sagacité, sont d'excellents instruments d'un obscurantisme plus raffiné. Est-il possible de pouvoir faire servir à cette fin Kant lui-même? Je dirai plus : est-il possible que, d'après sa propre déclaration demeurée tristement fameuse, il ait *voulu* lui-même quelque chose de semblable, du moins d'une façon passagère : ouvrir une route à la *foi*, en assignant ses limites à la science? — Il est vrai qu'il n'y a pas réussi, lui pas plus que ses successeurs dans les sentiers de loup et de renard de cet obscurantisme très raffiné et très dangereux — c'est même le plus dangereux de tous : car la magie noire apparaît ici avec une auréole de lumière.

28.

Quelle espèce de philosophie fait périr l'art. — Si les brumes d'une philosophie métaphysicomystique réussissent à rendre *opaques* tous les phénomènes esthétiques, il s'en suit qu'il est impossible d'*évaluer* ces phénomènes en les jugeant les uns par les autres, car chacun séparément est inexplicable. Mais s'il n'est plus possible de comparer, pour aboutir à une estimation, il finit par en résulter une *absence* complète *de critique*, un aveugle laisser-aller ; il en résulte de plus un affaiblissement continuel de la *jouissance* que procure l'art (cette jouissance qui ne se distingue de la brutale satisfaction d'un besoin que par un goût raffiné à l'extrême et un sens aigu de la nuance). Mais plus la jouissance diminuera, plus se transformera le désir de l'art, pour s'abaisser de nouveau à un simple appétit, à quoi l'artiste cherche, dès lors, à subvenir par une nourriture toujours plus grossière.

29.

A GETHSÉMANÉ. — Ce qu'un penseur peut dire de plus douloureux à un artiste c'est : « Ne pouvez-vous pas *veiller* pendant une heure *avec moi?* » (1)

30.

AU MÉTIER A TISSER. — Il y a un petit nombre de gens qui prennent plaisir à débrouiller le tissu des choses et à défaire les mailles, mais un grand nombre travaille à l'encontre de cette tâche (par exemple tous les artistes et les femmes). Ils s'appliquent à refaire les nœuds à l'infini et à embrouiller

---

(1) Matthieu, xxvi, 40. — N. d. T.

les fils, de telle sorte que les choses comprises deviennent incompréhensibles. Quoi qu'il advienne, les mailles et les tissus auront toujours l'air un peu malpropres, parce que trop de mains y travaillent et arrachent les fils.

31.

Dans le désert de la science. — A l'homme scientifique apparaissent, durant ses marches humbles et pénibles qui sont, hélas ! fort souvent des marches à travers le désert, ces merveilleux mirages que l'on appelle « systèmes philosophiques » : ils montrent, à portée de la main, avec la force magique de l'illusion, la solution de toutes les énigmes et la coupe rafraîchissante de la véritable boisson de vie ; le cœur palpite de joie et l'homme fatigué touche déjà presque des lèvres la récompense de sa peine et de sa persévérance scientifiques, en sorte qu'il va presque involontairement, toujours de l'avant. Il est vrai que certaines natures s'arrêtent comme étourdies par le beau mirage : alors le désert les engloutit et elles sont mortes pour la science. D'autres natures encore, celles qui ont souvent fait l'expérience de ces consolations subjectives, sont prises d'un extrême découragement et maudissent le goût de sel que ces apparitions laissent à la bouche et d'où il résulte une soif ardente — sans que seulement un pas vous rapproche d'une source quelconque.

32.

La prétendue « vérité vraie ». — Le poète fait

semblant de connaître à fond les différentes professions, comme par exemple celle de général, de tisserand, de marin et toutes les choses qui les concernent. Il se comporte comme s'il *savait*. En expliquant les destinées et les actes humains, il a l'air d'avoir été présent, lorsque fut tissée la trame du monde : en ce sens c'est un imposteur. Il accomplit ses duperies devant des *ignorants* — c'est pourquoi elles lui réussissent : ceux-ci le louent de son savoir réel et profond et l'induisent enfin à croire qu'il connaît véritablement les choses aussi bien que les spécialistes, qui les connaissent et les exécutent, et même aussi bien que la grande Araignée du monde. L'imposteur finit donc par être de bonne foi et par croire en sa véracité. Les hommes sensibles vont même jusqu'à lui dire en plein visage qu'il possède la vérité et la véridicité *supérieures*, — car il arrive parfois à ceux-ci d'être momentanément fatigués de la réalité ; ils prennent alors le rêve poétique pour un relai bienfaisant, une nuit de repos, salutaire au cerveau et au cœur. Ce que le poète voit en rêve leur paraît maintenant d'une valeur supérieure parce que, comme je l'ai dit, ils en éprouvent un sentiment bienfaisant, et toujours les hommes ont cru que ce qui semblait être plus précieux était ce qu'il y avait de plus vrai, de plus réel. Les poètes qui ont *conscience* de ce pouvoir, à eux propre, s'appliquent avec intention à calomnier ce que l'on appelle généralement réalité et à lui donner le caractère de l'incertitude, de l'apparence, de l'inauthenticité, de ce qui s'égare dans le péché, la douleur et l'illusion ; ils utilisent tous les doutes au sujet des limites de la connaissance, tous les excès du scepticisme, pour draper autour des choses le voile de l'incertitude : afin que, après qu'ils ont accompli cet obscurcissement, l'on interprète, sans hésitation, leurs tours de magie et leurs évocations comme la voie de la « vérité vraie », de la « réalité réelle ».

33.

Vouloir être juste et vouloir être juge. — Schopenhauer, dont la grande expérience dans les choses humaines et trop humaines, dont le sens instinctif des faits ont été plus ou moins entravés par la peau de léopard de sa métaphysique (cette peau qu'il faut d'abord lui enlever, pour découvrir en-dessous un véritable génie de moraliste) : Schopenhauer, dis-je, fait cette excellente distinction qui lui donnera raison bien plus qu'il n'osait se l'avouer à lui-même : « La connaissance de la sévère nécessité des actes humains est la ligne qui sépare les *cerveaux philosophiques* des *autres*. » Il entrava lui-même cette compréhension profonde qu'il s'ouvrit une fois, par ce préjugé commun aux hommes moraux (non point aux moralistes) et qu'il exprime ainsi, sur un ton candide et fervent : « L'éclaircissement ultime et véritable sur le sens intime de l'ensemble des choses est nécessairement en étroite corrélation avec la signification éthique des actes humains. » — Cette nécessité ne saute nullement aux yeux : bien au contraire, elle est réfutée par cet axiome de la sévère nécessité des actions humaines, c'est-à-dire de l'absolue contrainte et irresponsabilité de la volonté. Les cerveaux philosophiques se distingueront donc des autres par leur incrédulité pour ce qui, en est de la signification métaphysique de la morale : et cela créerait un gouffre profond et infranchissable qui ne ressemblerait en rien à celui qui sépare les « gens instruits » des « ignorants » et dont on se plaint tant de nos jours. Il est vrai qu'il faudra que l'on reconnaisse encore pour inutiles maintes portes de sortie que se sont ménagées à eux-mêmes des « cerveaux philosophiques » comme Schopenhauer: *aucune* de ces portes ne mène au grand air, dans l'atmosphère du libre arbitre; chacune de celles par où l'on s'est échappé jusqu'à présent s'ouvre sur un espace fermé : le mur d'airain de la fatalité : nous *sommes* en prison, nous ne pouvons que nous *rêver* libres et non point nous *rendre* libres. On ne pourra plus résister longtemps à cette certitude, les attitudes désespérées et incroyables de ceux qui l'attaquent et font de vaines contorsions pour continuer la lutte le démontrent. — Voilà, à peu près, ce qui se passe maintenant dans leur esprit : « Personne ne serait responsable ? Et partout il y a le péché et le sentiment du péché ? Mais il faut bien que quelqu'un soit le pécheur : s'il est impossible et s'il n'est plus permis d'accuser et de juger l'individu, cette pauvre vague dans le flot nécessaire du devenir, — eh bien! que ce soit le flot lui-même, le devenir, que l'on considère comme coupable : car là il y a libre arbitre, là on peut accuser, condamner, expier et faire pénitence : *que ce soit donc Dieu le pécheur et l'homme son sauveur* : que l'histoire soit à la fois culpabilité, condamnation et suicide ; que le malfaiteur devienne son propre bourreau ! » — Ce *christianisme placé la tête à l'envers* — que serait-ce, si ce n'était cela ? — est la dernière reprise dans la lutte de la doctrine de la moralité absolue avec celle de la contrainte absolue, — et ce serait là une chose épouvantable si c'était *autre chose* qu'une *grimace logique*, le geste horrible d'une idée qui succombe, — peut-être le spasme d'agonie du cœur désespéré, avide de salut, à qui la folie murmure : « Voici, tu es l'agneau qui porte les péchés de Dieu. » — Il y a une erreur, non seulement dans le sentiment : « je suis responsable », mais encore dans cette opposition : « je ne le suis pas, mais il faut pourtant que ce soit quelqu'un ». — Mais c'est cela qui n'est pas vrai ! Il faut donc que le philosophe dise comme le Christ : « Ne jugez point ! » Et la dernière distinction entre les cerveaux philosophiques et les autres, ce serait que les premiers veulent *être justes* tandis que les seconds veulent *être juges*.

34.

SACRIFICE. — Vous considérez le sacrifice comme le signe distinctif de l'action morale ? — Réfléchissez donc s'il n'y a pas un côté de sacrifice dans chaque acte effectué d'une façon réfléchie, qu'il soit bon ou mauvais.

35.

CONTRE LES INQUISITEURS DE LA MORALE. — Il faut savoir tout ce dont un homme est capable, en bien et en mal, dans l'idée qu'il se fait des choses et dans leur exécution, pour pouvoir apprécier le développement et l'aboutissant de sa nature morale. Mais connaître cela est impossible.

36.

Dent de serpent. — Nous ne savons pas si nous avons une dent de serpent avant que quelqu'un ait placé son talon sur nous. Une femme ou une mère dirait : avant que quelqu'un ait placé son talon sur ce qui nous est cher, sur notre enfant. — Notre caractère est déterminé plus encore par l'absence de certains événements que par ce que l'on a vécu.

37.

La duperie en amour. — On oublie volontairement certaines choses de son passé, on se les sort de la tête avec intention : on a donc le désir de voir l'image qui reflète notre passé nous mentir à nous-mêmes et nous flatter — nous travaillons sans cesse à cette duperie de nous-mêmes. — Et vous pensez, vous qui parlez tant de « l'oubli de soi en amour », de « l'abandon du moi à une autre personne », vous qui vous vantez de tout cela, vous pensez que c'est là quelque chose d'essentiellement différent ? On détruit donc le miroir, on se transforme par l'imagination en une autre personne que l'on admire, et l'on jouit, dès lors, de la nouvelle image de son moi, bien qu'on la désigne du nom d'une autre personne — et tout ce processus ne serait pas de la duperie de soi, de l'égoïsme — vous m'étonnez ! — Il me semble que ceux qui se cachent quelque chose *devant eux-mêmes* et ceux qui, dans leur ensemble, se cachent devant eux-mêmes, se ressemblent en cela qu'ils commettent un *vol* au trésor de la connaissance. D'où il faut induire de quel méfait l'axiome « connais-toi toi-même » met en garde.

38.

A celui qui nie sa vanité. — Celui qui nie chez lui-même la vanité la possède généralement sous une forme si brutale qu'il clôt instinctivement les yeux devant elle, pour ne pas être forcé de se mépriser.

39.

Pourquoi les gens bêtes deviennent si souvent méchants. — Aux objections de notre adversaire contre lesquelles notre cerveau se sent trop faible, notre cœur répond en mettant en suspicion les motifs de ces objections.

40.

L'art des exceptions morales. — Il ne faut pas trop souvent prêter l'oreille à un art qui montre et glorifie les cas exceptionnels de la morale — ceux-là même où le bon devient méchant et l'injuste juste : de même que l'on achète bien de temps en temps quelque chose à un bohémien, mais avec la crainte que, dans son marché, il ne vole plus qu'il ne gagne.

41.

L'ABSORPTION ET LA NON-ABSORPTION DES POISONS. — Le seul argument définitif qui, de tous temps, ait empêché les hommes d'absorber un poison, ce n'est pas la crainte de la mort qu'il pourrait occasionner, mais son mauvais goût.

42.

LE MONDE PRIVÉ DU SENTIMENT DU PÉCHÉ. — Si l'on n'exécutait que les actions qui n'engendrent pas la mauvaise conscience, le monde humain serait encore assez laid et fourbe : mais il serait moins maladif et pitoyable qu'il ne l'est aujourd'hui. — Il y eut de tous temps assez d'hommes méchants *sans* conscience, mais il y eut aussi beaucoup de braves et bonnes gens à qui manquait le sentiment de joie que procure la bonne conscience.

43.

LES CONSCIENCIEUX. — Il est plus commode d'obéir à sa conscience qu'à sa raison : car, à chaque insuccès, la conscience trouve en elle-même une excuse et un encouragement. C'est pourquoi il y a encore tant de gens consciencieux et si peu de gens raisonnables.

44.

MOYENS OPPOSÉS POUR ÉVITER L'AMERTUME. — Pour certain tempérament, il est utile de pouvoir exprimer son dépit par des paroles : les discours l'assagissent. Un autre tempérament n'atteint toute son amertume qu'en voulant l'exprimer : pour lui il sera plus salutaire de rentrer l'expression de sa colère : la contrainte que s'imposent les hommes de cette espèce, devant leurs ennemis ou leurs supérieurs, adoucit leur caractère et empêche celui-ci de devenir cassant ou amer.

45.

NE PAS PRENDRE TROP A CŒUR. — Il est désagréable de se meurtrir à force de rester couché, mais ce n'est pas encore une preuve contre l'efficacité du traitement qui vous détermina à vous mettre au lit. — Les hommes qui ont longtemps vécu en dehors et qui se sont enfin tournés vers la vie intérieure et l'isolement philosophique savent qu'il y a aussi une façon de se meurtrir l'esprit et le sentiment à force de les coucher dans le même cercle. Ce n'est donc pas là un argument contre l'ensemble du genre de vie que l'on a choisi, mais cela exige de petites exceptions et des récidives apparentes.

46.

L'HUMAINE « CHOSE EN SOI ». — La chose la plus vulnérable et pourtant la plus invincible, c'est la vanité humaine : sa force grandit même par la blessure et peut finir par devenir gigantesque.

47.

CE QU'IL Y A DE COMIQUE CHEZ BEAUCOUP DE GENS LABORIEUX. — Par un surcroît d'efforts, ils arrivent à se conquérir des loisirs et, lorsqu'ils sont arrivés à leurs fins, ils ne savent rien en faire, sinon de compter les heures jusqu'à ce que le temps soit passé.

48.

AVOIR BEAUCOUP DE JOIE. — Celui qui a beaucoup de joie doit être un homme bon : mais peut-être n'est-il pas le plus intelligent, bien qu'il atteigne ce à quoi le plus intelligent aspire de toute son intelligence.

49.

DANS LE MIROIR DE LA NATURE. — Ne connaît-on pas assez exactement le caractère d'un homme lorsque l'on entend qu'il aime à se promener parmi les grands blés blonds, qu'il préfère, à toutes autres, les nuances éteintes et jaunies que prennent à l'automne les forêts et les fleurs, car ces nuances indiquent quelque chose de plus beau que ce que la nature est capable de faire, — qu'il se sent très à l'aise sous les grands noyers au gras feuillage, comme si c'étaient là ses proches parents, — que c'est sa grande joie d'être dans les montagnes, de rencontrer ces petits lacs écartés, d'où la solitude elle-même semble lui jeter un regard, — qu'il aime cette grise tranquillité d'un crépuscule de brume, se glissant, aux soirs d'automne et de printemps, jusque sous les fenêtres, comme pour isoler, avec des rideaux de velours, de toute espèce de bruit insolite, — qu'il considère toute roche brute comme un témoin du passé, avide de parler, vénérable pour lui dès son enfance, — et qu'enfin la mer, avec sa mouvante peau de serpent et sa beauté de fauve, lui est toujours demeurée et lui demeurera toujours étrangère ? — En effet, par là *quelque chose* de la caractéristique de cet homme est donné, mais le reflet de la nature ne dit pas que ce même homme, avec tous ses sentiments idylliques (et je ne dis pas « malgré eux »), pourrait fort bien être peu charitable, parcimonieux et présomptueux. Horace, qui s'entendait à pareilles choses, a placé le sentiment le plus tendre pour la vie de campagne dans la bouche et dans l'âme d'un *usurier* romain avec le célèbre : « *beatus ille qui procul negotiis* ».

50.

PUISSANCE SANS VICTOIRES. — La conviction la plus forte (celle de l'absolue non-liberté de la volonté humaine) est pourtant celle qui aboutit aux résultats les plus pauvres : car elle a toujours eu l'adversaire le plus fort, la vanité humaine.

51.

JOIE ET ERREUR. — L'un fait involontairement du bien à ses amis par toute sa nature, l'autre volontairement par des actes particuliers. Si le premier cas est considéré comme supérieur, c'est au second seulement que s'allie une bonne conscience et un sentiment de joie, — je veux dire la joie que procurent les bonnes œuvres, un sentiment qui repose sur la croyance que nous pouvons à volonté faire le bien ou le mal, c'est-à-dire sur une erreur.

52.

ON A TORT D'ÊTRE INJUSTE. — Une injustice que

l'on a faite à quelqu'un est beaucoup plus lourde à porter qu'une injustice que quelqu'un d'autre vous a faite (non pas précisément pour des raisons morales, il faut le remarquer —) ; car, au fond, celui qui agit est toujours celui qui souffre, mais bien entendu seulement quand il est accessible au remords ou bien à la certitude que, par son acte, il aura armé la société contre lui et il se sera lui-même isolé. C'est pourquoi, abstraction faite de tout ce que commandent la religion et la morale, on devrait, rien qu'à cause de son bonheur intérieur, donc pour ne pas perdre son bien-être, se garder de commettre une injustice plus encore que d'en subir une ; car, dans ce dernier cas, on a la consolation de la bonne conscience, de l'espoir de la vengeance, de la pitié et de l'approbation des hommes justes, et même de la société tout entière, laquelle craint les malfaiteurs. — Quelques-uns, et ils ne sont pas un petit nombre, s'entendent à la ruse malpropre de transformer toute injustice qu'ils ont commise en une injustice qui leur a été faite, et à se réserver, pour excuser ce qu'ils ont fait, le droit exceptionnel de la légitime défense : pour porter ainsi plus facilement leur fardeau.

53.

JALOUSIE, AVEC OU SANS PORTE-PAROLE. — La jalousie ordinaire a l'habitude de caqueter dès que la poule enviée a pondu un œuf. C'est une façon de se soulager et de se calmer. Mais il existe une jalousie plus profonde encore : dans ce cas, celle-ci ne dira pas un mot et elle souhaitera que l'on ferme la bouche à tout le monde, furieux qu'il n'en soit justement pas ainsi. La jalousie qui se tait grandit par le silence.

54.

La colère comme espion. — La colère épuise l'âme jusqu'à la lie, en sorte que le fond paraît à la lumière. C'est pourquoi, si l'on n'arrive pas à voir clair d'une autre façon, il faut s'entendre à faire mettre en colère son entourage, ses partisans et ses adversaires, pour apprendre ce que l'on pense et ce qui se fait secrètement contre vous.

55.

La défense est moralement plus difficile que l'attaque. — Le vrai coup de maître, le véritable trait héroïque de l'homme bon, ne consiste pas à attaquer la cause, tout en continuant à aimer la personne, mais en quelque chose de beaucoup plus difficile, à savoir : *défendre* sa *propre* cause, sans faire de peine, et sans vouloir en faire, à la personne qui attaque. La lame de l'attaque est franche et large, celle de la défense s'effile généralement en pointe d'aiguille.

56.

Honnête contre l'honnêteté. — Celui qui est publiquement honnête à l'égard de lui-même finit par avoir une haute idée de son honnêteté ; car il ne sait que trop bien pourquoi il est honnête, — pour la même raison qu'un autre met à préférer l'apparence et la simulation.

57.

Charbons ardents. — On interprète généralement mal la démarche qui consiste à amasser des charbons ardents sur la tête de quelqu'un, parce que l'autre se sait également en possession de son bon droit et a, lui aussi, songé à amasser des charbons.

58.

Livres dangereux. — Quelqu'un dit : « Je le remarque sur moi-même : ce livre est dangereux. » Mais qu'il attende un peu, et il s'apercevra certainement un jour que ce livre lui a rendu un grand service, en mettant à jour la maladie cachée de son cœur, la rendant ainsi visible. — Les changements d'opinion ne changent pas le caractère d'un homme (ou du moins fort peu) ; ils éclairent cependant certains côtés de la configuration de sa personnalité qui, jusqu'à présent, avec une autre constellation d'opinions, étaient restés obscurs et méconnaissables.

59.

Compassion feinte. — On feint de la compassion lorsque l'on veut se *montrer* au-dessus du sentiment d'inimitié : mais c'est généralement en vain. On ne s'en aperçoit pas sans que ce sentiment d'inimitié n'augmente beaucoup.

60.

La contradiction ouverte est souvent conci-

LIANTE. — Au moment où quelqu'un manifeste ouvertement les différences d'opinions qui le séparent d'un célèbre chef de parti ou d'un maître, tout le monde croit qu'il en veut à celui-ci. Mais il arrive que c'est justement à ce moment-là qu'il cesse de lui en vouloir : il ose se présenter à côté de lui et il est débarrassé de la torture occasionnée par la jalousie muette.

61.

VOIR LUIRE SA LUMIÈRE. — Dans un état d'obscurcissement comme la tristesse, la maladie, la contrition il nous est agréable de voir que nous pouvons encore faire de la lumière pour d'autres, et qu'ils perçoivent chez nous une sphère lumineuse produite de la même façon que celle de la lune. Par ce détour nous participons de notre propre faculté d'éclairer.

62.

JOIE PARTAGÉE. — Le serpent qui nous mord croit nous faire du mal et s'en réjouit; l'animal le plus bas peut imaginer la *douleur* d'autrui. Mais imaginer la *joie* d'autrui et s'en réjouir, c'est là le plus grand privilège des animaux supérieurs, et, parmi ceux-ci, il n'y a que les exemplaires les plus choisis qui y soient accessibles, — c'est-à-dire un *humanum* rare : en sorte qu'il y a eu des philosophes qui ont nié la joie partagée.

63.

GROSSESSE ULTÉRIEURE. — Ceux qui sont parvenus à leurs œuvres et à leurs actions, sans savoir comment, en sont d'autant plus pleins après coup : comme pour démontrer ultérieurement que ce sont leurs enfants à eux et non point ceux du hasard.

64.

Dur par vanité. — De même que la justice est souvent le manteau de la faiblesse, de même les hommes bien pensants, mais faibles, ont parfois recours à la dissimilation et prennent visiblement une attitude injuste et dure — pour donner l'impression de la force.

65.

Humiliation. — Si quelqu'un trouve dans un sac plein d'avantages qui lui a été offert un seul grain d'humiliation, il fera quand même mauvaise mine à bon jeu.

66.

Hérostratisme extrême. — Il pourrait y avoir des Hérostrate qui incendieraient leur propre temple où l'on adore leurs images.

67.

Le monde des diminutifs. — Tout ce qui est faible et a besoin de secours parle au cœur. C'est ce qui a amené l'habitude de désigner, par des amoindrissements et des affaiblissements dans l'expression, tout ce qui parle à notre cœur — donc, de le rendre faible et pitoyable, selon notre sentiment.

68.

Défaut de la pitié. — La pitié est accompagnée d'une insolence particulière : elle voudrait aider à tout prix, ce qui fait qu'elle ne s'embarrasse ni du remède ni du genre et de l'origine de la maladie, elle drogue courageusement sur la santé et la réputation de son malade.

69.

Indiscrétion. — Il y a aussi une sorte d'indiscrétion à l'égard des œuvres, et c'est une preuve d'un manque absolu de pudeur si, dès son jeune âge, on veut se mêler en imitateur aux œuvres les plus sublimes de tous les temps, avec la familiarité du tu et du toi. — D'autres ne sont importuns que par ignorance : ils ne savent pas à qui ils ont affaire — c'est assez souvent le cas des philologues, jeunes et vieux, dans leurs rapports avec les œuvres des Grecs.

70.

La volonté a honte de l'intellect. — Nous faisons froidement les plans les plus plus raisonnables contre nos passions : mais nous commettons ensuite les plus graves fautes, parce que, souvent, au moment où le projet devrait être exécuté, nous avons honte de la froideur et de la circonspection que nous avons mis à le concevoir. On fait alors justement ce qui est déraisonnable, à cause de cette façon de générosité altière que toute passion amène avec elle.

71.

Pourquoi les sceptiques déplaisent a la morale. — Celui qui place très haut sa moralité et la prend très au sérieux, en veut à celui qui est sceptique sur le domaine de la morale : car quand il met toute sa force en jeu on doit *s'extasier*, et non point examiner et douter. — Il y a encore des natures chez qui tout ce qui reste de moralité est précisément la foi en la morale : celles-ci se comportent de la même façon à l'égard des sceptiques, au besoin avec plus de passion encore.

72.

Timidité. — Tous les moralistes sont timides, parce qu'ils savent qu'ils sont confondus avec les espions et les traîtres, dès que l'on remarque leur penchant ; ils ont, de plus, conscience que, d'une façon générale, ils sont faibles dans l'action : car, au milieu de leur œuvre, les motifs qui les poussent à agir détournent presque entièrement leur attention de l'œuvre.

73.

Un danger pour la moralité universelle. — Les hommes qui sont à la fois nobles et loyaux parviennent à diviniser la moindre diablerie que leur honnêteté fait éclore, et à faire s'arrêter, pour un moment, la balance du jugement moral.

74.

L'erreur la plus amère. — On est irréconciliablement offensé lorsque l'on découvre que, là où l'on était convaincu d'être aimé, on n'était considéré que comme ustensile d'appartement et comme pièce de décoration, sur quoi le maître de maison exerce sa vanité devant ses hôtes.

75.

AMOUR ET DUALISME. — Qu'est donc l'amour si ce n'est de se comprendre et de se réjouir en voyant quelqu'un d'autre vivre, agir et sentir d'une façon différente de la nôtre et opposée à celle-ci? Pour que l'amour aplanisse les contrastes par la joie, il ne faut pas qu'il supprime et qu'il nie les contrastes.— L'amour de soi contient, comme condition, un dualisme absolu (ou une multiplicité) en une seule personne.

76.

INTERPRÉTER SELON LE RÊVE. — Ce que l'on ignore parfois à l'état de veille, ce que l'on est incapable de sentir — à savoir, si l'on a une bonne ou une mauvaise conscience à l'égard de quelqu'un — le rêve nous le fait savoir sans aucune équivoque.

77.

DÉBAUCHE. — La mère de la débauche n'est pas la joie, mais l'absence de joie.

78.

PUNIR ET RÉCOMPENSER. — Personne n'accuse sans avoir l'arrière-pensée de la punition et de la vengeance, — il en est même ainsi lorsque l'on accuse sa destinée ou bien lorsque l'on s'accuse soi-même. — Toute plainte est une accusation, toute joie est une louange : que nous fassions l'une ou l'autre chose, toujours nous rendons quelqu'un responsable.

79.

Deux fois injuste. — Nous favorisons parfois la vérité par une double injustice, c'est le cas lorsque nous voyons et représentons, l'une après l'autre, les deux faces d'une chose que nous ne sommes pas capables de voir à la fois, mais de façon à méconnaître ou à nier chaque fois l'autre face, avec l'illusion que ce que nous voyons est toute la vérité.

80.

La méfiance. — La méfiance de soi n'a pas toujours des allures farouches et incertaines, elle est parfois comme frénétique : elle s'enivre pour ne pas trembler.

81.

Philosophie du parvenu. — Si l'on veut à toute force être quelqu'un, il faut aussi vénérer sa propre ombre.

82.

S'entendre a se laver proprement. — Il faut s'entendre à sortir plus propre encore de conditions malpropres et à se laver aussi avec de l'eau sale, si cela est nécessaire.

83.

Se laisser aller. — Plus quelqu'un se laisse aller, moins le laissent aller les autres.

84.

Le gredin innocent. — Il y a une voie lente et graduelle pour arriver au vice et à la canaillerie sous toutes leurs formes. Au bout de cette voie, celui qui la suit a été complètement abandonné par l'essaim de mouches de la mauvaise conscience, et, bien que d'une scélératesse parfaite, il garde cependant son innocence.

85.

Faire des plans. — Faire des plans et prendre des résolutions cela procure beaucoup de sentiments agréables; et celui qui aurait la force de n'être, durant toute sa vie, qu'un forgeur de plans serait un homme très heureux : mais il lui faudra, de temps en temps, se reposer de cette activité, en exécutant un plan — et alors viendront pour lui la colère et la désillusion.

86.

Ce qui nous sert a voir l'idéal. — Tout homme capable se bute à sa capacité et ne peut pas s'appuyer sur celle-ci pour juger librement les choses. S'il n'avait pas, en outre, une bonne part d'imperfection, sa vertu l'empêcherait de parvenir à la liberté intellectuelle et morale. Nos défauts sont les yeux par lesquels nous voyons l'idéal.

87.

Louanges déloyales. — Les louanges déloyales occasionnent après coup beaucoup plus de remords que le blâme déloyal, probablement pour cette raison que, par des louanges exagérées, notre faculté de jugement découvre beaucoup mieux ses faiblesses que par le blâme violent et même injuste.

88.

Il est indifférent comment on meurt. — Toute la façon dont un homme pense à la mort, à l'apogée de sa vie et durant qu'il possède la plénitude de sa force, est très parlante et significative pour ce que l'on appelle son caractère; mais l'heure de sa mort par elle-même, son attitude sur le lit d'agonie, n'entrent presque pas en ligne de compte. L'épuisement de la vie qui décline, surtout quand ce sont des vieilles gens qui meurent, l'alimentation irrégulière et insuffisante du cerveau pendant cette dernière époque, ce qu'il y a parfois de très violent dans les douleurs, la nouveauté de cet état maladif dont on n'a pas encore l'expérience, et trop fréquemment un accès de crainte, un retour à des impulsions superstitieuses, comme si la mort avait une grande importance et s'il fallait franchir des ponts d'espèce épouvantable, — tout cela ne *permet* pas d'utiliser la mort comme un témoignage concernant la vie. Aussi n'est-il point vrai que, d'une façon générale, le mourant soit plus *loyal* que le vivant: au contraire, presque chacun est poussé par l'attitude solennelle de son entourage, les effusions sentimentales, les larmes contenues ou répandues, à une comédie de vanité, tantôt consciente, tantôt inconsciente. Le profond sérieux que l'on met à traiter chaque mourant a certainement été, pour bien des pauvres diables, méprisés durant toute leur vie, la jouissance la plus subtile, une espèce de compensation et d'acompte pour bien des privations.

89.

LES MŒURS ET LEURS VICTIMES. — L'origine des mœurs doit être ramenée à deux idées : « la communauté a plus de valeur que l'individu », et « il faut préférer l'avantage durable à l'avantage passager » ; d'où il faut conclure que l'on doit placer, d'une façon absolue, l'avantage durable de la communauté avant l'avantage de l'individu, surtout avant son bien-être momentané, mais aussi avant son avantage durable et même avant sa persistance dans l'être. Soit donc qu'un individu souffre d'une institution qui profite à la totalité, soit que cette institution le force à s'étioler ou même qu'il en meure, peu importe, — la coutume doit être conservée, il faut que le sacrifice soit porté. Mais un pareil sentiment ne prend naissance que chez ceux qui ne sont pas la victime, — car celle-ci fait valoir, dans son propre cas, que l'individu peut être d'une valeur supérieure au nombre, et de même que la jouissance du présent, le moment dans le paradis, pourraient être estimés supérieurs à la faible persistance d'états sans douleur et de conditions de bien-être. La philosophie de la victime se fait cependant toujours entendre trop tard, on s'en tient donc aux mœurs et à la *moralité* : la moralité n'étant que le sentiment que l'on a de l'ensemble des coutumes, sous l'égide desquelles on vit et l'on a été élevé — élevé, non en tant qu'individu, mais comme membre d'un tout, comme chiffre d'une majorité. — C'est ainsi qu'il arrive sans cesse qu'un individu se majore lui-même au moyen de sa moralité.

90.

Le bien et la bonne conscience. — Vous pensez que toutes les bonnes choses ont eu de tout temps une bonne conscience? — La science, qui est certainement une très bonne chose, a fait son entrée dans le monde, sans celle-ci et sans aucune espèce de pathos, secrètement, bien au contraire, passant le visage voilé ou masqué, comme une criminelle, et toujours affligée du *sentiment* de faire de la contrebande. Le premier degré de la bonne conscience est la mauvaise conscience — l'une ne s'oppose pas à l'autre : car toute bonne chose commence par être nouvelle, par conséquent inusitée, contraire aux coutumes, *immorale*, et elle ronge, comme un ver, le cœur de l'heureux inventeur.

91.

Le succès sanctifie les intentions. — Il ne faut point craindre de suivre le chemin qui mène à une vertu, lors même que l'on s'apercevrait que l'égoïsme seul, — par conséquent l'utilité et le bien-être personnels, la crainte, les considérations de santé, de réputation et de gloire, sont les motifs qui y poussent. On dit que ces motifs sont vils et intéressés : mais s'ils nous incitent à une vertu, par exemple le renoncement, la fidélité au devoir, l'ordre, l'économie, la mesure, il faut les écouter, quelle que soit la façon dont on les qualifie. Car, lorsque l'on a atteint ce à quoi ils tendent, la vertu *réalisée anoblit* à tout jamais les motifs lointains de nos actes, grâce à l'air pur qu'elle fait respirer et au bien-être moral qu'elle communique, et, plus tard, nous n'accomplissons plus ces mêmes actes pour les mêmes motifs grossiers qui autrefois nous y incitaient. — L'éducation doit donc, autant que cela est possible, *forcer* à la vertu, conformément à la nature de l'élève : mais que la vertu elle-même, étant l'atmosphère ensoleillée et estivale de l'âme, y fasse sa propre œuvre et y ajoute la maturité et la douceur.

92.

Christianistes, et non pas chrétiens. — C'est donc là votre christianisme ! — Pour mettre des hommes en colère vous louez « Dieu et ses saints » ; et quand vous voulez *louer* des hommes vous poussez vos louanges si loin qu'il faut que Dieu et ses saints se mettent en colère. — Je voudrais que vous apprissiez du moins à avoir les allures chrétiennes, puisque les douceurs d'un cœur chrétien vous font défaut.

93.

Impression de la nature chez les hommes pieux et irréligieux. — Un homme pieux et complet doit être pour nous un objet de vénération ; mais il doit en être de même pour un homme complet, sincèrement et entièrement irréligieux. Si, avec des hommes de la dernière espèce, on se sent dans le voisinage des hauts sommets, où les fleuves puissants ont leur source, avec les hommes pieux on se croirait sous des arbres tranquilles et pleins de sève, aux larges ombrages.

94.

ASSASSINATS LÉGAUX. — Les deux plus grands assassinats légaux de l'histoire universelle sont, pour parler sans détour, des suicides masqués et bien masqués. Dans les deux cas on *voulait* mourir, dans les deux cas on se fit enfoncer l'épée dans la poitrine par la main de l'injustice humaine.

95.

« AMOUR ». — Le plus subtil artifice qui donne au christianisme l'avantage sur les autres religions se trouve dans un seul mot : le christianisme parle d'*amour*. C'est ainsi qu'il devint la religion *lyrique* (tandis que, dans ses deux autres créations, le sémitisme avait donné au monde des religions héroïco-épiques). Il y a dans le mot *amour* quelque chose de si ambigu qui stimule, qui parle au souvenir et à l'espérance que l'éclat de ce mot rayonne sur l'intelligence même la plus basse et le cœur le plus froid. La femme la plus rusée et l'homme le plus vulgaire songent à ce moment qui, de toute leur vie, a peut-être été relativement le plus désintéressé, Eros n'eût-il pris chez eux qu'un vol fort bas ; et ces êtres innombrables qui *sont privés* d'amour, privés soit de leurs parents, soit de leurs enfants ou de tout ce qu'ils ont aimé, mais surtout les êtres dont la sexualité s'est sublimée, ont trouvé leur bonheur dans le christianisme.

96.

Le christianisme accompli. — Il y a même, dans le sein du christianisme, un sentiment épicurien qui part de l'idée que Dieu ne peut demander à l'homme, sa créature faite à son image, que ce que celui-ci est *à même* d'accomplir, que, par conséquent, la vertu et la perfection chrétiennes peuvent être atteintes et le sont souvent. Si donc on *croit*, par exemple, que l'on *aime* ses ennemis — quand même ce ne serait qu'une croyance, un jeu de l'imagination et nullement une réalité psychologique (donc pas de l'amour) — on devient parfaitement heureux tant que persiste cette croyance.(Pourquoi en est-il ainsi? le psychologue et le chrétien ne seront certainement pas d'accord à ce sujet). Il se pourrait donc que la *vie terrestre* devînt, par la foi, je veux dire par l'imagination, par l'idée que l'on satisfait non seulement à cette revendication d'aimer ses ennemis, mais encore à toutes les autres prétentions chrétiennes et que l'on s'est vraiment approprié et assimilé la mise en demeure chrétienne « soyez parfait comme votre père qui est aux cieux est parfait », que la *vie terrestre* devînt, en effet, une *vie bienheureuse*. L'erreur peut donc transformer en vérité la promesse du Christ.

97.

De l'avenir du christianisme. — On peut faire

des suppositions sur la façon dont disparaîtra le christianisme et sur les contrées où il cédera le pas le plus lentement, si l'on examine pour quelles *raisons* et *où* le protestantisme se propagea avec le plus d'impétuosité. On sait qu'il promit de rendre les mêmes services que ceux rendus par l'église ancienne, mais à bien meilleur compte, c'est-à-dire sans messes coûteuses, sans pèlerinages, sans pompes et richesses ecclésiastiques; il se répandit surtout chez les nations septentrionales, ancrées moins profondément que celles du midi dans le symbolisme et le plaisir des formes, propres à l'église ancienne : dans le christianisme de celles-ci persistait un paganisme religieux beaucoup plus puissant, tandis que, dans le nord, le christianisme signifiait une opposition et une rupture avec les vieilles coutumes domestiques et fut, dès l'abord, à cause de cela, plus intellectuel que porté vers les sens, et aussi, pour la même raison, plus fanatique et plus opiniâtre aux époques de danger. Si l'on parvient à déraciner le christianisme en l'attaquant par *l'esprit*, on peut prévoir où il commencera à disparaître : là précisément où il se défendra avec le plus d'âpreté. Ailleurs, il pliera, mais il ne se brisera point, il se dépouillera de ses feuilles, mais il lui en viendra de nouvelles, — parce que ce sont les *sens* et non point l'esprit qui ont pris parti. Mais ce sont les sens qui entretiennent aussi l'idée que, malgré tous les frais qu'exige l'église, on s'en tire à meilleur compte et plus facilement qu'avec les rapports sévères qui existent du travail au salaire : car à quel prix n'évalue-t-on pas les loisirs (ou la

demi-paresse) quand une fois on s'y est habitué !
Les sens font à un monde déchristianisé l'objection
qu'il y faudrait trop travailler et que l'on ne béné-
ficierait pas d'assez de loisirs : ils prennent le parti
de la magie, c'est-à-dire qu'ils préfèrent — laisser
à Dieu le soin de travailler pour eux (*oremus nos !
deus laborabit !*)

98.

HISTORISME ET BONNE FOI DES INCRÉDULES. — Il
n'y a pas de livre qui contienne avec plus d'abondance, qui exprime avec plus de candeur ce qui peut
faire du bien à tous les hommes — la ferveur bienheureuse et exaltée, prête au sacrifice et à la mort, dans
la foi et la contemplation de *sa* « vérité » — que le
livre qui parle du Christ : un homme avisé peut y
apprendre tous les moyens par quoi l'on peut faire
d'un livre un livre universel, l'ami de tout le monde
et avant tout le maître-moyen de présenter toutes
choses comme trouvées et de ne pas admettre que
quelque chose soit encore imparfait et en formation. Tous les livres à effet tentent à laisser une
impression semblable, comme si l'on avait ainsi
décrit le plus vaste horizon intellectuel et moral,
comme si toute constellation visible, présente ou
future, devait tourner autour du soleil que l'on
voyait luire. — La raison qui fait que de pareils
livres sont pleins d'effets ne doit-elle pas rendre
d'une faible portée tout livre *purement* scientifique ?
Celui-ci n'est-il pas condamné à vivre obscurément
parmi les gens obscurs, pour être enfin crucifié, pour
ne jamais plus ressusciter. Comparés à ce que les

hommes religieux proclament au sujet de leur « savoir », de leur « saint » esprit, tous les hommes probes de la science ne sont-ils pas « pauvres d'esprit » ? Une religion, quelle qu'elle soit, peut-elle exiger plus de renoncement, exclure avec moins de pitié les égoïstes que ne fait la science ? — Voilà à peu près comme nous pourrions parler, nous autres, et certainement avec quelque fondement historique, lorsque nous avons à nous défendre devant les croyants; car il n'est guère possible de mener une défense sans un peu de cabotinage. Mais, lorsque nous sommes entre nous, il faut que le langage soit plus loyal: nous nous servons alors d'une liberté que ceux-ci ne sauraient comprendre, fût-ce même dans leur propre intérêt. Foin donc de la calotte du renoncement! Foin de ces airs d'humilité! Bien mieux et tout au contraire: c'est là notre vérité! Si la science n'était pas liée à la *joie* de la connaissance, à l'*utilité* de la connaissance, que nous importerait la science ? Si un peu de foi, d'amour et d'espérance ne conduisait pas notre âme à la connaissance, que serait-ce qui nous attirerait vers la science ? Et, bien que, dans la science, le « moi » ne signifie rien, le « moi » inventif et heureux, et même déjà tout « moi » loyal et appliqué, importe beaucoup dans la république des hommes de science : l'estime de ceux qui confèrent l'estime, la joie de ceux à qui nous voulons du bien, ou de ceux que nous vénérons, dans certains cas la gloire et une modique immortalité de la personne : c'est là le prix que l'on peut atteindre pour cet abandon de la personnalité... pour ne point parler ici de résultats et de récompenses moindres, bien que ce soit justement à cause de ceux-ci que la plupart des hommes ont juré fidélité aux lois de cette république, et en général à la science, et qu'ils continuent toujours à y demeurer attachés. Si nous étions restés, en une certaine mesure, des hommes *non scientifiques*, quelle importance pourrions-nous encore attacher à la science! Somme toute, et pour exprimer mon axiome dans toute son ampleur : *pour un être purement connaisseur la connaissance serait indifférente.* — Ce n'est pas la qualité de la foi et de la piété qui nous distingue des hommes pieux et croyants, mais la quantité : nous nous contentons de peu. Mais, nous répondront ceux-ci, — s'il en est ainsi soyez donc satisfaits et donnez-vous aussi pour satisfaits ! — A quoi nous pourrions facilement répondre : « En effet, nous ne faisons pas partie des mécontents! Mais vous, si votre foi vous rend bienheureux, donnez-vous aussi pour tels! Vos visages ont toujours nui à votre foi, plus que nos arguments! Si le joyeux message de votre bible était écrit sur votre figure vous n'auriez pas besoin d'exiger, avec tant d'entêtement, la croyance en l'autorité de ce livre : vos paroles, vos actes devraient sans cesse rendre la bible superflue, une nouvelle bible devrait sans cesse naître de vous ! Mais ainsi toute votre apologie du christianisme a sa racine dans votre impiété; par votre défense vous écrivez votre propre accusation. Si pourtant vous désirez sortir de cette insuffisance de votre christianisme, l'expérience de deux mille ans devrait vous amener à une considération qui, revêtue d'une discrète forme interrogative, pourrait être la suivante : « Si le Christ a vraiment eu l'intention de sauver le monde n'a-t-il pas manqué son entreprise ? »

99.

LE POÈTE COMME INDICATEUR DE L'AVENIR. — Il reste, en une certaine mesure, parmi les hommes d'aujourd'hui un excédent de vigueur qui n'est pas employé à la formation de la vie. Cet excédent devrait, dans la même mesure, être voué, sans déduction, à un seul but, non peut-être à dépeindre le présent, à évoquer et à faire revivre le passé, mais à donner une indication de l'avenir : — et cela ne doit pas être entendu dans ce sens que le poète, semblable à un économiste imaginatif, devrait anticiper, en images, les conditions sociales plus favorables pour le peuple et la société, et la réalisation de ces conditions. Il devra, au contraire, comme firent jadis les artistes avec l'image des dieux, exercer sans cesse son *invention* sur l'image des hommes et deviner les cas où, au milieu de notre monde moderne et de sa réalité, sans aucune mise en garde ou restriction artificielles devant la réalité, la belle grande âme est encore possible, les cas où, aujourd'hui encore, cette âme saura se présenter sous des conditions harmoniques et proportionnées, devenant durable et prototype, par sa visibilité, et aidant, par conséquent, à créer l'avenir, en excitant la jalousie et l'esprit d'imitation. Les œuvres de pareils poètes se distingueraient par le fait qu'elles apparaîtraient isolées et garanties contre l'atmosphère et l'*ardeur* de la passion : la méprise incorrigible, la destruction de toute la lyre humaine, les moqueries et les grincements de dents, et tout ce qu'il y a de tragique et de comique, au sens ancien et habituel, dans le voisinage de cet art nouveau, serait considéré comme un fâcheux grossissement archaïque de l'image humaine. La force, la bonté, la douceur, la pureté, une mesure involontaire et innée dans les personnes et leurs actes : un sol aplani qui procure au pied le repos et la joie : un ciel lumineux qui se reflète sur les visages et les événements: le savoir et l'art fondus en une unité nouvelle : l'esprit cohabitant, sans présomption et sans jalousie, avec sa sœur, l'âme, et faisant naître dans l'opposition, la grâce de la sévérité et non pas l'impatience du désaccord : — tout cela serait l'enveloppe, le fond d'or général, sur quoi maintenant les subtiles *distinctions* des idéals incarnés peindraient le *tableau* véritable — celui de la toujours grandissante dignité humaine. — Certains chemins partent de *Gœthe* pour mener à cette poésie de l'avenir : mais il faut de bons indicateurs et, avant tout, une puissance beaucoup plus grande que celle que possèdent les poètes d'aujourd'hui, c'est-à-dire les représentants inconscients de la demi-bête, du défaut de maturité et de mesure qui se confond avec la force et la nature.

100.

La muse en Penthésilée. — « Plutôt cesser d'être, que d'être une femme qui ne *charme* pas. » Quand la muse commencera à penser ainsi, la fin de son art sera de nouveau proche. Mais cela peut finir en tragédie ou en comédie.

101.

CE QUI EST LE DÉTOUR VERS LE BEAU. — Si le beau est identique à ce qui réjouit — et c'est ce que chantaient jadis les muses —, l'utile est le *détour*, souvent nécessaire, *vers le beau,* et il peut repousser le blâme à vue courte des hommes du moment qui ne veulent pas attendre et qui croient parvenir à tout ce qui est bien, sans détour.

102.

POUR EXCUSER MAINTE FAUTE. — Le désir incessant de créer, propre à l'artiste, et son besoin de quêter l'extérieur, l'empêchent de devenir plus beau et meilleur dans sa personne, c'est-à-dire de se *créer lui-même* — — à moins que son ambition ne soit assez grande pour le forcer à se montrer toujours, dans ses rapports avec les autres, l'égal de la beauté grandissante et de la sublimité de son œuvre. Dans tous les cas il ne possède qu'une mesure déterminée de forces: ce qu'il en emploie pour sa propre personne, — comment pourrait-il en faire bénéficier son œuvre? — Et vice versa.

103.

SATISFAIRE LES MEILLEURS. — Si, au moyen de son art, on a « satisfait les meilleurs de son époque », on peut prévoir que, par le même art, on ne satisfera pas les meilleurs des époques suivantes: il est vrai que l'on aura « vécu pour tous les temps ». — L'approbation des meilleurs assure la gloire.

104.

D'UNE MÊME ÉTOFFE. — Si l'on est fait d'une même étoffe qu'un livre et une œuvre d'art on est intimement persuadé que ceux-ci doivent être parfaits, et l'on est offensé si d'autres les trouvent laids, exagérés ou fanfarons.

105.

LANGAGE ET SENTIMENT. — Le langage ne nous a pas été donné pour communiquer nos sentiments, on s'en rend compte à ce fait que tous les hommes simples ont honte de chercher des mots pour leurs émotions profondes : ils ne les communiquent que par des actes et rougissent de voir que les autres semblent deviner leurs motifs. Parmi les poètes, à qui généralement la divinité refuse ce mouvement de pudeur, les plus nobles sont monosyllabiques dans le langage du sentiment et laissent deviner la contrainte : tandis que les véritables prêtres du sentiment sont le plus souvent insolents dans la vie pratique.

106.

ERREUR AU SUJET D'UNE PRIVATION. — Celui qui n'a pas su se déshabituer complètement d'un art, mais à qui cet art continue à demeurer familier, ne se doute pas, de loin, combien petite est la privation de vivre sans cet art.

107.

Les trois quarts de la force. — Une œuvre qui doit produire une impression de santé doit être exécutée tout au plus avec les trois quarts de la force de son auteur. Mais si l'auteur a donné sa mesure extrême, l'œuvre agite le spectateur et l'effraye par sa tension. Toutes les bonnes choses laissent voir un certain laisser-aller et elles s'étalent à nos yeux comme des vaches au pâturage.

108.

Ne pas accepter comme hôte la faim. — Celui qui a faim absorbe la bonne nourriture tout comme la grossière, et il n'y voit aucune différence. L'artiste qui a certaines prétentions ne songera donc pas à inviter l'affamé à sa table.

109.

Vivre sans art et sans vin. — Il en est des œuvres d'art comme du vin : il vaut mieux n'avoir besoin ni de l'un ni des autres, et transformer sans cesse, soi-même, par le feu et la douceur intérieure de l'âme, le vin en eau.

110.

Le génie de proie. — Le génie de proie dans les arts, qui s'entend même à tromper les esprits subtils, naît quand quelqu'un considère comme butin, dès son plus jeune âge, toutes les bonnes choses qui ne sont pas précisément protégées par les lois et attribuées comme propriété à une seule personne.

Or, toutes les bonnes choses des temps passés et des maîtres anciens gisent librement, entourées et gardées par la crainte vénératrice du petit nombre qui les connaît : ce génie donc ose braver le petit nombre et accumuler une richesse qui engendre, de son côté, la vénération et la crainte.

111.

Aux poètes des grandes villes. — A regarder les jardins de la poésie d'aujourd'hui, on s'aperçoit que les cloaques des grandes villes se trouvent situés trop près : le parfum des fleurs est mêlé d'émanations qui laissent deviner le dégoût et la pourriture. — Je demande avec douleur : avez-vous un si grand besoin, ô poètes, de prendre pour marraines la plaisanterie et la boue, lorsque vous voulez baptiser quelque sentiment innocent et sublime ? Faut-il absolument que vous mettiez à votre noble déesse un masque grimaçant et diabolique ? Mais d'où viennent ce besoin et cette nécessité ? — Justement de ceci que vous habitez trop près du cloaque.

112.

Le sel du discours. — Personne n'a encore expliqué pourquoi les écrivains grecs ont fait un usage si singulièrement parcimonieux des moyens d'expression, dont ils disposaient en une si extraordinaire mesure, au point que tout livre post-grec apparaît à côté criard, bariolé et exalté. — On s'est laissé dire que, près des glaces du pôle nord, tout aussi bien que sous les tropiques, l'usage du sel se raréfiait, que, par contre, les habitants des côtes et des plaines, dans les zones tempérées, en faisaient un usage plus abondant. Les Grecs, pour une double raison, parce que, leur intellect étant plus froid et plus clair, le fond de leur nature passionnée par contre beaucoup plus tropical que le nôtre, n'auraient-ils pas eu besoin de sel et d'épices dans la même mesure que nous?

113.

L'ÉCRIVAIN LE PLUS LIBRE. — Comment, dans un livre pour les esprits libres, ne nommerais-je pas Laurent Sterne, lui que Gœthe a vénéré comme l'esprit le plus libre de son siècle! Qu'il s'arrange ici de l'honneur d'être appelé l'écrivain le plus libre de tous les temps. Comparés à lui, tous les autres apparaissent guindés, sans finesse, intolérants et d'allure vraiment paysanne. Il ne faudrait pas louer chez lui la forme claire, limitée, mais la « mélodie infinie », si, par là, on pouvait donner un nom à un style dans l'art, où la forme déterminée est sans cesse brisée, déplacée, replacée dans l'indéterminé, en sorte qu'elle signifie en même temps telle chose et telle autre chose. Sterne est le grand maître de l'équivoque, — le mot pris, bien entendu, dans un sens beaucoup plus large que l'on a coutume de faire, lorsque l'on songe à des rapports sexuels. Le lecteur est perdu, lorsqu'il veut connaître exactement l'opinion de Sterne sur un sujet, et savoir si l'auteur prend un air souriant ou attristé : car il s'entend à donner les deux expressions à un même pli de son visage; il s'entend de même, c'est là son but, à avoir à la fois tort et raison, à entremêler la profondeur et la bouffonnerie. Ses digressions sont à la fois des continuations du récit et des développements du sujet ; ses sentences contiennent en même temps une ironie de tout ce qui est sentencieux, son aversion contre tout ce qui est sérieux est liée au désir de pouvoir tout considérer platement et par l'extérieur. C'est ainsi qu'il produit chez le lecteur véritable un sentiment d'incertitude : on ne sait plus si l'on marche, si l'on est debout ou couché ; cela se traduit par l'impression vague de planer. Lui, l'auteur le plus souple, transmet aussi au lecteur quelque chose de cette souplesse. Sterne va même jusqu'à changer les rôles, sans y prendre garde, il est parfois lecteur tout aussi bien qu'auteur, son livre ressemble à un spectacle dans le spectacle, à un public de théâtre devant un autre public de théâtre. Il faut se rendre à discrétion à la fantaisie de Sterne — et l'on peut d'ailleurs s'attendre à ce qu'elle soit bienveillante, toujours bienveillante. — Il est singulier, en même temps qu'instructif, de voir comment un grand écrivain tel que Diderot s'est comporté en face de l'équivoque universelle de Sterne : il fut équivoque lui aussi — et cela précisément est de véritable humour supérieur, à la Sterne. A-t-il imité celui-ci dans son *Jacques le fataliste*, imité, admiré, bafoué, parodié ? — On n'arrive pas à le savoir exactement, et peut-être est-ce là précisément ce qu'a voulu l'auteur. Ce doute rend les Français *injustes* à l'égard de cette œuvre de l'un des maîtres de leur littérature (qui peut se montrer à côté de tous ceux d'autrefois et d'aujourd'hui). Mais les Français sont trop sérieux pour l'humour — surtout pour cette façon humoristique de prendre l'humour. — Est-il besoin d'ajouter que, parmi tous les grands écrivains, Sterne est le plus mauvais modèle, l'auteur qui peut le moins servir de modèle, et que Diderot lui-même a dû pâlir de sa témérité? Ce que veulent les bons auteurs français, en tant que prosateurs, et ce que voulurent, avant eux, quelques Grecs et quelques Romains (et ils y sont arrivés), c'est exactement le contraire de ce que veut Sterne. Et celui-ci s'élève, comme une exception magistralement exécutée, au-dessus de ce qu'exigent d'eux-mêmes les écrivains artistes de tous les temps : la discipline, la limitation du cadre, le caractère, la persistance dans les intentions, la possibilité de dominer le sujet, la simplicité, l'attitude dans le développement, l'allure. — Malheureusement, l'homme Sterne semble avoir été trop parent de l'écrivain Sterne : son âme d'écureuil bondissait de branche en branche, avec une vivacité effrénée; il n'ignorait rien de ce qui existait entre le sublime et la canaille; il s'était perché partout, faisant toujours des yeux effrontés et voilés de larmes et prenant sans cesse son air sensible. Si la langue ne s'effrayait d'une pareille association, on pourrait affirmer qu'il possédait un bon cœur dur, et, dans sa façon de jouir, une imagination baroque et même corrompue, — c'était presque la grâce timide de l'innocence. Un tel sens de l'équivoque, entré dans l'âme et dans le sang, une telle liberté d'esprit remplissant toutes les fibres et tous les muscles du corps, personne peut-être ne possédait ces qualités comme lui.

114.

Réalité choisie. — De même que le bon écrivain en prose ne se sert que des mots qui appartiennent à la langue de la conversation, mais se garde bien d'utiliser tous les mots de cette langue — c'est ainsi que se forme précisément le style choisi, — de même le bon poète de l'avenir ne représentera que les choses *réelles*, négligeant complètement tous les objets vagues et démonétisés, faits de superstitions et demi-franchises, en quoi les poètes anciens montraient leur force. Rien que la réalité, mais nullement toute la réalité ! — bien plutôt une réalité choisie !

115.

Espèces batardes de l'art. — A côté des espèces véritables de l'art, celle de la grande tranquillité et celle du grand mouvement, il existe des espèces bâtardes — l'art blasé et avide de repos et l'art agité : les deux espèces souhaitent que l'on prenne leur faiblesse pour de la force et qu'on les confonde avec les espèces véritables.

116.

La couleur manque pour faire le héros. — Les poètes et les artistes véritables du temps présent aiment à appliquer leur peinture sur un fond éclatant de rouge, de vert, de gris et d'or, sur le fond de la *sensualité nerveuse* : les enfants de ce siècle s'entendent à cela. Mais on s'aperçoit d'un inconvénient, lorsque ce n'est pas avec les yeux de ce siècle que l'on regarde ces peintures, — on s'aperçoit que les personnages exécutés par ces artistes semblent avoir quelque chose de papillotant, d'hésitant et d'agité : de sorte qu'au fond on n'a pas confiance en leurs faits héroïques, ce sont tout au plus des méfaits de hâbleurs qui veulent simuler l'héroïsme.

117.

STYLE DE LA SURCHARGE. — Le style surchargé dans l'art est la conséquence d'un appauvrissement de la puissance organisatrice, accompagnée d'une extrême prodigalité dans les moyens et dans les intentions. — Dans les commencements d'un art on trouve quelquefois précisément l'opposé de ce fait.

118.

PULCHRUM EST PAUCORUM HOMINUM. — L'histoire et l'expérience nous disent que la monstruosité particulière qui excite mystérieusement l'imagination et transporte celle-ci au-dessus de la réalité de la vie quotidienne, est plus *ancienne* et croît plus abondamment que le beau dans l'art et la vénération du beau — et qu'elle se remet de nouveau à foisonner, dès que s'obscurcit le sens du beau. Elle semble être, pour la majorité des hommes, pour le plus grand nombre, un besoin supérieur au goût du beau : probablement parce qu'elle contient un narcotique plus grossier.

119.

L'ORIGINE DU GOUT POUR LES ŒUVRES D'ART. — Si l'on songe aux germes primitifs du sens artistique et si l'on se demande quelles sont les différentes espèces de plaisir engendrées par les premières manifestations de l'art, par exemple chez les peuplades sauvages, on trouve d'abord le plaisir de *comprendre* ce que *veut dire* un autre ; l'art est ici une espèce de devinette qui procure à celui qui en trouve la solution le plaisir de constater la rapidité et la finesse de son propre esprit. — Ensuite on se souvient, à l'aspect de l'œuvre d'art la plus grossière, de ce que l'on sait par expérience avoir été une chose agréable, et l'on se réjouit, par exemple, quand l'artiste a indiqué des souvenirs de chasses, de victoires, de fêtes nuptiales. — On peut encore se sentir ému, touché, enflammé en voyant d'autre part des glorifications de la vengeance et du danger. Ici l'on trouve la jouissance dans l'agitation par elle-même, dans la victoire sur l'ennui. — Le souvenir d'une chose désagréable, si elle est surmontée, ou bien si elle nous fait paraître nous-même, devant l'auditeur, intéressant au même degré qu'une production d'art (quand, par exemple, le ménestrel décrit les péripéties d'un marin intrépide), ce souvenir peut provoquer un grand plaisir que l'on attribue alors à l'art. — D'espèce plus subtile est la joie qui naît à l'aspect de tout ce qui est régulier, symétrique, dans les lignes, les points et les rythmes; car, par une certaine similitude, on éveille le sentiment de tout ce qui est ordonné et régulier dans la vie, à quoi l'on doit seul toute espèce de bien-être : dans le culte de la symétrie, on vénère donc inconsciemment la règle et la belle proportion, comme source de tout le bonheur qui nous est venu; cette joie est une espèce d'action de grâce. Ce n'est qu'après avoir éprouvé une certaine satisfaction de cette dernière joie que naît un sentiment plus subtil encore, celui d'une jouissance obtenue en brisant ce qui est symétrique et réglé; si ce sentiment incite, par exemple, à chercher la raison dans une déraison apparente : par quoi il apparaît alors comme une espèce d'énigme esthétique, catégorie supérieure de la joie artistique mentionnée en premier lieu. — Celui qui poursuit encore cette considération saura à quelle espèce d'hypothèses, pour l'explication du phénomène esthétique, on renonce ici par principe.

120.

Pas trop rapproché. — Il y a désavantage pour les bonnes pensées à se suivre de trop près; elles se cachent réciproquement la vue. — C'est pourquoi les plus grands artistes et les plus grands écrivains ont fait un usage abondant du médiocre.

121.

Brutalité et faiblesse. — Les artistes de tous les temps ont fait la découverte que dans la *brutalité* réside une certaine force et que celui qui le voudrait ne peut pas toujours être brutal; de même que certaines catégories de la faiblesse agissent profondément sur le sentiment. On s'est servi de tout cela pour déduire des équivalents à des procédés d'art et il est difficile, même aux artistes les plus grands et les plus consciencieux, de s'en abstenir complètement.

122.

La bonne mémoire. — Certains ne parviennent pas à devenir des penseurs parce que leur mémoire est trop bonne.

123.

Affamer au lieu de rassasier. — De grands artistes s'imaginent qu'au moyen de leur art ils ont totalement pris possession d'une âme et que dès lors ils l'occupent entièrement : en réalité — et souvent à leur grande déception — cette âme n'en est devenue que plus vaste et plus vide, en sorte que dix grands artistes pourraient se jeter au fond sans la rassasier.

124.

Crainte de l'artiste. — De crainte de se voir objecter que leurs figures ne sont pas *vivantes*, certains artistes, pourvus d'un goût qui va en s'affaiblissant, peuvent être induits à former celles-ci de façon à leur donner des apparences de *folies* : de même que, d'autre part, par une crainte semblable, les artistes grecs des origines, prêtèrent même à des mourants et à des hommes dangereusement blessés ce sourire qu'ils savaient être le signe le plus certain de la vie, — sans se préoccuper de la façon dont la nature présente les derniers vestiges de la vie.

125.

Le cercle doit être décrit. — Celui qui a suivi une philosophie ou une manière d'art jusqu'à la fin de sa carrière et encore au delà de cette fin, comprendra, par son expérience intérieure, pourquoi les maîtres et les prophètes qui survivent s'en sont détournés d'un air dédaigneux, pour suivre une autre voie. Certes, il faut que le cercle soit décrit, — mais l'individu, fût-il des plus grands, s'arrête sur un point de la perspective, avec un air d'obstination implacable, comme si le cercle ne pouvait jamais être fermé.

126.

L'art ancien et l'ame du présent. — Parce que tout art trouve, pour l'expression des états d'âme, des moyens toujours plus flexibles, plus doux, plus violents, plus passionnés, et y est toujours plus apte, les maîtres venus plus tard, gâtés par ces moyens d'expressions, ressentent un malaise en face des œuvres d'art des temps plus anciens, comme si les maîtres d'autrefois n'avaient manqué que des moyens indispensables à faire parler distinctement leur âme, peut-être même de quelque préparation technique; et ils pensent devoir leur venir en aide, car ils croient à l'égalité et même à l'unité de toutes les âmes. Mais, en réalité, l'âme de ces maîtres eux-mêmes était encore une autre, elle était plus *grande* peut-être, mais plus froide et opposée aussi à ce qui veut faire de l'effet : la mesure, la symétrie, le mépris de tout ce qui charme et ravit, une inconsciente rudesse et une fraîcheur du matin, une fuite devant la passion, comme si la passion provoquait la destruction de l'art,—voilà ce qui composa le sentiment et la moralité des maîtres anciens, qui nécessairement, et non point seulement par hasard, choisirent leurs moyens d'expression et les animèrent de la même moralité. — Faut-il donc, après être arrivé à cette connaissance, refuser, à ceux qui viennent plus tard, le droit de faire revivre leur propre âme dans l'âme des œuvres anciennes? Non, car ce n'est qu'en leur donnant notre propre âme que nous les rendons capables de vivre encore; c'est *notre* sang qui les amène à nous parler. L'exécution vraiment « historique » serait une exécution fantasmagorique présentée à des fantômes. On honore les grands artistes du passé moins par cette crainte stérile qui laisse à sa place, sans y toucher, chaque note, chaque parole, que par d'actifs efforts pour leur procurer sans cesse une vie nouvelle. — Il est vrai que, si l'on imaginait Beethoven revenant soudain et entendant l'une de ses œuvres, dirigée en conformité avec l'état d'âme et la subtilité des nerfs modernes qui font la gloire de nos maîtres de l'exécution, il demeurerait probablement longtemps muet, ne sachant pas s'il doit élever la main pour maudire ou pour bénir, mais il finirait peut-être par dire : « Eh bien ! Ce n'est pas *moi* que je retrouve ici, mais ce n'est pas non plus un *non-moi*, c'est une troisième chose, — cela me semble être aussi parfait, bien que ce ne soit pas la chose *parfaite*. Mais c'est à vous de veiller à ce que vous faites, comme c'est vous qui devez écouter, — et c'est la vie qui a raison, comme dit Schiller. *Ayez* donc raison et laissez-moi redescendre dans la tombe. »

127.

CONTRE CEUX QUI BLAMENT LA BRIÈVETÉ. — Quelque chose qui est dit brièvement peut être le fruit et le résultat de quelque chose de longuement médité ; mais le lecteur qui est novice sur ce terrain, et qui n'y a pas autrement réfléchi, voit quelque chose d'embryonnaire dans tout ce qui est dit brièvement, non sans un blâme à l'adresse de l'auteur qui a osé lui présenter un mets qui n'était pas cuit à point.

128.

CONTRE LES MYOPES. — Croyez-vous donc que c'est de l'ouvrage décousu parce qu'on vous le présente en morceaux (et qu'il faut vous le présenter ainsi)?

129.

LECTEURS DE SENTENCES. — Les plus mauvais lecteurs de sentences ce sont les amis de l'auteur, pour peu qu'ils s'appliquent à conclure du général au particulier, à quoi les sentences doivent leur origine : car, en faisant ainsi les flaireurs de cuisine, ils mettent à néant toute la peine que s'est donnée l'auteur et n'y gagnent, comme ils le méritent d'ailleurs, au lieu d'un aperçu ou d'un enseignement philosophique, au meilleur cas ou au pire, que la satisfaction d'une vulgaire curiosité.

130.

INCONVENANCES DU LECTEUR. — Pour le lecteur il y a double inconvenance à l'égard de l'auteur, à louer le second ouvrage de celui-ci aux dépens du premier (ou vice versa), et à prétendre à la reconnaissance de l'auteur.

131.

CE QU'IL Y A DE TROUBLANT DANS L'HISTOIRE DE L'ART. — Si l'on poursuit au point de vue historique le développement d'un art, par exemple de l'éloquence grecque, allant de maître en maître, on finit par arriver en face de cette sobriété toujours grandissante qui s'applique à obéir à toutes les lois et restrictions anciennes et nouvelles, et enfin à une contrainte pénible : on comprend alors que l'arc devra se briser nécessairement et que, ce que l'on appelle la composition inorganique, drapée et masquée d'extraordinaires moyens d'expression — dans ce cas le style baroque de l'asiatisme (1) — a été une nécessité et presque un *bienfait*.

132.

AUX HÉROS DE L'ART. — Cet enthousiasme pour une cause que les grands hommes apportent dans le monde fait *s'étioler* l'intelligence d'un grand nombre d'hommes. Il est humiliant de savoir

---

(1) *Barockstil des Asianismus* (?) — N. d. T.

cela. Mais l'enthousiaste porte sa bosse avec joie et fierté : c'est une consolation de savoir que, par le héros, le bonheur a *augmenté* dans le monde.

133.

Le manque de conscience esthétique. — Dans une école d'art, les véritables fanatiques sont ces natures complètement inartistiques qui n'ont pas pénétré même dans les éléments de l'esthétique et du savoir-faire, mais qui sont empoignées violemment par les effets *élémentaires* d'un art. Pour elles il n'y a point de conscience esthétique — et, par conséquent il n'y a rien qui pourrait les détourner du fanatisme.

134.

Comment l'ame doit se mouvoir d'après la musique nouvelle. — L'intension artistique que poursuit la musique nouvelle dans ce que l'on désigne aujourd'hui d'un terme fort, mais sans précision, par « mélodie infinie » peut être comprise clairement, si l'on descend dans la mer, perdant peu à peu l'assurance de la marche sur le fond incliné, pour s'abandonner enfin à la merci de l'élément agité : on est forcé de *nager*. La musique ancienne, celle que l'on faisait jusqu'à présent, dans un va et vient, tantôt maniéré, tantôt solennel, tantôt fougueux, allant soit plus vite soit plus lentement, vous forçait à *danser* : tandis que la mesure nécessaire, l'observation de certains degrés équivalents de temps et de force, exigeaient, dans l'âme de l'auditeur, une continuelle circonspection : le charme de cette musique reposait sur le jeu réciproque de ce courant froid que produisait la circonspection avec l'haleine chaude de l'enthousiasme musical. — Richard Wagner voulut une autre espèce de *mouvement de l'âme*, une espèce voisine de la nage et du balancement dans les airs. Peut-être est-ce là l'essentiel dans toute son innovation. Son célèbre procédé d'art, né de cette volonté et adapté à celle-ci, — la « mélodie infinie » — s'applique à briser toute proportion mathématique de temps ou de forces, il va parfois jusqu'à les narguer et il est fécond dans l'invention d'effets qui sonnent à l'oreille ancienne comme des paradoxes rythmiques et des propos calomnieux. Il craint la pétrification, la crystallisation, le passage de la musique dans les formes architecturales, — et c'est pourquoi il oppose au rythme à deux temps un rythme à trois temps, et il n'est pas rare qu'il introduise la mesure à cinq et à sept temps, qu'il répète immédiatement la même phrase, mais avec un allongement, pour qu'elle atteigne à une durée double et triple. D'une imitation facile de pareils artifices peut naître un grand danger pour la musique : à côté d'une trop grande maturité du sentiment rythmique guettait toujours, à la dérobée, la décomposition, la dégénérescence du rythme. Ce danger devient surtout très grand lorsqu'une pareille musique s'appuie toujours plus étroitement sur un art théâtral et un langage des gestes tout à fait naturaliste, que nulle plastique supérieure ne guide et ne domine, un art et un langage qui, par eux-mêmes, ne possèdent aucune mesure et qui ne sont, par conséquent, nullement à même de communiquer la mesure à l'élément qui s'adapte à eux, à l'essence *trop féminine* de la musique.

135.

Poète et vérité. — La muse du poète qui n'est pas *amoureux* de la vérité ne sera pas précisément la vérité et elle lui mettra au monde des enfants aux yeux cernés, aux membres trop délicats.

136.

Moyens et but. — En art le but ne sanctifie pas es moyens ! mais les moyens sacrés peuvent sanctifier le but.

137.

Les plus mauvais lecteurs. — Les plus mauvais lecteurs sont ceux qui procèdent comme les soldats pillards : ils s'emparent çà et là de ce qu'ils peuvent utiliser, souillent et confondent le reste et couvrent le tout de leurs outrages.

138.

Caractère des bons écrivains. — Les bons écrivains ont deux choses en commun : ils préfèrent être compris que regardés avec étonnement; et ils n'écrivent pas pour les lecteurs aigres et trop subtils,

139.

Les genres mêlés. — Les genres mêlés dans les arts témoignent de la méfiance que leurs auteurs ont eue à l'égard de leur propre force; ils ont cherché des puissances alliées, des intercesseurs, des couvertures, — tel le poète qui appelle à son aide la philosophie, le musicien qui a recours au drame et le penseur qui s'allie à la rhétorique.

140.

SE TAIRE. — L'auteur doit se taire lorsque son œuvre se met à parler.

141.

INSIGNES DU RANG. — Tous les poètes et écrivains qui sont amoureux du superlatif veulent plus qu'ils ne peuvent.

142.

LIVRES FROIDS. — Le bon penseur compte sur des lecteurs qui ressentent après lui la joie qu'il y a à bien penser : en sorte qu'un livre qui a l'air froid et sobre, s'il est vu par un œil juste, caressé par le rayon de soleil de la sérénité intellectuelle, peut apparaître telle une véritable consolation de l'âme.

143.

ARTIFICE DU BALOURD. — Le penseur lourd choisit généralement comme alliés la loquacité ou la solennité : au moyen de la première il croit s'approprier de la mobilité et de la limpidité; au moyen de la seconde, il fait croire que sa qualité est l'effet d'un libre choix, d'une intention artistique, en vue d'arriver à la dignité qui exige la lenteur des mouvements.

144.

Du style baroque. — Celui qui, en tant que penseur et écrivain, sait qu'il n'a été ni créé ni élevé pour la dialectique et le déploiement des pensées, aura involontairement recours à la *rhétorique* et au style *dramatique :* car, en fin de compte, il lui importe, avant tout, de se rendre *intelligible* et de gagner ainsi de la puissance, quelle que soit la façon dont il attire à lui le sentiment, que ce soit sur les routes frayées ou par surprise — comme berger ou comme brigand. Cela est vrai dans tous les arts, où le sentiment d'un défaut de dialectique ou d'une insuffisance dans l'expression et le récit, allié à un instinct de la forme, dont l'abondance tend à se déverser, engendre cette catégorie du style que l'on appelle *style baroque.* — Il n'y a d'ailleurs que les gens prétentieux et mal informés chez qui se mot évoquera une idée d'abaissement. Le style baroque naît chaque fois que dépérit un grand art, lorsque dans l'art de l'expression classique les exigences sont devenues trop grandes, il se présente comme un phénomène naturel à quoi l'on assistera peut-être avec mélancolie — parce qu'il précède la nuit —, mais en même temps avec admiration, à cause des arts de compensation, dans l'expression et le récit, qui lui sont particuliers. Il faut noter avant tout le choix du sujet et la donnée d'un extrême intérêt dramatique, où l'on frémit déjà, sans l'aide d'aucun artifice de l'art, parce que le ciel et l'enfer sont trop près du sentiment ; puis l'éloquence des passions et des attitudes violentes, de la laideur sublime, des grandes masses et en général de la quantité — comme on en voit déjà les traces chez Michel-Ange, le père ou le grand-père des artistes du style rococo italien —: les lumières du crépuscule, de la transfiguration, ou de l'incendie sur les formes très accentuées ; avec cela sans cesse de nouvelles audaces, dans les moyens et les intentions, fortement soulignées par l'artiste, pour les artistes, tandis que le profane croit voir le perpétuel débordement involontaire de toutes les cornes d'abondance d'un art naturel et primesautier. Toutes ces qualités qui font la grandeur de ce style, ne sauraient se retrouver aux époques antérieures, classiques ou préclassiques, d'une manière d'art, et n'y seraient pas tolérées ; car des choses aussi exquises demeurent longtemps suspendues à leur arbre comme des fruits défendus. — Maintenant surtout, la *musique* étant en train de passer dans cette dernière phase, on peut apprendre à connaître ce phénomène du style baroque qui se présente avec une splendeur particulière et, par comparaison, éclairer le passé d'une lumière nouvelle : car, depuis le temps des Grecs, il y a souvent eu un style baroque, dans la poésie, l'éloquence, la sculpture — et chaque fois ce style, bien que la plus haute noblesse lui fît défaut, de même qu'une perfection innocente, inconsciente et victorieuse, a exercé une influence salutaire sur de nombreux artistes de son temps, les meilleurs et les plus sérieux : — c'est pourquoi il y aurait quelque témérité à vouloir le condamner sans plus, quoique chacun puisse s'estimer heureux si, par là, son jugement n'a pas été fermé aux œuvres plus pures et de plus grand style.

145.

La valeur des livres honnêtes. — Les livres honnêtes rendent le lecteur honnête, du moins en ce sens qu'ils provoquent chez lui la haine et la répugnance, qu'il cache généralement par une subtile rouerie. Vis-à-vis d'un livre on se laisse aller, quelle que soit la retenue que l'on montre en face des hommes.

146.

Par quoi l'art crée un parti. — Quelques beaux passages, un développement qui émotionne, une conclusion entraînante qui dispose favorablement — voilà ce qui, dans une œuvre d'art, pourra être accessible à la plupart des profanes : et, dans une période artistique, où l'on veut *attirer* du côté des artistes la grande masse profane, donc créer un parti qui devra peut-être servir à la conservation de l'art en général, le créateur fera bien de ne pas donner *davantage*, car autrement il épuiserait sa force sur des domaines où personne ne lui saurait gré de son zèle. Faire le reste — c'est-à-dire imiter la nature, dans ses fonctions *organiques* et son développement — ce serait, dans ce cas particulier, comme si on semait dans l'eau.

147.

Devenir grand aux dépens de l'histoire. — Tout maître moderne qui entraîne dans *son* orbite le goût de l'amateur d'art provoque involontairement un choix parmi les œuvres des maîtres anciens et une nouvelle évaluation : ce qu'il y a, dans celles-ci, de conforme à sa nature, de parent à son génie, ce qui le prévoit et l'annonce apparaît dès lors comme ce qu'il y a de véritablement *significatif* dans les œuvres anciennes. — Et c'est un fruit où se cache généralement le ver d'une grosse erreur.

148.

Comment on peut gagner une époque pour l'art. — Que l'on apprenne aux hommes, au moyen de toutes les séductions des artistes et des penseurs, à avoir de la vénération pour leurs défauts, leur pauvreté intellectuelle, leur aveuglement insensé et leurs passions — et cela est possible —, que l'on ne montre que le côté sublime du crime et de la folie, de la faiblesse des gens sans volonté, et de ceux qui se soumettent aveuglément que le côté touchant — cela aussi a été fait assez souvent — : et l'on aura employé le moyen qui peut inspirer à une époque, fût-elle des plus anti-artistiques et anti-philosophiques, l'amour enthousiaste de la philosophie et de l'art (surtout l'amour des artistes et des penseurs), et, dans des circonstances critiques, peut-être la seule façon de conserver l'existence d'organismes aussi tendres et aussi exposés.

149.

CRITIQUE ET JOIE. — La critique, tant l'exclusive et l'injuste, que l'intelligente, fait à celui qui l'exerce un plaisir tel que le monde doit de la reconnaissance à toute œuvre, tout acte qui provoquent beaucoup de critiques de la part de nombreuses personnes : car la critique laisse sur son sillage une traînée étincelante de joie, d'esprit, d'admiration de soi, de fierté, d'enseignements, de bonnes résolutions. — Le dieu de la joie créa le mauvais et le médiocre pour la même raison qui lui fit créer le bien.

150.

AU DELA DE SES LIMITES. — Lorsqu'un artiste veut être plus qu'un artiste, par exemple le prophète du réveil moral de son peuple, il finit par s'enticher — c'est là sa punition — d'un monstre de sujet moral — et cela fait rire sa muse : car la jalousie peut aussi rendre méchante cette déesse au bon cœur. Que l'on songe plutôt à Milton et à Klopstock.

151.

ŒIL DE VERRE. — L'inclination du talent vers des sujets, des personnages, des motifs moraux, vers la belle âme de l'œuvre d'art ne provient souvent que d'un œil de verre que se met l'artiste qui *manque* d'âme : cette substitution produit parfois ce résultat très extraordinaire que cet œil finit par devenir la nature vivante, bien qu'avec un aspect un peu étiolé, — et tout le monde croit généralement voir la nature où il n'y a que du verre froid.

152.

ÉCRIRE ET VOULOIR VAINCRE. — Le fait d'écrire devrait toujours annoncer une victoire, une victoire remportée *sur soi-même*, dont il faut faire part aux autres pour leur enseignement. Mais il y a des auteurs dyspepsiques qui n'écrivent précisément que lorsqu'ils ne peuvent pas digérer quelque chose, ils commencent même parfois à écrire quand ils ont encore leur nourriture dans les dents : ils cherchent involontairement à communiquer leur mauvaise humeur au lecteur, pour lui donner du dépit et exercer ainsi un pouvoir sur lui, c'est-à-dire qu'eux aussi veulent vaincre, mais les autres.

153.

« BON LIVRE SAIT ATTENDRE ». — Tout bon livre a une saveur âpre lorsqu'il paraît : il a le défaut de la nouveauté. De plus son auteur lui est nuisible, parce qu'il est encore vivant et que l'on parle de lui, car tout le monde a l'habitude de confondre l'écrivain et son œuvre. Ce qu'il y a en celle-ci d'esprit, de douceur, d'éclat devra se développer avec l'âge, grâce à une admiration toujours grandissante, à une vieille vénération qui finit par être traditionnelle. Mainte heure doit avoir passé là-dessus, et bien des araignées devront y tisser leur toile. De bons lecteurs rendent un livre toujours meilleur et de bons adversaires l'éclaircissent.

154.

L'excessif comme procédé d'art. — Les artistes savent bien comment on se sert de l'excessif pour produire l'impression de richesse. C'est là un des moyens de séduction les plus innocents, à quoi doivent s'entendre les artistes ; car, dans leur monde, où l'on vise à l'apparence, les moyens de l'apparence ne seront pas forcément vrais.

155.

L'orgue de barbarie caché. — Les génies s'entendent mieux que les talents à cacher leur orgue de barbarie, parce qu'ils savent se draper dans des plis plus abondants; mais, au fond, eux aussi, ne savent que jouer sans cesse leurs sept morceaux, toujours les mêmes.

156.

Le nom sur la page de titre. — Il est vrai que c'est maintenant un usage et presque un devoir de mettre sur un livre le nom de son auteur; mais c'est une des raisons qui fait que les livres portent si peu. Car, s'ils sont bons, ils valent plus que les personnes, étant la quintessence de celles-ci; mais dès que l'auteur se fait connaître par le titre, le lecteur se plaît à diluer la quintessence par ce qu'il voit de personnel, de plus personnel, et il met ainsi à néant le but du livre. C'est l'orgueil de l'intellect de ne plus paraître individuel.

157.

LA CRITIQUE LA PLUS VIOLENTE. — On critique le plus violemment un homme, une œuvre, lorsque l'on en dessine l'idéal.

158.

PEU ET SANS AMOUR. — Tout bon livre est écrit pour son espèce et c'est pourquoi tous les autres lecteurs, c'est-à-dire le plus grand nombre, l'accueillent fort mal ; sa réputation repose sur une base étroite et ne peut être édifiée que lentement. Le livre médiocre et mauvais l'est tout bonnement parce qu'il cherche à plaire au grand nombre et qu'il lui plaît.

159.

MUSIQUE ET MALADIE. — Le danger de la musique nouvelle, c'est qu'elle nous présente la coupe des délices et du sublime avec un geste si captivant et avec une telle apparence d'extase morale que le plus modéré et le plus noble finit toujours par en absorber quelques gouttes de trop. Mais cette minime débauche, répétée à l'infini, peut amener finalement une altération de la santé intellectuelle plus profonde que celle qui résulterait des excès les plus grossiers : en sorte qu'un jour il ne restera plus autre chose à faire qu'à fuir la grotte des nymphes, pour retourner, à travers les flots et les dangers, vers l'ivresse d'Ithaque et les baisers de l'épouse, plus simple et plus humaine — bref de *retourner au foyer...*

160.

Avantage pour les adversaires. — Un livre plein d'esprit en communique aussi à ses adversaires.

161.

Jeunesse et critique. — Critiquer un livre — chez les jeunes gens, c'est seulement tenir à distance toutes les idées productives de ce livre et se défendre contre elles des pieds et des mains. Le jeune homme vit sur la défensive à l'égard de tout ce qui est nouveau, lorsqu'il ne peut pas l'aimer en bloc, ce qui lui fait chaque fois, et tant qu'il peut, commettre un crime inutile.

162.

Effet de la quantité. — Le plus grand paradoxe dans l'histoire de la poésie, c'est d'affirmer qu'un homme peut être un barbare dans tout ce qui faisait la grandeur des poètes anciens — un barbare, c'est-à-dire un être défectueux et contrefait de pied en cap, et demeurer quand même le plus grand poète. C'est le cas de Shakespeare qui, mis en parallèle avec Sophocle, ressemble à une mine inépuisable d'or, de plomb et d'éboulis, en face d'un trésor d'or pur, d'or d'une qualité si précieuse qu'il fait presque oublier sa valeur en tant que métal. Mais la quantité, à sa plus haute puissance, *agit comme qualité* — et c'est ce dont Shakespeare profite.

163.

Tout commencement est danger. — Le poète a le choix, ou d'élever le sentiment d'un degré à l'autre et de le hausser ainsi très considérablement — ou d'essayer d'agir par surprise et de tirer, dès le début, très fortement à la cloche. Les deux choses sont dangereuses : dans le premier cas l'ennui fera peut-être prendre la fuite à l'auditeur, dans le second cas la peur.

164.

En faveur des critiques. — Les insectes piquent, non par méchanceté, mais parce que, eux aussi, veulent vivre : il en est de même des critiques ; ils veulent notre sang et non pas notre douleur.

165.

Succès des sentences. — Les gens inexpérimentés croient toujours que du moment qu'une sentence leur paraît évidente à première vue, par sa vérité simple, cette sentence est vieille et connue, et ils se prennent à en regarder l'auteur de travers, comme s'il avait voulu voler le bien commun de tous : tandis que, lorsqu'ils entendent des demi-vérités bien épicées, ils s'en réjouissent et font connaître leur joie à l'auteur. Celui-ci sait apprécier une pareille indication et devine facilement ce qui lui a réussi et ce qu'il a mal fait.

166.

Vouloir vaincre. — Un artiste qui, dans tout ce qu'il entreprend, dépasse ses forces, finira par entraîner la foule avec lui, par le spectacle même de la lutte formidable qu'il lui offre : car le succès n'est pas toujours seulement dans la victoire, mais parfois déjà dans le désir de vaincre.

167.

Sibi scribere. — L'auteur raisonnable n'écrit pas pour une autre postérité que la sienne, c'est-à-dire pour sa propre vieillesse, car il pourra, alors, se réjouir sur lui-même.

168.

Éloge de la sentence. — Une bonne sentence est trop dure pour la mâchoire du temps, et des milliers d'années ne suffiront pas à la dévorer, quoique toutes les époques s'en nourrissent : par cela elle est le grand paradoxe dans la littérature, l'impérissable au milieu du changement, l'aliment toujours apprécié, comme le sel, mais qui ne perd pas sa saveur.

169.

Besoins artistiques de second ordre. — Le peuple possède bien quelque chose que l'on peut appeler des aspirations artistiques, mais celles-ci sont minimes et faciles à satisfaire. Au fond, les déchets de l'art y suffisent : il faut se l'avouer sans ambages. Considérez, par exemple, quelles sont les mélodies et les chansons qui font maintenant toute la joie des couches vigoureuses de la population, les moins gâtées et les plus naïves, vivez parmi les bergers, les métayers, les paysans, les chasseurs, les soldats, les matelots, et vous serez édifiés sur ce sujet. Dans les petites villes encore, dans les maisons où est le siège des héréditaires vertus bourgeoises, n'aime-t-on et ne cultive-t-on pas la plus mauvaise musique qui ait jamais été produite? Celui qui parle de besoins profonds, d'aspirations inassouvies qui poussent le peuple vers l'art, le peuple *tel qu'il est*, celui-là radote ou veut faire des dupes. Soyez donc francs! Ce n'est que chez l'*homme d'exception* qu'existe aujourd'hui le besoin d'un art *de style supérieur*, — et cela parce que, d'une façon générale, l'art est de nouveau pris dans un mouvement rétrograde et que les forces et les espérances humaines se sont jetées, pour un temps, sur autre chose. — Il est vrai qu'il existe en outre, c'est-à-dire à l'écart du peuple, un besoin d'art vaste et considérable, mais de *second ordre*. On trouve ce besoin chez les classes supérieures de la société : là quelque chose comme une communauté artistique de bonne foi est possible. Mais regardez donc de plus près les éléments de cette communauté ! Ce sont en général les mécontents plus distingués qui, par eux-mêmes, ne peuvent s'élever à une joie véritable : l'homme cultivé qui ne s'est pas assez libéré pour pouvoir se passer des consolations de la religion et qui pourtant ne trouve pas assez odorants les baumes de celle-ci ; le demi-noble qui est trop faible pour briser le vice fondamental de sa vie ou le penchant néfaste de son caractère, en renonçant héroïquement ou en changeant de vie ; l'homme richement doué qui a de lui-même trop haute opinion pour être utile par une activité modeste, et qui est trop paresseux pour un grand travail désintéressé ; la jeune fille qui ne sait pas se créer un cercle de devoirs assez étendu ; la femme qui s'est liée par un mariage léger ou criminel et qui ne se sait pas assez liée ; le savant, le médecin, le commerçant, le fonctionnaire qui s'est spécialisé trop tôt et n'a jamais laissé libre cours à toute sa nature, mais qui, à cause de cela, accomplit son travail, d'ailleurs excellent, avec un ver rongeur au cœur ; et enfin tous les artistes incomplets : — ce sont là tous ceux qui ont aujourd'hui encore de véritables besoins d'art ! Et qu'exigent-ils en somme de l'art ? Il doit chasser chez eux, pendant quelques heures ou quelques instants, le malaise, l'ennui, la conscience vaguement mauvaise, et interpréter, si possible, dans un sens élevé, le défaut de leur vie et de leur caractère, pour le transformer en un défaut dans la destinée du monde, — très différents des Grecs qui voyaient, dans leur art, l'expansion de leur propre bien-être et de leur propre santé, et qui aimaient à voir leur propre perfection, encore une fois, en dehors d'eux-mêmes : — ils ont été conduits à l'art par le contentement d'eux-mêmes, nos contemporains y sont venus — par le dégoût d'eux-mêmes.

170.

Les Allemands au théâtre. — Le véritable talent

dramatique des Allemands a été Kotzebue; lui et ses Allemands, tant ceux des classes supérieures que ceux des classes moyennes, sont inséparables, et ses contemporains auraient pu dire sérieusement de lui : « En lui nous vivons et nous agissons ». Il n'y avait là rien de forcé, rien qui fût inculqué, dont la jouissance fut imposée, artificiellement imposée : ce qu'il voulait et savait dire était compris, et, aujourd'hui encore, le franc succès sur la scène allemande est entre les mains des héritiers honteux ou éhontés de ces moyens et de ces effets qui étaient le propre de Kotzebue, surtout sur le domaine où la comédie reste quelque peu florissante; d'où il résulte qu'une bonne part de ce qui était le germanisme d'alors continue à subsister, surtout à distance des grandes villes. Bonasse, sans sobriété dans les petites jouissances, avide de larmes, avec le désir de pouvoir se défaire, du moins au théâtre, de la sévère frugalité traditionnelle, pour exercer une indulgence souriante et même pleine de rires, confondant le bien et la compassion, les identifiant même — comme c'est le propre de la sentimentalité allemande —, exultant à l'aspect d'une belle action généreuse; pour le reste soumis à ce qui vient d'en haut, envieux à l'égard du voisin et pourtant plein de contentement intérieur — toutes ces qualités, tous ces défauts, ce furent les leurs. — Le second talent théâtral fut Schiller: celui-ci découvrit une classe de spectateurs qui, jusqu'alors, n'étaient pas encore entrés en ligne de compte; il trouve cette classe à l'âge de la puberté: la jeune fille et le jeune homme allemands.

Par sa poésie, il vint au-devant de leurs élans supérieurs, nobles et impétueux, bien qu'encore obscurs, au-devant du plaisir que leur causait la sonorité des phrases morales (un plaisir qui tend à disparaître vers la trentième année de la vie), et, grâce à la passion et à l'esprit de parti qui anime cet âge, il conquit un succès qui finit par agir avantageusement sur l'âge plus mûr : car, d'une façon générale, Schiller a *rajeuni* les Allemands. — A tous égards, Gœthe se plaçait au-dessus des Allemands, et, maintenant encore, il se trouve au-dessus d'eux : il ne leur appartiendra jamais. Comment d'ailleurs un peuple pourrait-il être à la hauteur de *l'intellectualité* de Gœthe, avec son bien-être et sa bienveillance ! Tout comme Beethoven fit de la musique en passant sur la tête des Allemands, tout comme Schopenhauer philosopha au-dessus des Allemands, Gœthe écrivit son *Tasse*, son *Iphigénie* au-dessus des Allemands. Un *très petit* nombre d'hommes très cultivés le suivirent, d'hommes éduqués par l'antiquité, la vie et les voyages, ayant grandi au-dessus de l'esprit allemand : il voulut lui-même qu'il n'en fût pas autrement. — Lorsque plus tard les Romantiques édifièrent leur culte raisonné de Gœthe, lorsque leur étonnante habileté dans le flairage passa aux élèves d'Hegel, qui furent les véritables éducateurs des Allemands de ce siècle, lorsque les poètes allemands mirent à profit, pour répandre leur gloire, l'ambition nationale qui s'éveillait et que la véritable mesure d'un peuple, ce qui est de savoir s'il peut *loyalement* se *réjouir* de quelque chose, fut impitoyablement subordonnée au jugement de l'individu et à l'ambition nationale — c'est-à-dire lorsque l'on commença à être *forcé* de se réjouir, — la duperie mensongère de la culture allemande naquit, cette culture qui avait honte de Kotzebue et qui mit en scène Sophocles, Calderon et même la continuation du *Faust* de Gœthe et qui, à cause de sa langue empâtée, de son estomac embarrassé, finit par ne plus savoir ce qui lui convient et ce qui l'ennuie. — Heureux ceux qui ont du goût, fût-ce même un mauvais goût ! — Et non seulement heureux, on ne peut aussi devenir sage que grâce à cette qualité ; c'est pourquoi les Grecs qui, en ces choses, étaient très subtils, désignèrent le sage par un mot, qui veut dire l'*homme de goût* et qu'ils appelèrent bonnement « goût » (*sophia*) la sagesse, l'artistique aussi bien que la philosophique.

171.

LA MUSIQUE, MANIFESTATION TARDIVE DE TOUTE CULTURE. — La musique, de tous les arts qui naissent généralement sur un terrain de culture particulier, avec des conditions sociales et politiques déterminées, apparaît comme la *dernière* de toutes les plantes, à l'automne et au moment du dépérissement de la culture dont elle fait partie : tandis que déjà sont visibles les premiers signes avant-coureurs d'un nouveau printemps. Il arrive même parfois que la musique résonne comme le langage d'une époque disparue, dans un monde nouveau et étonné, et qu'elle arrive trop tard. C'est seulement dans l'art des musiciens des Pays-Bas que l'âme du moyen âge chrétien trouva tous ses accords : son architecture des sons est la sœur du gothique, tard venue il est vrai, mais légitime et ressemblante. C'est seulement dans la musique de Hændel que retentit l'écho de ce que l'âme de Luther et de ses proches avait de meilleur, le grand trait judéo-héroïque qui créa tout le mouvement de la Réforme. Ce fut Mozart qui rendit en or *sonnant* le siècle de Louis XIV, l'art de Racine et de Claude Lorrain. Dans la musique de Beethoven et de Rossini le dix-huitième siècle chanta son dernier chant, le siècle de l'exaltation, des idéals brisés et du bonheur fugitif. Un ami des symboles sensibles pourrait donc dire que toute musique vraiment remarquable est un chant du cygne. — C'est que la musique n'est pas un langage universel qui dépasse le temps, comme on a si souvent dit à son honneur, elle correspond exactement à une mesure de sentiment, de chaleur, de milieu qui porte en elle, comme loi intérieure, une culture parfaitement déterminée, liée par le temps et le lieu; la musique de Palestrina serait, pour les Grecs, parfaitement inabordable, et, d'autre part — qu'entendrait Palestrina, s'il écoutait la musique de Rossini? — Il se pourrait fort bien que notre récente musique allemande, malgré sa prépondérance et sa joie de dominer, ne fût plus comprise dans fort peu de temps; car elle naquit d'une culture qui est en décadence rapide; son terrain se réduit à cette période de réaction et de restauration, où s'épanouit tout aussi bien un certain *catholicisme du sentiment* que le goût de tout ce qui est *traditionnel* et *national*, pour répandre sur l'Europe son parfum composite. Ces deux courants de sentiments, saisis dans leur plus grande intensité et conduits jusqu'aux limites les plus extrêmes, ont fini par résonner dans l'art wagnérien. L'appropriation des vieilles légendes indigènes chez Wagner, la libre disposition qu'il prit des divinités et des héros étranges — qui sont au fond de souveraines bêtes fauves avec de la profondeur, de la grandeur d'âme et de la satiété de vivre —, la résurrection de ces figures à qui il donna la soif chrétienne et moyen-âgeuse d'une sensualité et d'une spiritualité extatiques, tout ce procédé de Wagner dans les emprunts et les adjonctions, par rapport au sujet, à l'âme, aux figures et aux paroles, exprime clairement aussi l'*esprit de sa musique*, si celle-ci, comme toute musique, ne savait parler d'elle-même sans équivoque : cet esprit mène la *toute dernière* campagne de réaction contre l'esprit du rationalisme qui soufflait du siècle dernier dans celui-ci, et aussi contre l'idée supernationale de la Révolution française et de l'utilitarisme anglo-américain appliquée à la transformation de l'État et de la société. — Mais n'est-il pas évident que ce cercle d'idées et de sentiments combattu, semble-t-il, par Wagner et ses adhérents ait repris depuis longtemps une force nouvelle et que cette tardive protestation musicale tombe dans des oreilles qui préféreraient entendre d'autres accents, d'une esthétique différente ? En sorte qu'il pourrait bien arriver un jour que cet art merveilleux et supérieur devienne soudain incompréhensible et que l'oubli et les toiles d'araignées viennent s'abattre sur lui. — Il ne faut pas se laisser induire en erreur sur cet état de cause par ces fluctuations passagères qui apparaissent comme la réaction dans la réaction, comme une dépression momentanée des ondes, dans l'ensemble du mouvement : il se pourrait donc que cette période de dix années, avec ses guerres nationales, son martyre ultramontain et son terrorisme socialiste, aidât, dans ses contre-coups subtils, à l'épanouissement du dit art, — sans lui donner par là la garantie qu'il a « de l'avenir », ou même qu'il a *l'avenir*. — Cela tient à l'essence même de l'art, si les fruits de ses grandes années perdent aussitôt plus vite leurs saveurs et se gâtent plus vite que les fruits de l'art plastique ou même ceux qui croissent sur l'arbre de la connaissance : car de tous les produits du sens artistique humain, les *idées* sont ce qu'il y a de plus durable.

172.

LES POÈTES NE SONT PLUS DES ÉDUCATEURS. — Bien que cela puisse paraître étrange à notre temps, il y a eu jadis des poètes et des artistes dont l'âme était élevée au-dessus des passions, des luttes et des ravissements de la passion, et qui, à cause de cela, prenaient plaisir à des sujets plus purs, des hommes plus dignes, des enchaînements et des dénouements plus tendres. Si les grands artistes d'aujourd'hui sont le plus souvent des déchaîneurs de volonté, et, par cela même, dans certaines circonstances, des libérateurs de la vie, ceux-ci étaient des dompteurs de volonté, des transformateurs d'animaux, des créateurs d'hommes et, en général, des formateurs, des continuateurs de la vie : tandis que la gloire de ceux d'aujourd'hui consiste peut-être à dépouiller, à briser les chaînes, à détruire. — Les Grecs anciens exigeaient du poète qu'il fût l'éducateur des adultes : mais combien aujourd'hui un poète aurait honte si l'on demandait cela de lui — de lui, qui ne fut pas même un bon élève et qui, par conséquent, ne devint pas quelque chose comme un bon poème, belle formation lui-même, mais, au meilleur cas, en quelque sorte le farouche et attirant amas de décombres d'un temple, et, en même temps, une caverne de concupiscence, couverte, telle une ruine, de fleurs, de plantes piquantes et vénéneuses, habitée et visitée par les serpents, les vers, les araignées et les oiseaux, — et c'est un objet de triste réflexion que de se demander pourquoi les choses les plus nobles et les plus exquises se présentent maintenant telles des ruines, sans le passé et l'avenir de la perfection.

173.

Regard en avant et en arrière. — Un art tel qu'il rayonne d'Homère, de Sophocle, de Théocrite, de Calderon, de Racine, de Gœthe, comme l'*excédent* d'une direction de vie sage et harmonieuse — c'est là la vraie conception, à quoi nous finirons par recourir, lorsque nous serons devenus nous-mêmes plus sages et plus harmonieux : et non point ce jaillissement barbare, quoique si charmant, de choses ardentes et bariolées, ce jaillissement hors d'une âme chaotique et non domptée que nous considérions jadis, lorsque nous étions des jeunes gens, comme de l'art. Mais il va de soi que, pour certaines époques de la vie, un art de l'exaltation et de l'émotion répond à un besoin naturel, de même que la répugnance contre tout ce qui est réglé, monotone, simple et logique, que cet art doit *nécessairement* correspondre à l'artiste, pour que l'âme de pareilles époques de vie n'aille pas faire explosion sur une autre voie, par toutes sortes d'excès et de désordres. C'est ainsi que les jeunes gens, tels qu'ils sont généralement, pleins d'exubérances et tourmentés par l'ennui plus que par toute autre chose, — c'est ainsi que les femmes, à qui manque un bon travail qui remplit l'âme, ont besoin de cet art du désordre ravissant : mais avec d'autant plus de violence, s'enflamme leur désir d'une satisfaction sans changement, d'un bonheur sans léthargie et sans ivresse.

174.

Contre l'art des œuvres d'art. — L'art doit avant tout *embellir* la vie, donc nous rendre nous-mêmes tolérables aux autres et agréables si possible : ayant cette tâche en vue, il modère et nous tient en brides, crée des formes dans les rapports, lie ceux dont l'éducation n'est pas faite à des lois de convenance, de propriété, de politesse, leur apprend à parler et à se taire au bon moment. De plus, l'art doit *cacher* et *transformer* tout ce qui est laid, ces choses pénibles, épouvantables et dégoûtantes qui, malgré tous les efforts, à cause des origines de la nature humaine, viendront toujours de nouveau à la surface : il doit agir ainsi surtout pour ce qui en est des passions, des douleurs de l'âme et des craintes, et faire transparaître, dans la laideur inévitable ou insurmontable, ce qui y est *significatif*. Après cette tâche de l'art, dont la grandeur va jusqu'à l'énormité, l'art que l'on appelle véritable, *l'art des œuvres d'art* n'est qu'*accessoire*. L'homme qui sent en lui un excédent de ces forces qui embellissent, cachent, transforment, finira par chercher à s'alléger de cet excédent par l'œuvre d'art ; dans certaines circonstances c'est tout un peuple qui agira ainsi. — Mais on a l'habitude maintenant de commencer l'art par la fin, on se suspend à sa queue, avec l'idée que l'art des œuvres d'art est le principal et que c'est, en partant de cet art, que la vie doit être améliorée et transformée. — fous que nous sommes ! Si nous commençons le repas par le dessert, goûtant à un plat sucré après l'autre, quoi d'étonnant si nous nous gâtons l'estomac et même l'appétit pour le bon festin, fortifiant et nourrissant, à quoi l'art nous convie ?

175.

PERSISTANCE DE L'ART. — A quoi un art des œuvres d'art doit-il en somme sa persistance ? Au fait que la plupart des gens qui ont des heures de loisirs — et pour ceux-ci seulement, il y a un pareil art, — ne croient pas pouvoir venir à bout de leur temps sans faire de la musique, aller au théâtre, visiter les expositions, lire des romans et des vers. En admettant que l'on puisse les *détourner* de cette satisfaction, ils aspireraient moins avidement à avoir des loisirs et l'envie que l'on porte aux riches deviendrait plus rare — ce serait un avantage pour la stabilité de la société; ou bien ils continueraient à avoir des loisirs, mais apprendraient à *réfléchir* — ce que l'on peut apprendre et désapprendre, — à réfléchir sur leur travail par exemple, sur leurs relations, sur les joies qu'ils pourraient procurer : dans les deux cas, le monde entier, sauf les artistes, en tirerait des avantages. — Il y a certainement maint lecteur plein de vigueur et de sens qui pourrait présenter ici une bonne objection. A cause des gens grossiers et mal intentionnés je tiens à dire qu'ici, comme bien souvent dans ce livre, ce qui importe à l'auteur c'est l'objection et que l'on pourra y lire bien des choses qui n'y sont pas précisément écrites. —

176.

Les porte-parole des dieux. — Le poète exprime les opinions générales et supérieures que possède un peuple, il en est le porte-parole et la flûte, — mais, grâce au mètre et à tous les autres moyens artistiques, il les exprime de façon à ce que le peuple les prenne pour quelque chose de tout nouveau et de merveilleux, et se figure sérieusement que le poète est le porte-parole des dieux. Enveloppé dans les nuages de la création, le poète lui-même oublie d'où il tient toute sa sagesse intellectuelle — de ses père et mère, des maîtres et des livres de tous genres, de la rue, et surtout des prêtres; il est trompé par son propre art et il croit vraiment, aux époques naïves, que *Dieu* parle par sa bouche, qu'il crée dan un état d'illumination religieuse : — tandis qu'en réalité il ne dit que ce qu'il a appris, la sagesse populaire et la folie populaire confondues. Donc : en tant que le poète est véritablement *vox populi*, il passe pour être *vox dei*.

177.

CE QUE TOUT ART VEUT ET NE PEUT PAS. — La dernière tâche de l'artiste, la tâche la plus difficile, c'est la description de l'immuable, de ce qui repose en soi, supérieur et simple, loin de tout charme particulier ; c'est pourquoi les plus belles figurations de la perfection morale sont rejetées par les artistes plus faibles, comme des ébauches inartistiques, parce que l'aspect de tels fruits est trop pénible pour leur ambition : ils voient apparaître ceux-ci aux extrêmes rameaux de l'art, mais ils manquent d'échelle, de courage et de pratique pour oser s'aventurer si haut. En soi, il n'y a pas d'objection à la venue d'un Phidias *poète*, mais, si l'on considère la capacité moderne, ce sera seulement dans ce sens qu'à Dieu « nulle chose n'est impossible ». Le désir d'un Claude Lorrain, dans le domaine de la poésie, est actuellement déjà un manque de modestie, quelle que soit l'aspiration qui vous y pousse. Nul artiste n'a été jusqu'à présent à la hauteur de cette tâche : la description de l'homme *le plus grand*, c'est-à-dire *le plus simple* et en même temps *le plus complet;* mais peut-être les Grecs, dans leur *idéal d'une Pallas Athéné*, ont-ils jeté leur regard plus loin que les hommes ont fait jusqu'à présent.

178.

Art et restauration. — Les monuments rétrogrades dans l'histoire, ce que l'on appelle les époques de restauration, qui cherchent à faire renaître un état intellectuel et social qui existait *avant* celui qui subsistait en dernier lieu et à qui une courte résurrection semble vraiment réussir, possèdent le charme que suscitent les souvenirs pleins de sentiments, le désir ardent de ce qui est presque perdu, le hâtif embrassement d'un court bonheur. A cause de ce singulier approfondissement de l'esprit, les arts et les lettres trouvent un sol propice justement à ces époques fugitives, presque enveloppées de rêve : de même que les plantes les plus tendres et les plus rares croissent sur les versants abrupts des montagnes. — C'est ainsi que maint bon artiste est poussé imperceptiblement à des idées de restauration politique et sociale, en vue de quoi il s'arrange à son propre gré, une petite retraite fleurie et silencieuse : où il réunirait autour de lui les vestiges humains de cette époque de l'histoire qui lui rappelle ce qu'il aime, exerçant son archet devant des morts, des mourants et des épuisés, avec, peut-être, le succès d'une brève résurrection.

179.

Bonheur de l'époque. — Notre époque doit s'estimer heureuse pour deux raisons. Par rapport au *passé* nous jouissons de toutes les cultures et de leurs productions, et nous nous nourrissons du sang le plus noble de tous les temps. Nous nous trouvons encore assez près de la magie des forces d'où ces cultures sont sorties, pour pouvoir nous y soumettre, temporairement, avec joie et frémissement : tandis que des civilisations plus anciennes ne surent que jouir d'elles-mêmes, sans voir au delà, comme si elles étaient enfermées sous une cloche de verre, où pénétreraient les rayons de lumière, mais sans laisser passer le regard. Par rapport à l'*avenir*, s'ouvre à nous, pour la première fois dans l'histoire, la vue prodigieuse des desseins humains et œcuméniques qui embrassent la terre tout entière. En même temps nous sentons en nous la force de prendre en main, sans aide surnaturelle, mais aussi sans présomption, cette tâche nouvelle ; et, quel que soit le résultat de notre entreprise, quand même nous aurions estimé trop haut nos forces, il n'y aurait personne en tous les cas à qui nous devions rendre compte, hors nous-mêmes : l'humanité peut dès maintenant faire d'elle-même tout ce qu'elle veut. — Il est vrai qu'il existe de singulières abeilles humaines qui, dans le calice de toutes choses, ne savent toujours puiser que ce qu'il y a de plus amer et de plus fâcheux ; — et, en effet, toutes choses portent en elles quelque chose de ce fiel. Que ces abeilles humaines pensent donc du bonheur de notre époque tout ce qu'elles voudront, et continuent à bâtir la ruche de leur déplaisir.

180.

UNE VISION. — Des heures d'enseignement et de contemplation pour les adultes et les hommes mûrs, ces heures quotidiennes mais sans contrainte, fréquentées par chacun selon les règles des mœurs : les églises considérées en vue de ces réunions, comme les lieux les plus dignes et les plus riches en souvenirs : en quelque sorte des solennités quotidiennes pour fêter le degré possible de raison et de dignité humaine : une floraison nouvelle et complète d'un idéal d'enseignement, où le prêtre, l'artiste et le médecin, le savant et le sage seraient fondus dans un seul individu, de même que devraient apparaître, dans l'enseignement lui-même, dans la façon dont il serait présenté, dans sa méthode, les vertus particulières de chacun, réunies en une vertu générale. — Ceci est ma vision qui me revient toujours à nouveau, et dont je crois fermement qu'elle a soulevé un pan du voile de l'avenir.

181.

ÉDUCATION, TORTION. — L'extraordinaire incertitude de tout enseignement public qui donne, à tout adulte, l'impression que son seul éducateur a été le hasard, — ce qu'il y a de semblable à la girouette dans toutes les méthodes et intentions éducatrices — s'explique par le fait que, de nos jours, les puissances pédagogiques *les plus anciennes et les plus nouvelles*, comme dans une tumultueuse réunion publique, tiennent plutôt à être entendues que comprises et veulent démontrer à tout prix, par leurs voix, par leurs cris qu'elles *existent encore* ou qu'elles *existent déjà*. Devant ce bruit insensé les pauvres maîtres et éducateurs ont commencé par être abasourdis, puis ils se sont tus, et enfin leur esprit s'est émoussé et ils se contentent de tout laisser passer sur leur tête, tout comme ils laissent tout passer sur la tête de leurs élèves. Ils ne sont pas éduqués eux-mêmes, comment devraient-ils enseigner? Ils ne représentent pas un tronc puissant, rempli de sève qui pousse droit : celui qui voudra s'appuyer sur eux devra se contourner et se tordre et finir par paraître contrefait et tordu.

182.

Philosophes et artistes de l'époque. — La brutalité et la froideur, l'ardeur du désir et le cœur froid, — ce voisinage répugnant se retrouve dans le caractère de la haute société européenne d'aujourd'hui. C'est pourquoi l'artiste croit déjà atteindre un but très élevé, si, par son art, il fait une fois jaillir, à côté de l'ardeur du désir, la chaleur du cœur et, de même, le philosophe, si avec la tiédeur du cœur qu'il a en commun avec son époque, il arrive à faire refroidir aussi, par ses jugements ascétiques, la chaleur du désir qui l'anime, lui et cette société.

183.

Ce n'est pas sans peine que l'on est soldat de la culture. — Enfin, enfin l'on apprend ce dont l'ignorance vous causait un si grand tort au temps où l'on était jeune : qu'il faut d'abord *faire* ce qui est parfait et ensuite *rechercher* ce qui est parfait, quels que soient l'endroit où cette perfection se trouve et le nom sous lequel elle se cache ; que, par contre, il faut éviter tout ce qui est mauvais et médiocre sans le *combattre*, et que le doute au sujet de la qualité d'une chose — tel qu'il naît rapidement avec un goût quelque peu exercé — peut nous servir d'argument contre cette chose, et de motif pour l'éviter complètement : au risque de nous tromper quelquefois et de confondre le bien difficilement abordable avec le mauvais et le médiocre. Seul celui qui ne sait rien faire de mieux doit s'attaquer aux turpitudes du monde, en soldat de la culture: mais ceux qui doivent entretenir la culture et répandre ses enseignements se nuisent à eux-mêmes s'ils demeurent les armes à la main et transforment, par leur vigilance, leurs gardes de nuit et leurs mauvais rêves, la paix de leur vocation et de leur foyer en une inquiétude belliqueuse.

184.

Comment il faut raconter l'histoire naturelle. — L'histoire naturelle, étant l'histoire de la lutte victorieuse de la force morale et intellectuelle, contre la peur et l'imagination, la paresse, la superstition, la folie, devrait être racontée de façon à ce que chacun de ceux qui l'entendent soit entraîné irrévocablement à aspirer à la santé et à l'épanouissement intellectuels et physiques, à ressentir la joie d'être l'héritier et le continuateur de tout ce qui est humain et à se vouer à un esprit d'entreprise toujours plus noble. Jusqu'à présent, elle n'a pas encore trouvé son véritable langage, parce que les artistes inventifs et éloquents — il en faut pour cela — ne peuvent pas se débarrasser d'une méfiance obstinée à son égard et, avant tout, ne veulent pas sérieusement apprendre d'elle. Toujours est-il qu'il faut accorder aux Anglais que, dans leurs manuels scientifiques pour les classes populaires, ils ont fait un pas remarquable vers cet idéal : c'est que ces manuels sont faits par des savants distingués — des natures complètes et abondantes — et non pas, comme chez nous, par les médiocrités de la science.

185.

Génialité de l'espèce humaine. — Si, d'après l'observation de Schopenhauer, il y a de la génialité dans le fait de se souvenir d'une façon coordonnée et vivante de ce qui vous est arrivé, dans l'aspiration à la connaissance de l'évolution historique — qui fait ressortir toujours plus puissamment les temps modernes sur les temps anciens et qui, pour la première fois a brisé les vieilles limites entre la nature et l'esprit, l'homme et la bête, la morale et la physique — on pourrait reconnaître une aspiration à la génialité dans l'ensemble de l'humanité. L'histoire imaginée complète serait de la conscience cosmique.

186.

Culte de la culture. — Aux grands esprits s'adjoint ce qu'il y a dans leur nature de hideusement trop humain — leurs aveuglements, leurs injustices, leur manque de mesure — pour que chez eux l'influence puissante, facilement trop puissante, soit contrebalancée sans cesse par la méfiance que ces particularités inspirent. Car le système de tout ce dont la nature a besoin pour subsister est si vaste et absorbe des forces si diverses et si nombreuses que, pour chaque avantage accordé *d'une part*, soit à la science, soit à l'Etat, soit à l'art, soit au commerce, où tendent ces individus, l'humanité est d'autre part obligée de pâtir. Ce fut toujours la plus grande calamité de la culture, lorsque l'on se mit à adorer des hommes et, dans ce sens, on peut être d'accord avec l'axiome de la loi mosaïque qui défend d'avoir d'autres dieux à côté de Dieu. — Au culte du génie et de la force, il faut toujours opposer, comme complément et comme remède, le culte de la culture : lequel sait accorder aussi, à ce qui est grossier, médiocre, bas, méconnu, faible, imparfait, incomplet, boiteux, faux, hypocrite, et même à ce qui est méchant et terrible, de l'estime et de la compréhension, et faire l'aveu que *tout cela est nécessaire*. Car l'harmonie et le développement de ce qui est humain, à quoi l'on est parvenu par d'étonnants travaux et coups de hasard qui sont autant l'œuvre de cyclopes et de fourmis que de génies, ne doivent plus être perdus : comment pourrions-nous donc nous passer de la base fondamentale, profonde et souvent inquiétante, sans laquelle la mélodie ne saurait être mélodie ? —

187.

L'ancien monde et la joie. — Les hommes de l'ancien monde savaient mieux *se réjouir* : nous nous entendons à nous *attrister moins* ; ceux-là découvraient toujours de nouvelles raisons pour goûter leur bien-être et pour célébrer des fêtes, ils y mettaient toute la richesse de leur sagacité et de leur réflexion : tandis que nous employons notre esprit à la solution de problèmes qui ont plutôt en vue de réaliser l'absence de douleur et la suppression des sources du déplaisir. Pour ce qui en est de l'humanité souffrante, les anciens s'essayaient à s'oublier ou à faire virer leur sentiment, d'une façon ou d'une autre, vers le côté agréable. Ainsi ils s'aidaient de palliatifs, tandis que nous nous attaquons aux causes du mal et préférons en somme agir d'une façon prophylactique. Peut-être construisons-nous seulement les bases sur lesquelles les hommes édifieront de nouveau plus tard le temple de la joie.

188.

Les muses mensongères. — « Nous nous entendons à dire beaucoup de mensonges » (1). —Ainsi chantèrent jadis les muses lorsqu'elles se révélèrent devant Hésiode. — On fait des découvertes importantes lorsque l'on se met à considérer l'artiste comme menteur.

189.

Homère sait être paradoxal. — Y a-t-il quelque chose de plus audacieux, de plus épouvantable et de plus incroyable, quelque chose qui éclaire les destinées humaines, tel un soleil d'hiver, autant que cette pensée qui se trouve dans Homère :

---

(1) Hésiode, *la Théogonie*, v. 29. — N. d. T.

Les dieux disposent des destinées humaines et décident la chute des hommes,
Afin que des générations futures puissent composer des chants.

Donc, nous souffrons et nous périssons pour que les poètes ne manquent pas de *sujets* — et ce sont les dieux d'Homère qui arrangent cela ainsi, comme si les plaisirs des générations futures semblaient leur importer beaucoup, mais le sort de nous autres contemporains leur être très indifférent. — Comment de pareilles idées ont-elles pu entrer dans le cerveau d'un Grec!

190.

Justification ultérieure de l'existence. — Certaines idées sont entrées dans le monde comme des erreurs et des jeux de l'imagination, mais elles sont devenues des vérités parce que les hommes leur ont supposé, après coup, une base véritable.

191.

Le pour et le contre sont nécessaires. — Celui qui n'a pas compris que tout grand homme doit non seulement être encouragé, mais encore *combattu* au nom du bien public, est certainement encore un grand enfant — ou peut-être un grand homme.

192.

Injustice du génie. — Le génie est tout ce qu'il y a de plus injuste à l'égard des génies, pour le cas où ils sont ses contemporains : d'une part il croit pouvoir s'en passer complètement et, à cause de cela, il les considère en général comme *superflus* — car c'est sans leur concours qu'il est devenu ce qu'il est —, d'autre part leur influence contrecarre l'effet de son courant électrique : c'est pourquoi il les tient même pour *nuisibles*.

193.

LA PIRE DESTINÉE D'UN PROPHÈTE. — Il a travaillé pendant dix ans à convaincre ses contemporains — et il y a enfin réussi; mais dans l'intervalle ses adversaires sont aussi parvenus à leurs fins : de leur côté ils l'ont persuadé, et il n'est plus du tout convaincu de la vérité de sa doctrine.

194.

TROIS PENSEURS ÉGALENT UNE ARAIGNÉE. — Dans toute secte philosophique, trois penseurs se succèdent dans le rapport suivant : le premier engendre par lui-même le suc et la semence, le second en tire des fils et tisse une toile artificielle, le troisième s'embusque dans cette toile et guette les victimes qui s'y aventurent — pour vivre aux dépens de la philosophie.

195.

LES RAPPORTS AVEC LES AUTEURS. — C'est une tout aussi mauvaise manière de fréquenter un auteur en le menant par le bout du nez qu'en le prenant par les cornes — et chaque auteur a des cornes.

196.

ATTELAGE A DEUX. — Les idées obscures et l'exaltation sentimentale s'allient tout aussi souvent à la volonté implacable d'arriver par tous les moyens et de se faire admettre exclusivement que l'esprit secourable, bienfaisant et bienveillant à l'instinct de clarté et de netteté d'esprit, de modération et de pudeur du sentiment.

197.

CE QUI LIE ET CE QUI SÉPARE. — Ne trouve-t-on pas dans la tête ce qui unit les hommes — la compréhension de l'utilité et du préjudice général —, et dans le cœur ce qui sépare — l'aveugle choix et l'aveugle penchant, en amour et dans la haine, la faveur accordée à l'un aux dépens de tous les autres et le mépris de l'utilité publique qui en résulte?

198.

TIREURS ET PENSEURS. — Il y a des tireurs singuliers qui, bien qu'ils aient manqué le but, quittent cependant le tir avec le sentiment de secrète fierté d'avoir, en tous les cas, envoyé leur balle très loin (au delà du but, il est vrai), ou d'avoir atteint, si ce n'est le but, du moins autre chose. Et il en est de même de certains penseurs.

199.

DE DEUX CÔTÉS A LA FOIS. — On en veut à un courant intellectuel lorsqu'on lui est supérieur et que l'on désapprouve son but, ou encore lorsque son but est trop élevé pour nous et méconnaissable à notre œil, c'est-à-dire lorsqu'il nous est supérieur. C'est ainsi qu'un même parti peut être combattu de deux côtés à la fois, d'en haut et d'en bas ; et souvent les antagonistes s'allient dans une haine commune, ce qui est plus répugnant que tout ce qu'ils haïssent.

200.

ORIGINAL. — Ce n'est pas d'être le premier à voir quelque chose de nouveau, mais c'est de voir, *comme si elles étaient nouvelles*, les choses vieilles et connues, vues et revues par tout le monde, qui distingue les cerveaux véritablement originaux. Celui qui découvre les choses est généralement cet être tout à fait vulgaire et sans cerveau — le hasard.

201.

ERREUR DES PHILOSOPHES. — Le philosophe s'imagine que la valeur de sa philosophie se trouve dans son ensemble, dans sa construction : la postérité trouve cette valeur dans les pierres dont il se servit et avec lesquelles, dès lors, on bâtira encore souvent et beaucoup mieux : par conséquent, dans la possibilité de détruire cette construction, sans lui faire perdre sa valeur comme matériel.

202.

TRAIT D'ESPRIT. — Le trait d'esprit c'est l'épigramme que l'on fait sur la mort d'un sentiment.

203.

LE MOMENT QUI PRÉCÈDE LA SOLUTION. — Dans les sciences, il arrive tous les jours et à toute heure que quelqu'un s'arrête immédiatement avant d'avoir trouvé la solution, persuadé que, jusqu'ici, tous ses efforts ont été vains, — semblable à quelqu'un qui désembrouille un écheveau et qui hésite, au moment où il est presque défait, car c'est alors qu'il voit le plus de nœuds.

204.

Se joindre aux exaltés. — L'homme réfléchi et sûr de sa raison peut gagner à se mêler pendant dix ans aux imaginatifs, s'abandonnant dans cette zone torride à une douce folie. Cette fréquentation lui a fait faire beaucoup de chemin pour le faire aboutir enfin à ce cosmopolitisme de l'esprit qui peut dire sans présomption : « Rien d'intellectuel ne m'est étranger. »

205.

Air vif. — Ce qu'il y a de meilleur et de plus sain dans les sciences comme dans les montagnes, c'est l'air vif qui y souffle. — Ceux qui aiment la mollesse de l'esprit (les artistes, par exemple) craignent et abandonnent les sciences à cause de cette atmosphère.

206.

Pourquoi les savants sont plus mobiles que les artistes. — La science a besoin de natures plus *nobles* que la poésie. Les natures scientifiques doivent être plus simples, moins portées sur la gloire, elles doivent approfondir des choses qui, aux yeux du grand nombre, paraissent rarement dignes d'un pareil sacrifice de la personnalité. Il faut ajouter à cela un autre dommage dont elles ont conscience : leur genre d'occupation, une constante invite à la plus grande sobriété, affaiblit leur *volonté;* le feu est moins vivement entretenu que sur le foyer des natures poétiques : c'est pourquoi les natures scientifiques perdent plus souvent que celles-ci, à un âge peu avancé, leur belle vigueur et leur floraison — et elles n'ignorent pas ce danger. Dans toutes les circonstances elles *paraîtront* moins douées parce qu'elles brillent moins, et elles compteront moins qu'elles ne valent.

207.

EN QUOI LA PIÉTÉ OBSCURCIT. — On attribue au grand homme, dans les siècles qui lui succèdent, toutes les qualités et toutes les vertus du siècle où il a vécu — et c'est ainsi que les meilleures choses sont sans cesse *obscurcies* par la piété qui ne voit en elles que des images saintes où l'on place et suspend des offrandes de toutes sortes — jusqu'à ce qu'elles finissent par être complètement couvertes et enveloppées et qu'elles apparaissent plutôt comme des objets de foi que de contemplation.

208.

ÊTRE PLACÉ SUR LA TÊTE. — Lorsque nous plaçons la vérité sur la tête, nous ne nous apercevons généralement pas que notre tête, elle aussi, n'est pas placée où elle devrait.

209.

Origine et utilité de la mode. — Le contentement visible qu'éprouve l'*individu* devant sa forme excite l'esprit d'imitation et crée, peu à peu, la forme du *nombre*, c'est-à-dire la mode : le grand nombre veut arriver, par la mode, à ce bienfaisant contentement de soi que procure la forme, et il y parvient. — Si l'on se rend compte des raisons que peut avoir chaque homme pour être craintif et se cacher par timidité, si l'on considère que les trois quarts de son énergie et de sa bonne volonté peuvent être paralysés et stérilisés par ces raisons, on devra beaucoup de reconnaissance à la mode, dans la mesure où elle communiquera de la confiance en soi et de la liberté d'allure réciproque à ceux qui se savent liés entre eux à ses lois. Les lois sottes, elles aussi, procurent la liberté et la tranquillité d'esprit, pour peu que ce soit le grand nombre qui s'y est soumis.

210.

Délier la langue. — La valeur de certains hommes et de certains livres repose seule sur l'aptitude qu'ils ont de forcer chacun à exprimer ce qu'il a de plus caché et de plus intime : ce sont des coupe-brides et des leviers pour les bouches les plus muettes. Certains événements et certains méfaits, qui semblent n'exister que pour la malédiction de l'humanité, ont aussi cette valeur et ce but utile.

211.

Esprits a libre cours. — Qui d'entre nous oserait s'appeler libre esprit s'il ne voulait pas rendre hommage, à sa façon, aux hommes qui reçurent ce nom pour leur faire *injure*, en chargeant lui aussi sur ses épaules sa part de ce fardeau de la vindicte et de la honte publiques? Mais nous avons aussi le droit de nous appeler « esprits à libre cours », et cela sérieusement (sans aucun défi hautain ou généreux), parce que ce cours vers la liberté est l'instinct le plus prononcé de notre esprit et qu'en opposition avec les intelligences liées et enracinées, nous voyons presque notre idéal dans une espèce de *nomadisme* intellectuel, — pour me servir d'une expression modeste et presque dénigrante.

212.

Oui, la faveur des muses. — Ce qu'en dit Homère va droit au cœur, tant c'est vrai et terrible tout à la fois : « La muse l'aimait plus que tout, et elle lui avait donné de connaître le bien et le mal, et, l'ayant privé des yeux, elle lui avait accordé le chant admirable(1). » — C'est là un texte sans fin pour celui qui sait réfléchir : elle donne le bien *et* le mal, voilà son tendre amour! Et chacun interprétera à sa façon pourquoi *il faut* que nous autres poètes et penseurs nous y laissions *nos yeux*.

(1) Homère, *Odyssée*, chant VIII. — N. d. T.

213.

CONTRE L'ENSEIGNEMENT DE LA MUSIQUE. — Le développement artistique de l'œil dès l'enfance, par le dessin et la peinture, par des croquis de paysages, de personnes, d'événements, procure, d'une façon accessoire mais pour toute la vie, cet avantage inappréciable d'*aiguiser* l'œil pour l'observation des hommes et des situations, de le rendre *tranquille* et *persévérant*. Un semblable bénéfice secondaire ne ressort pas de la culture artistique de l'oreille.

214.

CEUX QUI DÉCOUVRENT DES TRIVIALITÉS. — Des esprits subtils, pour qui rien n'est plus loin qu'une trivialité, en découvrent souvent une après de longs détours à travers des sentiers de montagne, et ils y prennent un vif plaisir, au plus grand étonnement de ceux qui ne sont pas subtils.

215.

MORALE DES SAVANTS. — Un progrès rapide et régulier de la science n'est possible que si certains savants ne sont *pas trop méfiants*, au point qu'ils vérifient chaque calcul et chaque affirmation d'autres savants, sur des domaines qui se trouvent loin d'eux. Mais il y a à cela une condition, c'est que chacun ait, sur son propre champ de travail, des compétiteurs qui sont *extrêmement méfiants* et qui le surveillent avec attention. De ce voisinage entre ceux qui ne sont « pas trop méfiants » et ceux qui sont « extrêmement méfiants » naît l'équité dans la république des savants.

216.

CAUSE DE LA STÉRILITÉ. — Il y a des esprits extrêmement doués, qui restent toujours stériles, seulement parce que, par faiblesse de tempérament, ils sont trop impatients pour attendre leur grossesse.

217.

MONDE RENVERSÉ DES LARMES. — Le déplaisir multiple que les prétentions de la culture supérieure causent à l'homme finit par renverser l'ordre naturel, au point que l'homme se comporte, en temps ordinaire, d'une façon inflexible et stoïque et n'a plus de larmes que pour les rares occasions de bonheur ; il y en a même que la simple jouissance, occasionnée par l'absence de douleur, fait pleurer : — leur cœur ne bat plus que dans le bonheur.

218.

LES GRECS COMME INTERPRÈTES. — Lorsque nous parlons des Grecs, nous parlons aussi involontairement d'aujourd'hui et d'hier : leur histoire, universellement connue, est un clair miroir qui reflète toujours quelque chose de plus que ce qui se trouve dans le miroir lui-même. Nous nous servons de la liberté que nous avons de parler d'eux pour pouvoir nous taire sur d'autres sujets, — afin de leur permettre de murmurer quelque chose à l'oreille du lecteur méditatif. C'est ainsi que les Grecs facilitent à l'homme moderne la communication de choses difficiles à dire, mais dignes de réflexion.

219.

Du caractère acquis des Grecs. — Par la fameuse clarté grecque, par la transparence, la simplicité, la belle ordonnance des œuvres grecques, par ce qu'elles ont de naturel et d'artificiel à la fois, comme si elles étaient faites de cristal, nous nous laissons facilement induire à croire que tout cela a été *donné* aux Grecs dès l'origine : nous croyons, par exemple, qu'ils ne pouvaient pas faire autrement que de bien écrire, comme l'a une fois prétendu Lichtenberg. Mais il n'y a pas d'opinion plus prématurée et qui tient moins debout. L'histoire de la prose de Gorgias à Démosthène montre un travail et une lutte pour sortir de l'obscurité, de la lourdeur, du mauvais goût et parvenir à la lumière, au point qu'il faut songer aux péripéties des héros qui tracent les premiers chemins à travers les forêts et les marécages. Le dialogue de la tragédie est le véritable *haut fait* des dramaturges, car il est d'une clarté et d'une netteté extraordinaires, tandis que la disposition naturelle du peuple tendait vers l'ivresse du symbole et de l'allusion, à quoi l'avait encore encouragé le grand lyrisme du chœur : tout comme ce fut le haut fait d'Homère d'avoir délivré les Grecs de la pompe asiatique et des allures épaisses, et d'être parvenu, dans l'ensemble et dans le menu, à la limpidité de l'architecture. Dire quelque chose d'une façon pure et lumineuse n'était d'ailleurs nullement tenu pour facile; d'où viendrait autrement la grande admiration que l'on professait pour l'épigramme de Simonide, qui se présente si fruste, sans pointes dorées et sans les arabesques du jeu de mot, — mais qui dit ce qu'il veut dire, clairement, avec la tranquillité du soleil, et non pas comme l'éclair, avec la recherche de l'effet. Est grecque l'aspiration à la lumière, venant en quelque sorte d'un crépuscule inné, et c'est pourquoi une jubilation traverse le peuple lorsqu'il écoute une sentence laconique, la langue gnomique de l'élégie, ou les axiomes de sept sages. C'est pourquoi l'on aimait tant les préceptes en vers qui choquent notre goût, car c'était là, pour l'esprit grec, une véritable tâche apollinienne qui avait pour but de vaincre les dangers du mètre, les obscurités qui sont, d'autre part, le propre de la poésie. La simplicité, la souplesse, la clarté sont *acquises par effort* au génie du peuple, il ne les possède pas depuis l'origine, — le danger d'un retour à l'asiatique plane toujours sur les Grecs, et l'on croirait vraiment que, de temps en temps, arrivait sur eux comme un sombre débordement d'impulsions mystiques, de sauvageries et d'obscurités élémentaires. Nous les voyons plonger, nous voyons l'Europe emportée et submergée par le flot — car l'Europe était alors très petite — mais ils reviennent toujours à la lumière, étant de bons nageurs et de bons plongeurs, eux, le peuple d'Ulysse.

220.

CE QUI EST VRAIMENT PAÏEN. — Peut-être n'y a-t-il rien de plus étrange, pour celui qui regarde le monde grec, que de découvrir que les Grecs offraient de temps en temps quelque chose comme des fêtes à toutes leurs passions et à tous leurs mauvais penchants, et qu'ils avaient même institué, par voie d'Etat, une sorte de réglementation pour célébrer ce qui était chez eux trop humain : c'est là ce qu'il y a de vraiment païen dans leur monde, quelque chose qui, au point de vue du christianisme, ne pourra jamais être compris et sera toujours combattu violemment. — Ils considéraient leur « trop humain » comme quelque chose d'inévitable, et préféraient, au lieu de le calomnier, lui accorder une espèce de droit de second ordre, en l'introduisant dans les usages de la société et du culte : ils allaient même jusqu'à appeler divin tout ce qui avait de la *puissance* dans l'homme, et ils l'inscrivaient aux parois de leur ciel. Ils ne nient point l'instinct naturel qui se manifeste dans les mauvaises qualités, mais ils le mettent à sa place et le restreignent à certains jours, après avoir inventé assez de précautions pour pouvoir donner à ce fleuve impétueux un écoulement aussi peu dangereux que possible. C'est là la racine de tout le libéralisme moral de l'antiquité. On permettait une décharge inoffensive à ce qui persistait encore de mauvais, d'inquiétant, d'animal et de rétrograde dans la nature grecque, à ce qui y demeurait de baroque, de pré-grec et d'asiatique, on n'aspirait pas à la complète destruction de tout cela. Embrassant tout le système de pareilles ordonnances, l'Etat n'était pas construit en vue de certains individus et de certaines castes, mais en vue des simples qualités humaines. Dans son édifice, les Grecs montrent ce sens merveilleux des réalités typiques qui les rendit capables, plus tard, de devenir des savants, des historiens, des géographes et des philosophes. Ce n'était pas une loi morale, dictée par les prêtres et les castes, qui avait à décider de la constitution de l'Etat et du culte de l'Etat, mais l'égard universel à *la réalité de tout ce qui est humain*. — D'où les Grecs tiennent-ils cette liberté, ce sens pour le réel? Peut-être d'Homère et des poètes qui l'ont précédé; car ce sont précisément les poètes, dont la nature n'est généralement pas des plus justes et des plus sages, ce sont les poètes qui ont en propre ce goût du réel, de l'effet *sous toutes leurs formes*, et ils n'ont pas la prétention de nier complètement le mal : il leur suffit de le voir se modérer, renonçant à vouloir tout massacrer ou à empoisonner les âmes — ce qui veut dire qu'ils sont du même avis que les fondateurs d'Etats en Grèce et qu'ils ont été les maîtres et les précurseurs.

221.

Grecs exceptionnels. — En Grèce, les esprits profonds et sérieux étaient les exceptions : l'instinct du peuple tendait, au contraire, à considérer plutôt ce qui est sérieux et profond comme une espèce de déformation. Emprunter les formes à l'étranger, non point les créer, mais les transformer jusqu'à leur faire revêtir la plus belle apparence — c'est cela qui est grec : imiter, non pour utiliser, mais pour créer l'illusion artistique, se rendre maître toujours à nouveau du sérieux imposé, ordonner, embellir, aplanir — il en est ainsi depuis Homère jusqu'aux Sophistes du troisième et du quatrième siècle de notre ère, qui, eux, ne sont qu'extérieur, mots pompeux, gestes enthousiastes, et qui ne s'adressent qu'à des âmes creuses, avides d'artifices, de résonnance et d'effets. — Et à côté de cela appréciez à leur entière valeur ces Grecs d'exception qui créèrent les sciences! Qui d'entre eux raconte, raconte l'histoire héroïque de l'esprit humain!

222.

Ce qui est simple ne se présente ni en premier ni en dernier lieu. — Dans l'histoire des représentations religieuses on se fait souvent une idée fausse sur l'évolution et le lent développement de certaines choses qui, en réalité, n'ont pas grandi successivement et l'une par l'autre, mais simultanément et séparément. Ce qui est simple, notamment, a beaucoup trop la réputation d'être ce qu'il y a de plus ancien et d'avoir existé dès le début. Beaucoup de choses humaines naissent par soustraction, et non pas précisément par duplication, adjonction et confusion. — On croit, par exemple, toujours à un développement graduel de la *figuration des dieux*, depuis les bûches de bois et les rochers informes, jusqu'au haut de l'échelle, à une humanisation complète: au contraire, tant que la divinité était transportée et adorée dans les arbres, les bûches, les pierres, les animaux, on répugnait à lui donner forme humaine, comme si l'on craignait une impiété. Ce sont les poètes qui, en dehors du culte et de la *pudeur* religieuse, ont dû y habituer et y rendre accessible l'imagination humaine : mais quand des dispositions plus pieuses et des moments de ferveur venaient à prédominer de nouveau, cette influence libératrice des poètes s'amoindrissait et la sainteté demeurait, avant comme après, à l'épouvantable et à l'inquiétant, à ce qui est véritablement inhumain. Cependant, la fantaisie intérieure sait imaginer bien des choses qui, extériorisées en représentations corporelles, ne manqueraient pas de faire un effet pénible : c'est que l'œil intérieur est beaucoup plus audacieux et bien moins pudique que l'œil extérieur (d'où provient cette difficulté bien connue, cette presque impossibilité de transformer des sujets épiques en drames). Longtemps l'imagination religieuse ne veut croire à aucun prix à l'identité du dieu avec une image : l'image doit faire paraître le noumène de la divinité, actif et lié à un lieu d'une façon quelconque, mystérieuse et difficilement imaginable. La plus ancienne image divine doit *abriter* le dieu et, *en même temps, le cacher*, — en indiquer la présence, mais non point l'exposer. Jamais, dans son for intérieur, un Grec n'a *considéré* son Apollon comme une colonne de bois, son Eros comme une masse de pierre : c'étaient là des symboles qui devaient précisément faire *peur* de la figuration sensible. Il en est encore de même de certains bois dont on sculptait grossièrement les membres, parfois en exagérant le nombre de l'un ou de l'autre : c'est ainsi qu'un Apollon laconien avait quatre mains et quatre oreilles. Dans l'in complet à peine indiqué, dans le surcomplet, il y a une sainteté qui fait frémir, qui doit *empêcher* que l'on songe à l'homme, à ce qui ressemble à l'homme. Ce n'est pas lorsque l'on se trouve à un degré embryonnaire de l'art que l'on produit de telles formes : comme si, à l'époque où l'on adorait ces images, on n'avait *pas pu* parler plus clairement et figurer avec plus de réalité. Au contraire, on craignait avant tout une chose : l'expression directe. Tout comme la *cella*, le lieu très saint, cache même le véritable nom de la divinité, l'enveloppant d'une mystérieuse demi-obscurité, *mais pas complètement* : de même que le temple périptère cache encore la *cella*, la garantissant en quelque sorte de l'œil indiscret, comme avec un voile protecteur, mais pas complètement : de même l'image *est* la divinité et, en même temps, la cachette de la divinité. — Ce n'est que lorsque, en dehors du culte, dans le monde profane de la lutte, la joie que suscite le vainqueur du combat se fut élevée si haut que les vagues de l'enthousiasme passèrent dans les ondes du sentiment religieux, lorsque la statue du vainqueur fut placée sur les parois du temple et lorsque le visiteur fut forcé, volontairement ou involontairement, à habituer son œil et son âme à ce spectacle inévitable de la beauté et de la force *humaines*, en sorte que ce rapprochement local fît se confondre, dans l'esprit, la vénération pour les hommes et les dieux : alors seulement se perdit la crainte qu'inspirait la figure humaine, dans l'image divine, et s'ouvrit l'énorme champ d'activité pour la grande sculpture. Pourtant une restriction demeure toujours, c'est que partout où l'on doit *adorer*, l'ancienne forme de laideur est conservée et scrupuleusement imitée. Mais l'Hellène qui *sanctifie* et *donne* en abondance peut dès lors suivre, dans toute sa béatitude, la joie de laisser Dieu devenir homme.

223.

Où il faut partir en voyage. — L'observation directe de soi est loin de suffire pour apprendre à se connaître : nous avons besoin de l'histoire, car le passé répand en nous ses mille vagues ; nous-mêmes nous ne sommes pas autre chose que ce que nous ressentons à chaque moment de cette continuité. Là aussi, lorsque nous voulons descendre dans le fleuve de ce que notre nature possède en apparence de plus original et de plus personnel, il faut nous rappeler l'axiome d'Héraclite : on ne descend pas deux fois dans le même fleuve. — C'est là une vérité qui, quoique relâchée, est demeurée aussi vivante et féconde que jadis, de même que cette autre vérité que, pour comprendre l'histoire, il faut rechercher les vestiges vivants d'époques historiques — c'est-à-dire qu'il faut *voyager*, comme voyageait le vieil Hérodote et s'en aller chez les nations — car celles-ci ne sont que des *échelons* fixes *de cultures* anciennes sur lesquels on peut se *placer*; — il faut se rendre surtout auprès des peuplades dites sauvages et demi-sauvages, où l'homme a enlevé l'habit d'Europe ou ne l'a pas encore endossé. Mais il y a un art de voyager plus *subtil* encore, qui n'exige pas toujours que l'on erre de lieu en lieu et que l'on parcoure des milliers de kilomètres.

Il est très probable que nous pouvons trouver encore, *dans notre voisinage*, les trois derniers siècles de la civilisation avec toutes leurs nuances et toutes leurs facettes : il s'agit seulement de les *découvrir*. Dans certaines familles et même dans certains individus les couches se superposent exactement : ailleurs il y a dans les roches des fractures et des failles. Dans les contrées reculées, les vallées peu accessibles des contrées montagneuses, au milieu de communes encaissées, des exemples vénérables de sentiments très anciens ont certainement pu se conserver; il s'agit de retrouver leurs traces. Par contre, il est peu probable qu'à Berlin par exemple, où l'homme arrive au monde exsudé et lessivé de tout sentiment, on puisse faire de pareilles découvertes. Celui qui, après un long apprentissage dans cet art de voyager, a fini par devenir un argus aux cent yeux, finira par pouvoir accompagner partout son *Io* — je veux dire son *ego* — et trouver en Egypte et en Grèce, à Byzance et à Rome, en France et en Allemagne, à l'époque des peuples nomades et des peuples sédentaires, durant la Renaissance ou la Réforme, dans sa patrie et à l'étranger, et même au fond de la mer, dans la forêt, les plantes et les montagnes, les aventures de cet *ego* qui naît, évolue et se transforme. C'est ainsi que la connaissance de soi devient connaissance universelle, par rapport à tout ce qui est du passé : de même que, selon un enchaînement d'idées que je ne puis qu'indiquer ici, la détermination et l'éducation de soi, telles qu'elles existent dans les esprits les plus libres, au regard le plus vaste, pourraient devenir un jour détermination universelle, par rapport à toute l'humanité future.

224.

BAUME ET POISON. — On ne pourra jamais assez approfondir cette idée : le christianisme est la religion propre à l'antiquité *vieillie;* il a besoin, comme conditions premières, de vieilles civilisations dégénérées, sur quoi il agit et sut agir comme un baume. Aux époques où les yeux et les oreilles sont « pleins de limon », au point qu'ils ne perçoivent plus la voix de la raison et de la philosophie, n'entendent plus la sagesse vivante et personnifiée, soit qu'elle porte le nom d'Epictète ou celui d'Epicure : la croix dressée des martyrs et « la trompette du jugement dernier » suffiront peut-être à produire de l'effet pour décider de pareils peuples à une fin convenable. Que l'on songe à la Rome de Juvénal, à ce crapaud venimeux aux yeux de Vénus : — et l'on comprendra ce que cela veut dire que de dresser une croix devant le « monde », l'on vénérera la tranquille communauté chrétienne et on lui sera reconnaissant d'avoir envahi le sol gréco-romain. La plupart des hommes naissaient en ce temps-là avec l'âme assouvie, avec les sens d'un vieillard : quel bienfait c'était de rencontrer ces êtres qui étaient plus âme que corps et qui semblaient réaliser cette idée grecque des ombres du Hadès : des formes craintives et falotes, glissantes, stridulentes et bénignes, avec l'expectative et une « vie meilleure », ce qui les avait rendus si modestes, leur avait donné une patiente fierté et un mépris silencieux. — Ce christianisme, considéré comme glas de la *bonne* antiquité, sonné d'une cloche fêlée et lasse, mais d'un son pourtant mélodieux, ce christianisme, même pour celui qui maintenant ne parcourt ces siècles qu'au point de vue historique, est un baume pour l'oreille : que dut-il donc être pour les hommes de l'époque! — Par contre, le christianisme est un *poison* pour les jeunes peuples barbares ; planter par exemple dans les âmes des vieux Germains, ces âmes de héros, d'enfants et de bêtes, la doctrine du péché et de la damnation, qu'est-ce autre chose, sinon les empoisonner? Une formidable fermentation et décomposition chimiques, un désordre de sentiments et de jugements, une poussée et une exubérance des choses les plus dangereuses — telle fut la conséquence nécessaire de tout cela, et, dans la suite, un affaiblissement foncier de ces peuples barbares. — Certes, sans cet affaiblissement, que nous resterait-il de la culture grecque? quoi de tout le passé civilisé de la race humaine? — Car les barbares qui n'avaient pas encore été touchés par le christianisme s'entendaient fameusement à faire table rase des vieilles civilisations : comme l'ont, par exemple, démontré avec une épouvantable évidence les conquérants païens de la Grande-Bretagne romanisée. Le christianisme a dû aider, contre son gré, à rendre immortel le « monde » antique. — Or, une question demeure ouverte et la possibilité d'un nouveau décompte : sans cet affaiblissement par le poison que j'ai dit, l'une ou l'autre de ces peuplades jeunes, par exemple l'allemande, aurait-elle été capable de trouver elle-même, peu à peu, une culture supérieure, une culture nouvelle qui lui eût été propre ? — une culture dont, par conséquent, l'idée la plus lointaine aura été perdue pour l'humanité ? — Il en est donc ici comme de partout : on ne sait, pour parler à la manière chrétienne, si Dieu doit avoir plus de reconnaissance à l'égard du diable, ou le diable plus de reconnaissance à l'égard de Dieu, de ce que tout se soit ainsi passé.

225.

LA FOI SAUVE ET DAMNE. — Un chrétien qui s'égare dans des raisonnements interdits pourrait bien se demander une fois : est-il donc bien *nécessaire* qu'il y ait réellement un Dieu, et aussi un Agneau qui porte les péchés des hommes, si la *foi* en l'*existence* de pareils êtres suffit déjà pour produire le même effet? Ne sont-ce pas là des êtres *superflus* pour le cas où ils existeraient vraiment? Car tout ce que la religion chrétienne donne à l'âme humaine de bienfaisant, qui console et rend meilleur, comme tout ce qui assombrit et écrase, provient de cette croyance et non point de l'objet de cette croyance. Il n'en est pas autrement ici que de ce cas célèbre : On peut affirmer qu'il n'y a jamais eu de sorcières, mais les terribles résultats de la croyance en la sorcellerie ont été les mêmes que s'il y avait vraiment eu des sorcières. Pour toutes les occasions où le chrétien attend l'intervention d'un Dieu, mais l'attend vainement — parce qu'il n'y a point de Dieu —, sa religion est assez inventive à trouver des subterfuges et des raisons de tranquillité : en cela c'est certainement une religion pleine d'esprit. — A vrai dire, la foi n'a pas encore réussi à déplacer de vraies montagnes, quoique cela ait été affirmé par je ne sais plus qui; mais elle sait placer des montagnes où il n'y en a point.

226.

La tragi-comédie de Ratisbonne. — On peut voir çà et là, avec une épouvantable précision, la bouffonnerie de la fortune, qui, en peu de jours, en un seul endroit, attache aux impulsions et aux fantaisies d'un seul individu la corde sur laquelle elle veut faire danser les siècles prochains. C'est ainsi que la destinée de l'histoire moderne en Allemagne s'est jouée durant ces journées de la disputation de Ratisbonne (1): le dénouement pacifique dans les choses ecclésiastiques et morales, sans guerre de religion et contre-réforme, semblait assuré, de même que l'unité de la nation allemande. L'esprit profond et doux de Contarini plana pendant un moment victorieusement, sur les disputes théologiques, donnant ainsi un exemple de la piété italienne plus mûre, cette piété qui portait sur ses ailes l'aurore de la liberté intellectuelle. Mais le cerveau obtus de Luther, plein de soupçons et de craintes sinistres, se rebiffa : puisque la justification par la grâce avait été sa plus grande découverte à lui, qu'elle lui apparais-

---

(1) La disputation de Ratisbonne eut lieu en 1541. — N. du T.

sait comme son article de foi *à lui*, il ne crut pas à cet axiome dans la bouche des Italiens : tandis que ceux-ci l'avaient, comme on sait, trouvé beaucoup plus tôt et répandu sans bruit à travers toute l'Italie. Luther vit dans cet accord apparent les malices du démon et empêcha l'œuvre de paix, dans la mesure de ses forces : par quoi il donna une bonne avance aux intentions des ennemis de l'Empire. — Or, pour augmenter cette impression d'une farce épouvantable, il ne faut pas oublier qu'aucun des axiomes sur quoi l'on discutait alors à Ratisbonne ne possédait ombre de réalité, ni celui du péché originel, ni celui du salut par les intercesseurs, ni celui de la justification par la foi, et qu'aujourd'hui ils ne peuvent plus se discuter. — Et pourtant, à cause de ces articles de foi, le monde fut mis à feu et à sang. On se battit donc pour des opinions qui ne correspondent à rien de concret ni de réel ; tandis qu'au sujet de questions purement philologiques, par exemple l'explication de paroles sacramentelles de la sainte cène, une controverse pourrait être permise, parce que, dans ce cas, il existe une vérité. Mais où il n'y a rien, la vérité elle-même perd ses droits. — En fin de compte, on ne peut pas dire autre chose, si ce n'est qu'alors des *sources de forces* ont jailli, tellement puissantes, que, sans elles, tous les moulins du monde moderne auraient marché à une vitesse moindre. Et c'est avant tout la force qui importe et, après seulement, la vérité, mais bien après, n'est-ce pas, mes chers hommes d'aujourd'hui ?

227.

Erreurs de Gœthe. — Gœthe est la grande exception parmi les grands artistes en ceci qu'il ne vécut pas *dans le cercle borné de ses moyens véritables*, comme si ceux-ci devaient être pour lui-même et pour le monde entier, ce qu'il y a d'essentiel et de distinctif, d'absolu et de suprême. Il crut deux fois posséder quelque chose de supérieur à ce qu'il possédait véritablement, et, les deux fois, il se trompa. Il se trompa dans la *deuxième* partie de sa vie où il paraissait entièrement pénétré de la conviction d'être un des plus grands révélateurs *scientifiques*. Et déjà dans la *première* partie de sa vie il *voulut* exiger de lui-même quelque chose de supérieur à ce qui lui paraissait être la poésie — et ce fut déjà une erreur. Il s'imagina que la nature avait voulu faire de lui un artiste *plastique*. — Ce fut là son grand secret intime, brûlant et ardent qui le poussa enfin à partir pour l'Italie, où il voulut épuiser cette illusion et lui porter tous les sacrifices. Enfin il s'aperçut, lui qui était l'homme réfléchi, franchement ennemi de tous les faux mirages, que c'était le lutin trompeur d'un mauvais désir qui lui avait suggéré la croyance en cette vocation, qu'il lui fallait se détacher et *prendre congé* de la plus grande passion de sa volonté. La conviction douloureuse qu'il était nécessaire de *prendre congé* est complètement exprimée par l'état d'âme de Tasso : au-dessus de ce « Werther plus intense », plane le pressentiment de quelque chose de pire que la mort, comme si quelqu'un se disait : « C'est fini maintenant... après cet adieu; comment pourrait-on continuer à vivre sans devenir fou ! » — Ces deux erreurs fondamentales de sa vie donnèrent à Gœthe, en face d'une prise en considération purement littéraire de la poésie, telle que le monde la connaissait seul alors, une attitude si libre de toute prévention et presque arbitraire. Sauf l'époque où Schiller — le pauvre Schiller qui n'avait pas le temps et ne laissait pas de temps — le fit sortir de cette farouche abstinence devant la poésie, de cette crainte de tout esprit et de tout métier littéraire, — Gœthe apparaît comme un Grec qui visite de temps en temps une bien-aimée, sans savoir au juste si ce n'est pas peut-être une déesse à qui il ne sait pas donner son nom véritable. Toute son œuvre poétique se ressent de cet effleurement intime de la nature : les traits de ses fantômes qui s'agitaient devant ses yeux — et peut-être crut-il toujours être sur les traces des métamorphoses d'une déesse — devinrent involontairement, chez lui, les traits de tous les enfants de son art. Sans le *détour de l'erreur* il ne serait pas devenu Gœthe : c'est-à-dire le seul Allemand, artiste du verbe, qui ne soit pas encore vieilli aujourd'hui, — parce qu'il voulait être aussi peu écrivain qu'Allemand par métier.

228.

Les voyageurs et leurs degrés. — Il faut distinguer cinq degrés parmi les voyageurs : ceux du premier degré, qui est le degré inférieur, sont les voyageurs que l'on *voit*, — à vrai dire *on les voyage* et ils sont aveugles en quelque sorte; les suivants sont ceux qui regardent véritablement le monde ; au troisième degré il *arrive* quelque chose au voyageur par suite de ses observations ; au quatrième les voyageurs retiennent ce qu'ils ont vécu et ils continuent à le porter en eux ; et enfin il y a quelques hommes d'une puissance supérieure qui, nécessairement, finissent par étaler au grand jour tout ce qu'ils ont vu, après l'avoir vécu et se l'être assimilé ; ils revivent alors leurs voyages en œuvres et en actions, dès qu'ils sont revenus chez eux. — Semblables à ces cinq catégories de voyageurs, tous les hommes traversent le grand pèlerinage de la vie, les inférieurs d'une façon purement passive, les supérieurs en hommes d'action qui savent vivre tout ce qui leur arrive, sans garder en eux un excédent d'événements intérieurs.

229.

EN MONTANT PLUS HAUT. — Dès que l'on monte plus haut que ceux qui vous ont admiré jusqu'alors, ceux-ci vous tiennent pour tombé et déchu, car ils s'imaginaient, en toute circonstance, être *à la hauteur* (ne fût-ce même que par vous).

230.

MESURE ET MILIEU. — Il vaut mieux ne jamais parler de deux choses tout à fait supérieures : la mesure et le milieu. Un petit nombre seulement en connaît la force et sait en reconnaître les indices sur les sentes mystérieuses des événements et des évolutions intérieures : il vénère en elles quelque chose de divin et craint de parler trop haut. Les autres hommes écoutent à peine lorsque l'on y fait allusion, et se figurent qu'il s'agit d'ennui et de médiocrité : on exceptera peut-être encore ceux qui ont perçu un murmure avertisseur venant de ce royaume, mais qui se sont bouché les oreilles pour ne pas l'entendre. Le souvenir de cela les fâche et les irrite.

231.

Humanité dans l'amitié et dans la maitrise. — « Si tu choisis la gauche, je prendrai la droite ; et si tu prends la droite, je m'en irai à la gauche (1). » — Un sentiment pareil est le signe supérieur de l'humanité dans les rapports intimes ; là où il n'existe pas, toute espèce d'amitié, toute vénération de disciple et d'élève finissent par devenir hypocrisie.

232.

Les profondeurs. — Les hommes aux pensées profondes, dans leurs rapports avec les autres hommes, ont toujours l'impression d'être des comédiens, parce qu'ils sont forcés, pour être compris, de simuler une superficie.

233.

Pour ceux qui méprisent « l'humanité de troupeau ». — Celui qui considère l'humanité comme un troupeau et qui s'enfuit devant elle, aussi vite qu'il peut, sera certainement rejoint par ce troupeau qui lui donnera des coups de cornes.

(1) *Genèse*, xiii, 9. — N. d. T.

234.

Principal manquement a l'égard des vaniteux. — Celui qui, en société, donne à un autre l'occasion de présenter favorablement sa science, ses expériences, se place au-dessus de lui, et, pour le cas où l'autre ne reconnaît pas absolument sa supériorité, il commet un attentat contre sa vanité, — tandis qu'au contraire il croit la satisfaire.

235.

Déception. — Lorsqu'une vie bien remplie et une longue activité qui s'est manifestée par des discours et des écrits, donnent à une personne un témoignage public, on est généralement déçu dans ses rapports avec cette personne, et cela pour deux raisons : d'une part, parce que l'on attend trop de choses de relations qui s'étendent à un laps de temps très court — et que mille occasions de la vie pourraient seules rendre visible —, d'autre part, parce que celui dont le talent est reconnu ne se donne pas la peine de se faire apprécier en détail. Il est trop indolent — et nous sommes trop impatients.

236.

Deux sources de la bonté. — Traiter tous les hommes avec une bienveillance égale et prodiguer sa bonté sans distinction de personnes, cela peut être tout aussi bien l'expression d'un profond mépris des hommes que l'expression d'un amour sincère à leur égard.

237.

Le voyageur en montagne se parle a lui-même. — Il y a des indices certains à quoi tu reconnaîtras que tu as fais du chemin et que tu es monté plus haut : l'espace est maintenant plus libre autour de toi, et ta vue embrasse un horizon plus vaste que celui que tu voyais avant, l'air est plus pur, mais aussi plus doux — car tu n'as plus la folie de confondre la douceur et la chaleur, — ton allure est devenue plus vive et plus ferme, le courage et la circonspection se sont fondus : — pour toutes ces raisons ta route sera peut-être maintenant plus solitaire et certainement plus dangereuse qu'elle ne l'a été jusqu'à présent, mais ce ne sera certainement pas dans la mesure qu'imaginent ceux qui t'ont vu monter, toi le voyageur, de la vallée brumeuse vers les montagnes.

238.

Excepté le prochain. — Il est manifeste que c'est seulement sur mon propre cou que ma tête ne tient pas bien, car je m'aperçois que tous les autres savent mieux que moi ce que je dois faire et ce que je ne dois pas faire : pauvre homme que je suis, je ne sais pas me donner de conseils à moi-même! Ne sommes-nous pas *tous* pareils à des statues à qui l'on a mis des têtes qui ne leur appartenaient pas? N'est-ce pas, mon cher voisin? — Mais non, toi seul tu fais exception.

239.

Précaution. — Il ne faut pas fréquenter es hommes qui n'ont pas le respect de ce qui vous est personnel, ou bien leur mettre impitoyablement les menottes de la convenance.

240.

Vouloir paraitre vaniteux. — Ne vouloir exprimer que des pensées choisies, ne parler, dans la conversation avec des inconnus ou des connaissances superficielles, que de ses relations célèbres, de ses aventures et de ses voyages extraordinaires, c'est la preuve que l'on n'est pas fier ou que du moins on ne voudrait pas sembler l'être. La vanité est le masque de politesse de la fierté.

241.

La bonne amitié. — L'amitié naît lorsque l'on tient l'autre en grande estime, plus grande que l'estime que l'on a de soi, lorsque, de plus, on l'aime, mais moins que soi-même, et lorsque enfin, pour faciliter les relations, on s'entend à ajouter une *teinture* d'intimité, tout en se gardant sagement de l'intimité véritable et de la confusion du moi et du toi.

242.

Les amis comme fantomes. — Lorsque nous nous transformons radicalement, nos amis, ceux qui ne sont pas transformés, deviennent les fantômes de notre propre passé ; leur voix résonne jusqu'à nous, comme si elle venait de la région des ombres — comme si nous nous entendions nous-mêmes, plus jeunes cependant, plus durs et moins mûris.

243.

UN ŒIL ET DEUX REGARDS. — Les mêmes personnes qui possèdent de par leur nature ce regard, qui appelle la faveur et la protection, possèdent généralement aussi, par suite de leurs humiliations fréquentes et de leurs sentiments de haine, un regard éhonté.

244.

LE LOINTAIN BLEU. — Rester enfant sa vie durant — comme cela a l'air touchant! Mais ce n'est qu'un jugement à distance ; vu de plus près et vécu, c'est toujours : demeurer puéril sa vie durant.

245.

AVANTAGE ET DÉSAVANTAGE DANS LE MÊME MALENTENDU. — Le muet embarras d'un esprit distingué est généralement interprété, de la part de l'esprit moyen, comme de la supériorité qui se tait, un sentiment que l'on craint beaucoup : tandis que d'apercevoir un certain embarras provoquerait de la bienveillance.

246.

LE SAGE QUI SE FAIT PASSER POUR FOU. — La philanthropie du sage le pousse parfois à *paraître* ému, fâché, réjoui, pour ne pas blesser son entourage par la froideur et la circonspection de sa *vraie* nature.

247.

SE FORCER A L'ATTENTION. — Dès que nous nous apercevons que, dans ses réalisations et ses conversations avec nous, quelqu'un est obligé de se *forcer* pour nous prêter attention, nous avons une preuve certaine qu'il ne nous aime pas, ou qu'il ne nous aime plus.

248.

LE CHEMIN QUI MÈNE A UNE VERTU CHRÉTIENNE. — Apprendre quelque chose de ses ennemis, c'est la meilleure façon pour parvenir à les aimer : car cela nous dispose à la reconnaissance envers eux.

249.

RUSE DE GUERRE DE L'IMPORTUN. — L'importun nous rend avec une pièce d'or la monnaie de notre pièce conventionnelle. Il veut par là nous forcer, après coup, à excuser nos manières conventionnelles, comme une erreur et à le traiter en exception.

250.

RAISON DE L'AVERSION. — Nous nous fâchons contre un artiste ou un écrivain, non point parce que nous nous apercevons enfin qu'ils nous a dupés, mais parce qu'il n'a pas employé de moyens assez subtils pour se moquer de nous.

251.

En se séparant. — Ce n'est pas dans la façon dont une âme s'approche d'une autre, mais dans la façon dont elle s'en sépare, que je reconnais la parenté et l'homogénéité avec cette autre.

252.

Silence ! — Il ne faut pas parler de ses amis : autrement on trahit par des paroles le sentiment de l'amitié.

253.

Impolitesse. — L'impolitesse est souvent l'indice d'une modestie maladroite, qui perd la tête lorsqu'elle est surprise, et cherche à cacher cela par de la grossièreté.

254.

La franchise qui se méprend. — Ce sont parfois nos nouvelles connaissances qui apprennent d'abord ce que nous avons longtemps gardé pour nous : nous croyons à tort que cette preuve de confiance que nous leurs donnons est le lien le plus fort par lequel nous puissions nous les attacher. — Mais nous ne leur en avons pas dit assez pour qu'ils aient un sentiment très vif du sacrifice que nous leur faisons par nos confidences, et ils révèlent nos secrets à d'autres sans songer à la trahison : ce qui nous fera peut-être perdre nos connaissances beaucoup plus anciennes.

255.

DANS L'ANTICHAMBRE DE LA FAVEUR. — Tous les hommes que nous avons longtemps fait attendre dans l'antichambre de notre faveur se mettent à fermenter ou bien ils s'aigrissent.

256.

AVERTISSEMENT AUX MÉPRISÉS. — Lorsque l'on est tombé, avec évidence, dans l'estime des hommes, il faut tenir avec une âpre fermeté à la retenue dans les relations : autrement on laisse deviner, aux autres, que l'on a aussi baissé dans sa propre estime. Le cynisme dans les relations laisse deviner que, dans la solitude, l'homme se traite lui-même comme un chien.

257.

CERTAINES IGNORANCES ANOBLISSENT. — Pour mériter la considération de ceux qui peuvent la donner, il est parfois avantageux de ne pas comprendre certaines choses, de façon à ce que l'on remarque que vous ne comprenez pas. L'ignorance elle aussi donne des privilèges.

258.

L'ADVERSAIRE DE LA GRACE. — L'homme intolérant et orgueilleux n'aime pas la grâce et elle lui fait l'effet d'un reproche vivant et visible à son égard ; car elle est la tolérance du cœur dans les gestes et les attitudes.

259.

EN SE REVOYANT. — Lorsque de vieux amis se revoient après une longue séparation, il arrive souvent qu'ils ont l'air de prendre intérêt à des choses qui leur sont devenues complètement indifférentes : parfois ils s'en aperçoivent tous deux et n'osent pas lever le voile — à cause d'un doute un peu triste. C'est ainsi que certaines conversations ont l'air de se tenir dans le royaume des morts.

260.

IL NE FAUT SE FAIRE D'AMI QUE PARMI LES GENS QUI TRAVAILLENT. — L'homme oisif est dangereux pour ses amis ; car, n'ayant pas assez à faire lui-même, il parle de ce que font et ne font pas ses amis, il se mêle des affaires des autres et se rend importun : c'est pourquoi il faut être assez sage pour ne se lier qu'avec les gens qui travaillent.

261.

UNE ARME PEUT VALOIR LE DOUBLE DE DEUX ARMES. — Il y a lutte inégale lorsque l'un défend une cause avec la tête *et* le cœur, et que l'autre ne la défend qu'avec la tête : le premier a, en quelque sorte, contre lui le soleil et le vent et ses deux armes se gênent réciproquement ; il perd son prix — aux yeux de la *vérité*. Il est vrai que, par contre, la victoire du second, avec sa seule arme, est rarement une victoire selon le cœur de tous *les autres* spectateurs et elle le rend impopulaire.

262.

La profondeur et l'eau trouble. — Le public confond facilement celui qui pêche en eau trouble avec celui qui puise dans les profondeurs.

263.

Démontrer sa vanité devant les amis et les ennemis. — Certains hommes maltraitent même leurs amis par vanité, lorsqu'il y a des témoins à qui ils veulent montrer leur supériorité. D'autres exagèrent la valeur de leurs ennemis pour faire entendre avec orgueil qu'ils sont dignes de pareils ennemis.

264.

Rafraichissement. — Le cœur échauffé s'allie généralement à une maladie de la tête et du jugement. Celui qui tient, pour un certain temps, à la santé du jugement, doit donc savoir ce qu'il lui faut raffraîchir : sans souci de l'avenir de son cœur! Car, pour peu que l'on soit capable de s'échauffer, on finira bien par reprendre de la chaleur et par avoir son été.

265.

Sentiments composites. — A l'égard de la science, les femmes et les artistes égoïstes ressentent quelque chose qui est fait d'envie et de sentimentalité.

266.

Quand le danger est le plus grand. — On se

casse rarement la jambe tant que l'on s'élève péniblement dans la vie — mais le danger est plus grand lorsque l'on commence à prendre les choses par leur côté facile et à choisir les chemins agréables.

267.

PAS TROP TOT. — Il faut prendre garde à ne pas s'aiguiser trop tôt, parce que, en même temps, on risque de s'amincir trop tôt.

268.

LE PLAISIR QUE CAUSENT CEUX QUI REGIMBENT. — Le bon éducateur connaît des cas où il peut être fier de voir ses élèves lui *résister* pour demeurer fidèles à eux-mêmes : quand le jeune homme ne doit pas comprendre l'homme ou qu'il se nuirait à lui-même s'il le comprenait.

269.

TENTATIVE DE L'HONNÊTETÉ. — Les jeunes gens qui veulent devenir plus honnêtes qu'ils ne sont choisissent pour victime quelqu'un de notoirement honnête qu'ils commencent par attaquer en cherchant à force d'injures à s'élever à la hauteur de celui-ci — avec l'arrière-pensée que cette première tentative sera certainement sans danger ; car leur victime ne châtiera certainement pas leur effronterie.

270.

L'ÉTERNEL ENFANT. — Nous croyons que les contes et les jeux appartiennent à l'enfance. Quelle vue courte nous avons ! Comment pourrions-nous vivre, à n'importe quel âge de la vie, sans contes et sans jeux ! Il est vrai que nous donnons d'autres noms à tout cela et que nous l'envisageons autrement, mais c'est là précisément une preuve que c'est la même chose ! — car l'enfant, lui aussi, considère son jeu comme un travail et le conte comme la vérité. La brièveté de la vie devrait nous garder de la séparation pédante des âges — comme si chaque âge apportait quelque chose de nouveau —, et ce serait l'affaire d'un poète de nous montrer une fois l'homme qui, à deux cents ans d'âge, vivrait véritablement sans contes et sans jeux.

271.

Toute philosophie est la philosophie d'un age particulier. — L'âge de la vie où un philosophe a trouvé sa doctrine se reconnaît dans son œuvre. Il ne peut empêcher cela, bien qu'il s'imagine planer au-dessus du temps et de l'heure. C'est ainsi que la philosophie de Schopenhauer reste l'image de la *jeunesse* ardente et mélancolique — elle n'est pas une conception pour des hommes plus âgés; c'est ainsi que la philosophie de Platon rappelle le milieu de la trentaine, époque où un courant froid et un courant chaud se rencontrent généralement avec impétuosité, soulevant de la poussière et de petits nuages ténus, mais faisant naître, dans des circonstances favorables, lorsque le soleil donne, un arc-en-ciel enchanteur.

272.

De l'esprit des femmes. — La force intellectuelle d'une femme paraît démontrée lorsque, par amour pour un homme et son esprit, elle sacrifie son propre esprit, et lorsque, sur ce domaine nouveau, primitivement étranger à sa nature, où la pousse la tendance d'esprit de son mari, il lui naît *immédiatement un second esprit.*

273.

Elévation et abaissements sur le domaine sexuel. — La tempête du désir entraîne parfois l'homme à une hauteur où tout désir se tait : c'est quand il *aime* véritablement et quand il vit plutôt d'une existence meilleure que d'une volonté meilleure. Et d'autre part une femme bonne descend parfois jusqu'au désir, par amour véritable, et va jusqu'à *s'abaisser* devant elle-même. Ce dernier cas surtout fait partie des choses les plus émouvantes que l'idée d'un bon mariage puisse entraîner avec elle.

274.

La femme accomplit, l'homme promet. — Par la femme, la nature montre ce qu'elle est parvenue à accomplir jusqu'à présent, dans son travail sur la statue humaine; par l'homme, elle montre ce qu'elle avait à surmonter dans ce travail, mais aussi tout ce qu'elle *se propose* encore de faire avec l'être humain. — La femme parfaite de tous les temps représente l'oisiveté du créateur, au septième jour de la culture, le repos de l'artiste dans son œuvre.

275.

TRANSPLANTATION. — Lorsque l'on a employé son esprit à se rendre maître de ce que les passions ont de démesuré, on arrive parfois à un résultat fâcheux : on transporte sur l'esprit le manque de mesure et l'on s'exalte dès lors dans la pensée et la connaissance.

276.

LE RIRE RÉVÉLATEUR. — Quand et comment une femme rit, c'est l'indice de son éducation : mais sa nature se dévoile au timbre de son rire ; chez les femmes très cultivées on y voit peut-être le dernier vestige inextricable de leur nature. — C'est pourquoi celui qui étudie les hommes dira comme Horace, mais pour une raison différente : *ridete, puellæ.*

277.

DE L'AME DU JEUNE HOMME. — Les jeunes gens changent dans leurs rapports avec une seule et même personne et vont du dévouement à l'effronterie : car, dans les autres, ils n'estiment et ne méprisent au fond qu'eux-mêmes, et à l'égard d'eux-mêmes, ils oscillent d'un sentiment à l'autre, jusqu'à ce que l'expérience les ait fait trouver la mesure dans leur vouloir et leur pouvoir.

278.

POUR RENDRE LE MONDE MEILLEUR. — Si l'on interdisait la reproduction aux mécontents, aux bilieux et aux esprits moroses, on verrait transformer, comme par magie, le monde en un jardin de bonheur. — Cet axiome fait partie d'une philosophie pratique pour le sexe féminin.

279.

NE PAS SE MÉFIER DE SES SENTIMENTS. — Le précepte très féminin, qu'il ne faut pas se méfier de ses sentiments, ne signifie pas autre chose que ceci : il faut manger ce que l'on trouve bon. C'est peut-être bien aussi une bonne règle usuelle pour les natures mesurées. Mais les autres natures devront vivre selon une autre règle : « Il ne faut pas manger seulement avec la bouche, mais aussi avec la tête, autrement, la gourmandise de ta bouche te fera périr. »

280.

CRUELLE INVENTION DE L'AMOUR. — Tout grand amour fait naître l'idée cruelle de détruire l'objet de cet amour pour le soustraire une fois pour toutes au jeu sacrilège du changement : car l'amour craint le changement plus que la destruction.

281.

PORTES. — L'enfant, de même que l'homme, voit dans tout ce qui lui arrive, dans tout ce qu'il apprend, des portes : mais pour l'homme ce sont des portes d'*accès*, pour l'enfant des passages.

282.

FEMMES COMPATISSANTES. — La compassion verbeuse des femmes porte le lit du malade sur la place publique.

283.

Mérites précoces. — Celui qui, très jeune, acquiert déjà des mérites, désapprend généralement la crainte de la vieillesse et de ce qui est ancien, et s'exclut ainsi, à son grand désavantage, de la société des gens mûrs qui procure la maturité d'esprit : ce qui fait que, malgré ses mérites, il reste, plus longtemps que d'autres, vert, importun et puéril.

284.

Ames faites d'une pièce. — Les femmes et les artistes s'imaginent que, quand on ne les contredit pas, on n'est pas capable de le faire; l'admiration sur dix points différents et le blâme silencieux sur dix autres leur semblent impossibles en même temps, parce que leur âme est faite d'un seul bloc.

285.

Jeunes talents. — Pour ce qui en est des jeunes talents, il faut procéder rigoureusement selon la maxime de Gœthe, lequel prétend que souvent il n'est pas permis d'entraver l'erreur pour ne pas entraver la vérité. Leur état ressemble aux maladies de la grossesse et entraîne des désirs singuliers : on devrait satisfaire ces désirs tant bien que mal, et en tenir compte à cause du fruit que l'on espère d'eux. Mais, étant le garde de ce singulier malade, il faut s'entendre à l'art difficile de l'humiliation de soi.

286.

Dégout de la vérité. — C'est le propre de la femme d'avoir du dégoût en face de toutes les vérités (en ce qui concerne l'homme, l'amour, l'enfant, la société, le but de la vie) — et de chercher à se venger de tous ceux qui leur ouvrent les yeux.

287.

La source du grand amour. — D'où peuvent bien naître les passions soudaines d'un homme pour une femme, les passions profondes et intimes? Elles sont dues à la sensibilité moins qu'à toute autre chose : mais, lorsque l'homme trouve, dans un être, tout à la fois de la faiblesse, du dénuement et de la pétulance, il se passe quelque chose en lui comme si son âme voulait déborder : il se sent en même temps touché et offensé. C'est de ce point sensible que jaillit la source du grand amour.

288.

Propreté. — Il faut développer chez les enfants jusqu'à la passion le sens de la propreté : ce sens s'élève plus tard, par des transformations toujours nouvelles, pour égaler presque toutes les vertus, et il finit par apparaître comme une compensation de toute espèce de talents, comme une enveloppe lumineuse de pureté, de modération, de douceur, de caractère — portant le bonheur en lui, répandant le bonheur autour de lui.

289.

Vieillards vaniteux. — La profondeur appartient à la jeunesse, la clarté d'esprit à l'âge avancé : si, malgré cela, de vieilles gens parlent et écrivent parfois à la façon des hommes profonds, ils agissent ainsi par vanité, croyant revêtir de la sorte le charme de la jeunesse, de l'exaltation, de ce qui est dans son devenir, encore plein de pressentiments et d'espoirs.

290.

Utilisation du nouveau. — Les hommes utiliseront dorénavant ce qu'ils ont appris et vécu de nouveau comme ils se servent du soc de la charrue, peut-être comme d'une arme : mais les femmes s'en arrangeront immédiatement une parure.

291.

Avoir raison auprès des deux sexes. — Si l'on convient auprès d'une femme qu'elle a raison, celle-ci ne peut pas s'empêcher de mettre encore triomphalement le talon sur la nuque de celui qui s'est soumis, — il faut qu'elle goûte sa victoire jusqu'au bout ; tandis que, d'homme à homme, on a généralement honte, dans un pareil cas, d'avoir raison. C'est que, chez l'homme, la victoire est la règle, chez la femme elle est une exception.

292.

Renoncement dans la volonté d'être belle. — Pour devenir belle une femme ne doit pas vouloir passer pour jolie : c'est-à-dire que, dans quatre-vingt-dix-neuf cas où elle pourrait plaire, elle doit dédaigner de plaire et s'en empêcher, pour recueillir une seule fois le ravissement de celui dont l'âme est assez grande pour accueillir ce qui est grand.

293.

INCOMPRÉHENSIBLE, INSUPPORTABLE. — Un jeune homme ne peut pas comprendre que quelqu'un de plus âgé que lui ait déjà passé par ses ravissements, ses aurores de sentiments, ses tours de pensées et ses élévations : il s'offense déjà rien qu'à l'idée que tout ceci a pu exister deux fois, — mais il prend une attitude tout à fait hostile lorsqu'on lui dit que l'on ne peut devenir fécond qu'à condition de perdre ces fleurs et de se passer de leur parfum.

294.

LE PARTI QUI PREND L'ALLURE D'UNE VICTIME. — Tout parti qui sait se donner l'allure d'une victime attire à lui le cœur des gens bienveillants et gagne ainsi lui-même l'allure de la bienveillance, — à son grand avantage.

295.

AFFIRMER VAUT MIEUX QUE DÉMONTRER. — Une affirmation a plus de poids qu'un argument, du moins chez la plupart des hommes ; car l'argument éveille la méfiance. C'est pourquoi les orateurs populaires essayent d'assurer les arguments de leurs partis par des affirmations.

296.

Les meilleurs recéleurs. — Tous ceux qui sont habitués au succès sont pleins d'astuce pour présenter toujours leurs défauts et leurs faiblesses comme de la force apparente : d'où il ressort qu'ils connaissent ceux-ci particulièrement bien et qu'ils savent s'en servir.

297.

De temps en temps. — Il s'assit sous la porte de la ville et il dit à quelqu'un qui y passait que c'était là la porte de la ville. Celui-ci lui répondit que, bien qu'il dise la vérité, il ne fallait pas avoir raison trop souvent si l'on voulait en récolter de la reconnaissance. Oh ! se prit-il à dire, je ne tiens pas à la reconnaissance, mais, de temps en temps, il est très agréable, non seulement d'avoir raison, mais encore de garder raison.

298.

La vertu n'a pas été inventée par les Allemands. — La noblesse et l'absence d'envie chez Goethe, la résignation altière et solitaire chez Beethoven, la suavité et la grâce du cœur chez Mozart, la virilité inébranlable et la liberté sous la loi chez Hændel, la vie intérieure, confiante et transfigurée, qui n'a même pas besoin de renoncer à la gloire et au succès, chez Bach ! — sont-ce là des qualités *allemandes*? Mais, si ce n'est pas le cas, montrez-nous du moins à quoi doivent aspirer les Allemands et ce qu'ils peuvent atteindre.

299.

Pia fraus ou autre chose. — Me tromperais-je peut-être : mais il me semble que, dans l'Allemagne actuelle, une double hypocrisie est devenue pour chacun le devoir du moment : on demande le germanisme, dans l'intérêt de la politique de l'empire, et le christianisme par crainte sociale, mais tous deux seulement dans les paroles et les attitudes, et surtout dans la faculté de pouvoir se taire. C'est l'*enduit* qui coûte maintenant si cher, que l'on paye un si haut prix : c'est à cause des *spectateurs* que la nation fait prendre à son visage des plis germano-christianisants.

300.

Dans les choses bonnes, le demi vaut mieux que l'entier. — Dans toutes les choses qui sont organisées pour la durée et qui exigent toujours le service de plusieurs personnes, il faut présenter comme *règle* ce qui est parfois *moins bon*, bien que l'organisateur connaisse fort bien ce qui est meilleur (et plus difficile) : mais il tablera sur le fait que jamais les personnes qui *pourront* correspondre à la règle ne devront manquer, — et il sait que c'est la moyenne des forces qui représente la règle. — C'est ce dont un jeune homme se rend rarement compte et il est certain d'être dans le vrai quand il s'affirme novateur et il s'étonne de l'étrange aveuglement des autres.

301.

L'homme de parti. — Le véritable homme de parti n'apprend plus rien, il ne fait qu'expérimenter et juger : tandis que Solon, qui ne fut jamais homme de parti, mais qui poursuivit son but à côté et au-dessus des partis, ou même contre eux, devint l'auteur (et cela est significatif) de cette simple parole qui recèle toute la santé inépuisable d'Athènes : « Je deviens vieux, mais je continue à apprendre. »

302.

Ce qui est allemand selon Gœthe. — Ils sont vraiment insupportables et l'on ne peut même pas accepter ce qu'ils ont de bon, ceux qui possèdent la *liberté de sentiment* et ne s'aperçoivent pas que *l'indépendance du goût et de l'esprit* leur manque. Mais selon le jugement bien pesé de Gœthe, cela précisément est *allemand*. — Sa parole et son exemple démontrent que l'Allemand *doit être* plus qu'un Allemand pour être utile, ou même seulement supportable aux autres nations — et il indique *dans quelle direction* il doit aspirer à se dépasser et à sortir de lui-même.

303.

Quand il faut s'arrêter. — Lorsque les masses commencent à se débattre avec rage et que la raison s'obscurcit on fait bien, pour le cas où l'on ne serait pas tout à fait certain de la santé de son âme, de s'abriter sous une porte cochère et de regarder après le temps.

304.

Révolutionnaires et propriétaires. — Le seul remède contre le socialisme qui demeure entre vos mains, c'est de ne pas lui lancer de provocation, c'est-à-dire de vivre vous-même modestement et sobrement, d'empêcher, selon vos moyens, tout étalage d'opulence et d'aider l'Etat lorsqu'il veut imposer lourdement tout ce qui est luxe et superflu. Vous ne voulez pas de ce moyen? Alors, riches bourgeois qui vous appelez « libéraux », avouez-le à vous-mêmes, c'est votre propre sentiment que vous trouvez si terrible et si menaçant chez les socialistes, mais, dans votre propre cœur, vous lui accordez une place indispensable, comme si ce n'était pas la même chose. Si vous n'aviez pas, tels que vous êtes, votre fortune et le souci de sa conservation, ce sentiment vous rendrait pareil aux socialistes : la propriété seule fait la différence entre vous et eux. Il faut d'abord vous vaincre vous-mêmes si vous voulez triompher, en quelque manière que ce soit, des adversaires de votre aisance. — Si, du moins, cette aisance correspondait à un bien-être véritable ! Elle serait moins extérieure et provoquerait moins l'envie, elle aurait plus de bienveillance, plus de souci de l'équité, et elle serait plus secourable. Mais ce qu'il y a de faux et de comédien dans votre joie de vivre, qui provient plutôt d'un sentiment de contraste (avec d'autres qui n'ont pas cette joie de vivre et qui vous l'envient) que d'une certaine plénitude de la force et de la supériorité — les exigences de vos appartements, vos vêtements, vos équipages, vos magasins, les besoins de la bouche et de la table, vos enthousiasmes bruyants pour le concert et l'opéra, et enfin vos femmes; formées et modelées, mais d'un métal vil, dorées, mais sans rendre le son de l'or, choisies par vous pour en faire parade, se donnant elles-mêmes comme pièces de parade : — ce sont là les propagateurs empoisonnés de cette maladie du peuple qui, sous forme de gale socialiste, se répand maintenant parmi les masses, avec une rapidité toujours plus grande mais qui a eu en vous son premier siège et son premier foyer d'incubation. Et qui donc serait encore capable d'arrêter cette peste?

305.

Tactique des partis. — Lorsqu'un parti s'aperçoit qu'un de ses membres, après avoir été un adhérent absolu, est devenu un adhérent conditionnel, il tolère si peu ce changement qu'il tente, par toutes sortes d'humiliations et de provocations, d'amener sa défection complète et d'en faire un adversaire : car il soupçonne que l'intention de voir dans sa doctrine quelque chose qui est d'une valeur relative, autorisant le pour et le contre, l'examen et le choix, est plus dangereux pour lui qu'une opposition radicale.

306.

Pour fortifier les partis. — Celui qui veut fortifier les assises intérieures d'un parti lui procure l'occasion de se faire traiter avec une injustice manifeste : cela lui fait accumuler un capital de bonne conscience qui lui manquait peut-être jusque-là.

307.

Prendre soin de son passé. — Puisque les hommes ne vénèrent, en somme, que ce qui existe depuis longtemps et ce qui s'est formé lentement, celui qui veut continuer à vivre après sa mort ne doit pas seulement prendre soin de ses descendants mais encore de son *passé* : c'est pourquoi les tyrans de toute espèce (les artistes et les politiciens tyranniques eux aussi) aiment à faire violence à l'histoire, pour que celle-ci apparaisse comme une préparation et une échelle qui mènent jusqu'à eux.

308.

Écrivains de parti. — Les coups de timbale avec lesquels de jeunes écrivains se plaisent au service d'un parti ressemblent, pour celui qui n'appartient pas au parti, à un cliquetis de chaînes et éveillent plutôt la pitié que l'admiration.

309.

Prendre parti contre soi-même. — Nos adhérents ne nous pardonnent jamais, quand nous prenons parti contre nous-mêmes : car, à leurs yeux, ce n'est pas seulement repousser leur amour, mais encore dénuder leur raison.

310.

Danger dans la richesse. — Seul devrait *possé-*

der celui qui a de *l'esprit* : autrement, la fortune est un *danger public*. Car celui qui possède, lorsqu'il ne s'entend pas à utiliser les loisirs que lui donne la fortune, continuera toujours à vouloir acquérir du bien : cette aspiration sera son amusement, sa ruse de guerre dans la lutte avec l'ennui. C'est ainsi que la modeste aisance, qui suffirait à l'homme intellectuel, se transforme en véritable richesse, résultat trompeur de dépendance et de pauvreté intellectuelles. Cependant, le riche *apparaît* tout autrement que pourrait le faire attendre son origine misérable, car il peut prendre le masque de la culture et de l'art : il peut *acheter* ce masque. Par là il éveille l'envie des plus pauvres et des illettrés — qui jalousent en somme toujours l'éducation et qui ne voient pas que celle-ci n'est qu'un masque — et il prépare ainsi peu à peu un bouleversement social : car la brutalité sous un vernis de luxe, la vantardise de comédien, par quoi le riche fait étalage de ses « jouissances de civilisé », évoquent, chez le pauvre, l'idée que « l'argent seul importe », — tandis qu'en réalité, si l'argent importe *quelque peu, l'esprit importe bien davantage.*

311.

Le plaisir de commander et d'obéir. — Commander fait plaisir tout autant qu'obéir, la première chose lorsqu'elle n'est pas encore entrée dans les habitudes, la seconde lorsqu'elle est tout à fait entrée dans les habitudes. Les vieux serviteurs et les nouveaux maîtres s'encouragent réciproquement à faire plaisir.

312.

AMBITION DE LA VEDETTE. — Il y a une ambition de la vedette qui presse un parti à s'aventurer dans un danger extrême.

313.

LA NÉCESSITÉ DE L'ANE. — On n'amènera pas la foule à crier *hosanna* avant que l'on n'entre en ville à califourchon sur un âne.

314.

MŒURS DE PARTI. — Chaque parti essaye de présenter comme insignifiantes les choses importantes qui se sont faites en dehors de lui; mais, s'il n'y réussit point, il attaquera avec d'autant plus d'amertume ce qui sera plus parfait.

315.

SE 'VIDER. — A mesure que quelqu'un s'abandonne aux événements il s'amoindrit de plus en plus. C'est pourquoi de grands politiciens peuvent devenir des hommes tout à fait vides, alors qu'ils étaient autrefois riches et pleins de talents.

316.

ENNEMIS DÉSIRÉS. — Pour les gouvernements dynastiques les courants socialistes sont utiles plutôt qu'ils n'inspirent la terreur, parce qu'ils donnent à ceux-là le *droit* de recourir à des mesures d'exception et leur mettent entre les mains une épée pour frapper les partis qui sont leur cauchemar, les démocrates et les adversaires de la dynastie. — Tout ce que de pareils gouvernements haïssent publiquement leur est secrètement sympathique : ils sont forcés de cacher leur âme.

317.

La propriété possède. — Ce n'est que jusqu'à un certain degré que la propriété rend l'homme plus indépendant et plus libre ; un échelon de plus et la propriété devient le maître, le propriétaire l'esclave : il faut dès lors qu'il sacrifie son temps, sa méditation pour engager des relations, s'attacher à un lieu, s'incorporer à un Etat — tout cela peut-être à l'encontre de ses besoins intimes et essentiels.

318.

De la domination des compétences. — Il est facile, ridiculement facile, d'élaborer un modèle pour le choix d'un corps législatif. Il faudrait d'abord mettre à part, dans un pays, les hommes loyaux et dignes de confiance qui seraient, en même temps, maîtres et connaisseurs en certaines choses et reconnaîtraient réciproquement leurs capacités : dans cette assemblée il faudrait faire un choix plus restreint qui déterminerait les spécialités et les compétences de premier ordre dans chaque parti, ce choix se ferait par l'estime et la garantie mutuelle. Le corps législatif ainsi composé, les voix et les jugements de chaque homme spécialement compétent devraient seuls décider dans chaque cas particulier et l'honorabilité de *tous* les autres devrait être assez grande pour que la simple convenance leur fasse abandonner le vote à ceux-ci : de sorte que, au sens strict, la loi naîtrait de la raison des plus raisonnables. — Maintenant ce sont les partis qui votent : et, à chaque vote, il doit y avoir des centaines de consciences honteuses — toutes celles des hommes mal informés, incapables de jugements, qui agissent par imitation, que l'on traîne et entraîne. Rien n'abaisse autant la dignité d'une loi nouvelle que la honte forcée de ce manque de probité, à quoi contraint tout vote par partis. Mais, je l'ai déjà dit, il est facile, ridiculement facile, d'élaborer une pareille construction : il n'y a pas de puissance assez forte sur la terre pour la réaliser dans un sens meilleur, — à moins que la croyance en l'utilité supérieure *de la science et des savants* ne devienne évidente, même pour le plus malveillant, et que l'on ne préfère cette croyance à la foi en le nombre. C'est dans le sens de cet avenir qu'il nous faut dire : « Plus de respect pour l'homme compétent ! Et à bas tous les partis ! »

319.

Le « peuple des penseurs » (celui des mauvais penseurs). — L'indéfini, l'indéterminé, le mystérieux, l'élémentaire, l'intuitif — pour donner des noms vagues à des choses vagues — que l'on dit être les qualités du caractère allemand, seraient, si ces qualités existaient effectivement encore, la preuve que la civilisation allemande est demeurée de plusieurs pas en arrière et qu'elle respire encore l'atmosphère du moyen âge. — Il est vrai qu'un pareil retard aurait aussi des avantages : avec les qualités indiquées — pour le cas, bien entendu, où ils les posséderaient encore — les Allemands seraient aptes à certaines choses, et surtout aptes à comprendre certaines choses, pour lesquelles d'autres nations ont perdu toutes leurs facultés. Et il est certain que quand le *manque de raison* — c'est-à-dire ce qui est commun à toutes ces qualités — se perd, il se perd beaucoup de choses : mais il n'y a point là de perte sans qu'il y ait de grands avantages contraires, de sorte que toute raison de se plaindre fait défaut, en admettant que l'on ne veuille pas agir comme font les enfants et les gourmands, et jouir simultanément des fruits de toutes les saisons.

320.

Porter des hiboux a Athènes. — Les gouvernements des grands Etats ont entre les mains deux moyens pour tenir le peuple en dépendance, pour se faire craindre et obéir : un moyen plus grossier, l'armée, un plus subtil, l'école. A l'aide du premier ils entraînent de leur côté l'*ambition* des classes supérieures et la *force* des classes inférieures, du moins dans la mesure où ces deux classes possèdent des hommes actifs et robustes, doués moyennement et médiocrement. A l'aide de l'autre moyen ils gagnent pour eux la pauvreté *douée* et surtout la demi-pauvreté à prétentions intellectuelles des classes moyennes. Ils se créent, avant tout, par les professeurs de tous grades, une cour intellectuelle qui aspire à « monter »; en entassant obstacle sur obstacle contre l'école privée ou l'éducation particulière que l'État a spécialement en haine, il s'assure la disposition d'un très grand nombre de places qui sont convoitées sans cesse par un nombre certainement cinq fois supérieur à celui qu'on pourrait satisfaire, d'yeux avides et quémandeurs. Mais ces situations ne devront nourrir leur homme que très *maigrement* : c'est ainsi que l'État entretient chez lui la soif fiévreuse de l'*avancement* et le lie plus étroitement encore aux intentions gouvernementales. Car il vaut mieux entretenir un mécontentement bénin, bien préférable à la satisfaction, mère du courage, grand'mère de la liberté d'esprit et de la présomption. Au moyen de ce corps enseignant, matériellement et intellectuellement tenu en bride, on élève alors, tant bien que mal, toute la jeunesse du pays, à un certain niveau d'instruction utile à l'État, et gradué selon le besoin : avant tout, l'on transmet presque imperceptiblement aux esprits faibles, aux ambitieux de toutes les conditions, l'idée que seule une direction de vie reconnue et estampillée par l'État vous amène immédiatement à jouer un rôle dans la *société*. La croyance aux examens d'État et aux titres conférés par l'État va si loin que, même des hommes qui se sont formés d'une façon indépendante, qui se sont élevés par le commerce ou par l'exercice d'un métier gardent une pointe d'amertume au cœur, tant que leur situation n'a pas été reconnue d'en haut par une investiture officielle, un titre ou une décoration, — jusqu'à ce qu'ils puissent « se faire voir ». Enfin l'État associe la nomination aux mille et mille fonctions et places rétribuées, qui dépendent de lui, à l'*engagement* de se faire éduquer et estampiller par les établissements de l'Etat, autrement cette porte vous demeure close à jamais : honneurs dans la société, pain pour soi-même, possibilité d'une famille, protection d'en haut, esprit de corps chez ceux qui ont été éduqués en commun, — tout cela forme un filet d'espérances où se précipitent tous les jeunes gens : d'où pourrait donc leur venir un souffle de méfiance? Si, en fin de compte, l'obligation pour chacun d'être *soldat* pendant quelques années est devenue, au bout de quelques générations, une habitude et une condition que l'on accomplit sans arrière-pensée, en vue de quoi l'on arrange d'avance sa vie, l'Etat peut encore hasarder le coup de maître d'enchaîner, par des avantages, l'école et l'armée, l'intelligence, l'ambition et la force, c'est-à-dire d'attirer vers l'armée les hommes d'*aptitudes* et de *culture* supérieures et de leur inculquer l'esprit militaire de l'obéissance volontaire : ce qui les entraînera peut-être à prêter serment au drapeau, pour toute leur vie, et à procurer, par leurs aptitudes, un nouvel éclat au métier des armes. — Alors il ne manquera plus autre chose que l'occasion des grandes guerres : et l'on peut prévoir que, de par leur métier, les diplomates y veilleront en toute *innocence*, de même que les journaux et la spéculation : car le « peuple », lorsqu'il est un peuple de soldats, a toujours bonne conscience quand il fait la guerre, — inutile de la lui suggérer.

321.

La presse. — Si l'on considère qu'aujourd'hui encore tous les grands événements publics se glissent secrètement et comme voilés sur la scène du monde, qu'ils sont cachés par des faits insignifiants, à côté desquels ils paraissent petits, que leurs effets profonds, leurs contre-coups ne se manifestent que longtemps après qu'ils se sont produits, — quelle importance peut-on alors accorder à la *presse*, telle qu'elle existe aujourd'hui, avec sa quotidienne dépense de poumons pour hurler, assourdir, exciter et effrayer ? — la presse est-elle autre chose qu'un *bruit aveugle* et *permanent* qui détourne les oreilles et les sens vers une fausse direction ?

322.

Après un grand événement. — Un peuple ou un homme dont l'âme a été mise à jour par un grand événement éprouve ensuite généralement le besoin d'un *enfantillage* ou d'une *grossièreté*, tout aussi bien par pudeur que pour se reposer.

323.

Être un bon Allemand c'est cesser d'être Allemand. — On ne trouve pas seulement, comme on avait cru jusqu'ici, les différences nationales dans les nuances entre les différents *degrés de culture*. Ces différences n'ont souvent rien de durable. C'est pourquoi toute argumentation basée sur le caractère national engage si peu celui qui travaille à la *transformation* des convictions, celui qui fait œuvre civilisatrice. Si l'on passe, par exemple, en revue tout ce qui a déjà été appelé allemand, il faudra corriger la question théorique : qu'est-ce qui *est* allemand? en se demandant : qu'est-ce qui est *maintenant* allemand? — et tout *bon* Allemand résoudra pratiquement cette question, précisément en surmontant ses qualités allemandes. Car, lorsqu'un peuple va de l'avant et grandit, il rompt chaque fois les entraves qui lui ont conféré jusqu'ici la considération *nationale:* si ce peuple s'arrête, s'il dépérit, de nouvelles entraves se mettent autour de son âme, la croûte qui devient tous les jours plus dure forme, en quelque sorte, une prison dont les murs ne font que s'épaissir. Si un peuple célèbre beaucoup de fêtes, c'est une preuve qu'il veut se pétrifier et qu'il aimerait se changer en *monument:* comme ce fut le cas de l'égypticisme à partir d'une certaine époque. Celui donc qui veut du bien aux Allemands devra veiller, pour sa part, à grandir toujours davantage au-dessus de ce qui est allemand. C'est pourquoi *l'orientation* vers ce qui *n'est pas allemand* fut toujours la marque des hommes distingués de notre peuple.

324.

PRÉDILECTIONS POUR L'ÉTRANGER. — Un étranger qui voyageait en Allemagne déplut et plut par quelques affirmations, selon les contrées où il séjourna. Tous les Souabes qui ont de l'esprit — avait-il l'habitude de dire — sont coquets. — Mais les autres Souabes continuent à croire qu'Uhland est un poète et que Gœthe fut immoral. — Ce qu'il y a de meilleur dans les romans allemands qui ont maintenant de la vogue, c'est que l'on n'a pas besoin de les lire : on les connaît déjà. — Le Berlinois paraît être de meilleure composition que l'Allemand du Sud, car, étant excessivement moqueur, il supporte la moquerie : ce qui n'est pas le cas chez les Allemands du Sud. — L'esprit des Allemands est maintenu à un niveau inférieur par la bière et les journaux : il leur recommande le thé et les pamphlets, comme remèdes, bien entendu. — Il conseillait d'examiner les différents peuples de la vieille Europe au point de vue des qualités particulières aux vieillards dont elle présente assez bien les types différents, ceci à la plus grande joie de ceux qui assistent au spectacle du grand tréteau : les Français représentent d'une façon heureuse ce que la vieillesse a de sage et d'aimable, les Anglais l'expérience et la retenue, les Italiens l'innocence et l'aisance. Les autres masques de la vieillesse feraient-ils défaut? Où est le vieillard hautain? Où le vieillard despotique? Où le vieillard cupide? — Les contrées les plus dangereuses de l'Allemagne sont la Saxe et la Thuringe : on ne trouve nulle part plus d'activité intellectuelle et de science des hommes, avec beaucoup de liberté d'esprit, et tout cela est tellement humble, caché par l'horrible langage et la serviabilité de cette population, que l'on s'aperçoit à peine que l'on a devant soi les sous-officiers intellectuels de l'Allemagne et les maîtres de celle-ci, en bien et en mal. — L'arrogance des Allemands du Nord est maintenue dans ses bornes par leur penchant à obéir, celle des

Allemands du Sud par leur penchant à l'indolence.
— Il lui semblait que les hommes allemands avaient dans leurs femmes des ménagères maladroites, mais très convaincues de leur valeur; que celles-ci disaient du bien d'elles-mêmes avec tant d'insistance qu'elles avaient convaincu presque tout le monde et, en tous les cas leurs maris, des vertus particulières que déploient dans leur intérieur les femmes allemandes. — Quand alors la conversation se portait sur la politique de l'Allemagne à l'extérieur et à l'intérieur, il avait l'habitude de raconter — il disait de révéler — que le plus grand homme d'État de l'Allemagne ne croyait pas aux grands hommes d'État. — Il considérait l'avenir des Allemands comme menacé et menaçant : car ils avaient désappris de se *réjouir* (ce à quoi les Italiens s'entendaient si bien), mais, par le grand jeu de hasard des guerres et révolutions dynastiques, ils s'étaient *habitués à l'émotion*, par conséquent, ils finiraient, un jour, par avoir chez eux l'émeute. Car c'est là la plus forte émotion qu'un peuple puisse se procurer. — Le socialiste allemand, disait-il, était le plus dangereux de tous parce qu'il n'était pas poussé par une nécessité *déterminée ;* ce dont il souffre c'est de ne pas savoir ce qu'il veut. Quoi qu'il puisse donc atteindre, dans la jouissance il languira toujours de désir, tout comme Faust, mais probablement comme un Faust très populacier. « Car, s'écriait-il enfin, Bismarck a chassé le *démon de Faust* qui a tant tourmenté les Allemands cultivés : mais ce démon est maintenant entré dans les pourceaux et il est pire que jamais. »

325.

OPINIONS. — La plupart des gens ne sont rien et ne comptent pour rien avant d'avoir revêtu le manteau des convictions générales et des opinions publiques — conformément à la philosophie des tailleurs : ce sont les habits qui font les gens. Mais, pour les hommes d'exception, il faut dire : *celui qui se vêt fait le vêtement;* là les opinions cessent d'être publiques et deviennent autre chose que des masques, des parures et des travestissements.

326.

DEUX ESPÈCES DE SOBRIÉTÉ. — Pour ne pas confondre la sobriété provoquée par l'épuisement d'esprit avec la sobriété de la tempérance, il faut observer que la première est louche d'allure tandis que la seconde est pleine de gaieté.

327.

FALSIFICATION DE LA JOIE. — Il ne faut pas appeler bonne une chose fût-ce même un jour de plus qu'elle ne nous paraît ainsi, mais il ne faut pas non plus que ce soit un jour *plus tôt,* — c'est la seule façon de se conserver une joie véritable : autrement notre joie serait trop facilement fade au goût et peut-être trop avancée, et passerait auprès de beaucoup de gens pour de la nourriture falsifiée.

328.

LE BOUC DE VERTU. — Lorsque quelqu'un fait ce

qu'il sait faire de mieux, ceux qui lui veulent du bien, mais qui ne sont pas à la hauteur de son acte, se mettent vite à chercher un bouc pour le sacrifier, croyant que c'est le bouc émissaire (*Sündenbock* — bouc de péché) alors que c'est le bouc de vertu.

329.

Souveraineté. — Vénérer aussi les choses mauvaises et les reconnaître, lorsqu'elle vous *plaisent*, ignorer totalement comment on peut avoir honte de ce qui vous plaît, c'est le signe de la souveraineté, en grand et en petit.

330.

Celui qui agit sur ses semblables est un fantôme et non pas une réalité. — L'homme éminent apprend peu à peu *qu'en tant qu'il agit* il est un *fantôme* dans le cerveau des autres, et il en arrive peut-être à la subtile torture de l'âme de se demander s'il ne faut pas conserver le fantôme de soi pour le *bien* de ses semblables.

331.

Prendre et donner. — Lorsque l'on a pris la moindre des choses à quelqu'un (ou lorsqu'on l'a prélevée sur lui) il devient aveugle et il ne voit pas qu'on lui a donné des choses infiniment plus grandes, et même la plus grande chose.

332.

Le bon champ. — Tout refus et toute négation

témoignent d'un manque de fécondité : au fond, si nous étions un bon champ de labour, nous ne laisserions rien périr sans l'utiliser et nous verrions en toute chose, dans les événements et dans les hommes, de l'utile fumier, de la pluie et du soleil.

333.

Les relations une jouissance. — Si l'esprit de renoncement pousse quelqu'un à rechercher la solitude avec intention, il peut, lorsqu'il les goûte rarement, transformer ses relations avec les hommes, en un mets délicat.

334.

Savoir souffrir publiquement. — Il faut afficher son malheur, gémir de temps en temps, de façon à ce que tout le monde l'entende, s'impatienter d'une façon visible : car si on laissait les autres s'apercevoir combien l'on est tranquille et heureux au fond de soi-même, malgré les douleurs et les privations, combien on les rendrait envieux et méchants ! — Mais il faut que nous veillions à ne pas rendre nos semblables plus mauvais ; de plus, s'ils nous savaient heureux, ils nous chargeraient de lourdes contributions, de sorte que notre *souffrance publique* est certainement aussi pour nous un *avantage privé*.

335.

Chaleur sur les sommets. — Sur les hauteurs il fait plus chaud que l'on imagine généralement dans la vallée, surtout en hiver. Le penseur sait tout ce que ce symbole veut dire.

336.

VOULOIR LE BIEN, SAVOIR LE BEAU. — Il ne suffit pas d'exercer *le bien*, il faut aussi l'avoir voulu et, selon le mot du poète, recevoir la divinité dans son *vouloir*. Mais il ne faut pas vouloir *le beau*, il faut le *pouvoir*, avec innocence et aveuglement, sans que Psyché y mette de sa curiosité. Que celui qui allume sa lanterne pour trouver des hommes parfaits prenne garde à ce signe distinctif : les hommes parfaits sont ceux qui agissent toujours à cause du bien et aboutissent toujours au beau, sans y songer. Car, par incapacité et défaut d'une belle âme, beaucoup de personnes bonnes et nobles, malgré leur bonne volonté et leurs bonnes œuvres, restent d'un aspect fâcheux et sont laides à regarder; elles repoussent et nuisent même à la vertu par la hideuse défroque que leur mauvais goût fait endosser à celle-ci.

337.

DANGER DE CEUX QUI RENONCENT. — Il faut se garder de fonder sa vie sur une base de convoitises trop étroite : car lorsque l'on renonce aux joies que procurent une situation, des honneurs, des fréquentations mondaines, les voluptés, le confort et les arts, il peut venir un jour où l'on s'apercevra qu'au lieu d'avoir la *sagesse* pour voisin, le renoncement vous a amené la *satiété* et le dégoût de vivre.

338.

DERNIÈRE OPINION SUR LES OPINIONS. — Ou bien l'on cache ses opinions, ou bien l'on se cache derrière elles. Celui qui agit autrement ne connaît pas la marche du monde ou fait partie de l'ordre de la sainte témérité.

339.

« GAUDEAMUS IGITUR ». — Il faut que la joie contienne aussi des forces édifiantes et guérissantes pour la nature morale de l'homme : comment se pourrait-il autrement que, chaque fois que notre âme se repose sous les rayons de soleil de la joie, elle se promet involontairement d' « être bonne », de « devenir parfaite » et qu'elle est saisie d'une sorte de pressentiment de la perfection, semblable à un frisson de bonheur ?

340.

A QUELQU'UN QUI A ÉTÉ LOUÉ. — N'oublie pas qu'aussi longtemps qu'on te loue tu n'es pas encore sur ton propre chemin, mais sur celui d'un autre.

341.

AIMER LE MAÎTRE. — Le maître est aimé de l'ouvrier autrement que du maître.

342.

TROP BEAU ET TROP HUMAIN. — « La nature est trop belle pour toi, pauvre mortel » — il n'est pas rare que ce sentiment vous saisisse : mais parfois, en contemplant avec intensité tout ce qui est humain, sa plénitude et sa force entremêlées de douceur, j'ai eu le sentiment que je devrais dire en toute humilité : « *L'homme*, lui aussi, est trop beau pour l'homme contemplatif! » — et je ne songeais pas seulement à l'homme moral, mais à tout homme.

343.

Effets mobiliers et propriété terrienne. — Quand une fois la vie vous a traité en vraie spoliatrice et vous a pris tout ce qu'elle pouvait vous prendre de vos honneurs et de vos joies, vous enlevant vos amis, votre santé et votre avoir, on découvrira peut-être après coup, lorsque la première frayeur sera passée, que l'on est *plus riche* qu'auparavant. Car maintenant seulement on sait ce qui vous appartient, au point que nulle main sacrilège ne peut y toucher : et c'est ainsi que l'on sortira peut-être de tout ce pillage et de cette confusion avec la noblesse d'un grand propriétaire terrien.

344.

Involontaires figures idéales. — Le sentiment le plus pénible qu'il y ait, c'est de découvrir que l'on est toujours pris pour quelque chose de supérieur à ce que l'on est. Car on est toujours forcé de s'avouer : Quelque chose chez toi est duperie et mensonge — ta parole, ton expression, ton attitude, ton regard, ton action —, et ce quelque chose de trompeur est aussi nécessaire que l'est, par ailleurs, ta franchise, mais il annule sans cesse l'effet et la valeur de celle-ci.

345.

IDÉALISTE ET MENTEUR. — Il ne faut pas se laisser tyranniser par la plus belle qualité que l'on puisse avoir — celle d'élever les choses dans l'idée : car alors il se pourrait bien qu'un jour la vérité se séparât de nous avec cette dure parole : « Menteur fieffé, qu'ai-je de commun avec toi ? »

346.

ÊTRE MAL COMPRIS. — Lorsque l'on est mal compris en bloc, il est impossible de supprimer complètement un malentendu de détail. Il faut se rendre compte de cela pour ne pas user inutilement sa force à se défendre.

347.

LE BUVEUR D'EAU PARLE. — Continue donc à boire le vin qui t'a délecté durant toute ta vie, — que t'importe qu'il me faille être buveur d'eau ? L'eau et le vin ne sont-ils pas des éléments paisibles et fraternels qui peuvent habiter ensemble sans se faire de reproches ?

348.

DU PAYS DES ANTHROPOPHAGES. — Dans la solitude le solitaire se ronge le cœur ; dans la multitude c'est la foule qui le lui ronge. Choisis donc !

349.

LE DEGRÉ DE CONGÉLATION DE LA VOLONTÉ. — « Elle vient enfin, l'heure qui t'enveloppe dans le nuage doré de l'absence de douleur : où l'âme jouit de sa propre lassitude, s'abandonnant avec joie à la lenteur de ses mouvements et ressemblant, dans sa patience, au jeu des vagues qui, sur les bords d'un lac, par un jour tranquille de l'été, sous les reflets multicolores d'un ciel du couchant, bruissent tour à tour et se taisent — sans fin, sans but, sans satiété et sans désirs, — tranquille et prenant plaisir au flux et au reflux qui se rythment sur le souffle de la nature. » — Telle est la parole et la pensée de tous les malades : mais lorsqu'ils parviennent à cette heure, après une courte jouissance, arrive l'ennui. Mais l'ennui est le vent de dégel pour la volonté congelée : celle-ci se réveille et recommence à susciter un désir après l'autre. — Désirer de nouveau, c'est le symptôme de la convalescence et de la guérison.

350.

L'IDÉAL RENIÉ. — Il arrive exceptionnellement que quelqu'un ne puisse parvenir à son sommet qu'en reniant son idéal : car c'est cet idéal qui jusqu'à présent le stimulait avec trop de violence, de sorte que, au milieu de sa route, il perdait chaque fois l'haleine et était obligé de s'arrêter.

351.

PENCHANT PERFIDE. — C'est le signe d'un homme envieux, mais qui aspire à plus haut, lorsque l'on voit quelqu'un attiré par l'idée que devant ce qui est parfait il n'y a qu'un seul salut : l'amour.

352.

Bonheur d'escalier. — De même que, chez certains hommes, le mot d'esprit ne marche pas d'un pas égal avec l'occasion de le placer, en sorte que l'occasion a déjà passé la porte quand le mot d'esprit est encore sur l'escalier, chez d'autres hommes, il y a une espèce de *bonheur d'escalier* qui court trop lentement pour être toujours aux côtés du temps aux pieds légers. La meilleure jouissance que procure à ces hommes un événement ou toute une période de la vie ne leur parvient que longtemps après, parfois seulement comme un faible parfum aromatisé, qui évoque de la langueur et de la tristesse, — comme si — à un moment ou à un autre — il avait été possible d'étancher sa soif dans cet élément, tandis que maintenant il est trop tard.

353.

Vers. — Ce n'est pas un argument contre la maturité d'un esprit que d'y trouver quelques vers.

354.

La position victorieuse. — Une bonne attitude à cheval enlève le courage à l'adversaire, le cœur au spectateur, — à quoi bon alors attaquer encore? Tiens-toi comme quelqu'un qui a vaincu.

355.

Danger dans l'admiration. — A trop admirer les vertus étrangères on peut perdre le sens des siennes propres, et, ne les exerçant plus, les oublier complètement, sans pouvoir les remplacer par les étrangères.

356.

Utilité de la maladie. — Celui qui est souvent malade, parce qu'il guérit souvent, prend non seulement un plus grand plaisir à la santé, mais possède encore un sens très aigu pour ce qui est sain ou morbide dans les œuvres et les actes, les siens et ceux des autres. Les écrivains maladifs par exemple — et presque tous les grands écrivains sont malheureusement dans ce cas — possèdent généralement dans leurs œuvres un ton de santé beaucoup plus sûr et plus égal, parce qu'ils s'entendent, bien mieux que ceux qui sont robustes de corps, à la philosophie de la santé et de la guérison de l'âme. Ils connaissent les maîtres qui enseignent la santé: le matin, le soleil, la forêt et les sources d'eau claire.

357.

Infidélité, condition de la maitrise. — Cela ne sert de rien : chaque maître n'a qu'un seul élève, — et cet élève lui devient infidèle — car il est prédestiné à la maîtrise.

358.

Jamais en vain. — Tu ne grimperas jamais en vain dans les montagnes de la vérité : soit qu'aujourd'hui déjà tu parviennes à monter plus haut, soit que tu exerces tes forces pour pouvoir monter plus haut demain.

359.

A TRAVERS LES VITRES DÉPOLIES. — Ce que vous voyez du monde, à travers cette fenêtre, est-il donc si beau que vous ne voulez à aucun prix regarder à travers une autre fenêtre, — et que vous essayez même d'empêcher les autres d'en faire la tentative?

360.

INDICES DE TRANFORMATIONS VIOLENTES. — Si l'on rêve de ceux qui sont morts ou oubliés depuis longtemps, c'est le signe qu'une grande transformation s'est opérée en vous et que le sol sur lequel on vit a été profondément fouillé : alors les morts ressuscitent et ce qui était ancien devient nouveau.

361.

MÉDICAMENT DE L'AME. — Rester couché sans bouger et penser peu, c'est là le remède le moins coûteux pour toutes les maladies de l'âme et, lorsque l'on est de bonne volonté, son usage devient d'heure en heure plus agréable.

362.

CLASSIFICATION DES ESPRITS. — Tu te classes bien au-dessous de l'autre, car tu cherches à fixer l'exception, mais lui la règle.

363.

LE FATALISTE. — Il *faut* que tu croies à la fatalité — la science peut t'y forcer. Ce qui naîtra alors de cette croyance — la lâcheté et la résignation ou la

grandeur et la loyauté — témoignera du terrain où
cette semence fut jetée; mais non point de la
semence elle-même, car d'elle toutes choses peuvent sortir.

364.

RAISON DE BEAUCOUP D'HUMEUR. — Celui qui,
dans la vie, préfère le beau à l'utile, finira, comme
l'enfant qui préfère les sucreries au pain, par se
gâter l'estomac et par regarder le monde avec
beaucoup d'humeur.

365.

L'EXCÈS COMME REMÈDE. — On peut reprendre
goût à ses propres talents en vénérant à l'excès, pour
en jouir, les talents contraires. Employer l'excès
comme remède, c'est là un des coups de maître
dans l'art de vivre.

366.

« VEUILLE ÊTRE TOI-MÊME ! » — Les natures actives et couronnées de succès n'agissent pas selon
l'axiome « connais-toi toi-même », mais comme
s'ils voyaient se dessiner devant eux le commandement : « Veuille être toi-même et tu *seras* toi-même ». — La destinée semble toujours leur avoir
laissé le choix; tandis que les inactifs et les contemplatifs réfléchissent, pour savoir comment ils
ont fait pour choisir une fois, le jour où ils sont
entrés dans le monde.

367.

VIVRE, SI POSSIBLE, SANS ADHÉRENTS. — On comprend seulement combien peu d'importance ont les adhérents lorsque l'on a cessé d'être l'adhérent de ses adhérents.

368.

S'OBSCURCIR. — Il faut savoir s'obscurcir, pour se débarrasser des nuées de mouches d'admirateurs trop importuns.

369.

ENNUI. — Il y a un ennui des esprits les plus subtils et les plus cultivés pour qui ce que la terre produit de meilleur est devenu sans saveur : habitués comme ils le sont à absorber une nourriture choisie et toujours plus choisie, et à se dégoûter d'une nourriture grossière, ils risquent de mourir de faim, — car les choses parfaites sont en très petit nombre et il leur arrive d'être inaccessibles ou dures comme de la pierre, de sorte que de très bonnes dents ne peuvent plus les mordre.

370.

LE DANGER DANS L'ADMIRATION. — L'admiration d'une qualité ou d'un art peut être si violente qu'elle nous empêche d'aspirer à la possession de ceux-ci.

371.

CE QUE L'ON DEMANDE A L'ART. — L'un veut se réjouir de sa nature au moyen de l'art, l'autre veut, avec son aide, s'oublier momentanément et s'élever au-dessus de sa nature. Selon ces deux besoins il y a une double espèce d'art et d'artistes.

372.

DÉFECTION. — Celui qui nous abandonne ne nous offense peut-être pas nous-mêmes, mais certainement nos adhérents.

373.

APRÈS LA MORT. — Il arrive généralement que nous trouvions incompréhensible l'absence d'un homme longtemps seulement après sa mort : pour de très grands hommes, c'est parfois seulement après des dizaines d'années. Celui qui est franc devant lui-même se dit, à l'occasion d'un décès, qu'en somme il n'y a pas beaucoup à regretter et que l'homme qui prononce solennellement l'oraison funèbre est un hypocrite. Mais la disette finit par enseigner la raison d'être d'un individu, et l'épitaphe véritable pour un mort, c'est un tardif soupir de regret.

374.

LAISSER DANS LE ROYAUME DES OMBRES. — Il y a des choses qu'il faut laisser dans le royaume des sentiments à peine conscients, sans vouloir les délivrer de leur existence de fantôme, autrement, lorsque ces choses seront devenues pensées et paroles, elles voudront s'imposer à nous comme des démons et demander cruellement notre sang.

375.

PRÈS DE LA MENDICITÉ. — Il arrive à l'esprit le

plus riche de perdre la clef du grenier où sommeillent ses trésors accumulés. Il ressemble alors au plus pauvre qui est forcé de mendier pour vivre.

376.

Penser par enchaînements. — A celui qui a beaucoup réfléchi, toute idée nouvelle, qu'il l'entende ou qu'il la lise, apparaît immédiatement sous forme de chaîne.

377.

Compassion. — Le fourreau doré de la compassion cache parfois le poignard de l'envie.

378.

Qu'est-ce que le génie ? — Aspirer à un but élevé et aux moyens d'y parvenir.

379.

Vanité des combattants. — Celui qui n'a pas l'espoir de triompher dans une lutte, ou qui a succombé visiblement, désire d'autant plus que l'on admire sa façon de combattre.

380.

La vie philosophique est mal interprétée. — Au moment où quelqu'un commence à prendre la philosophie au sérieux, tout le monde croit de lui le contraire.

381.

Imitation. — Par l'imitation, ce qu'il y a de plus

mauvais prend du prestige, ce qui a de la valeur y perd — surtout en art.

382.

DERNIER ENSEIGNEMENT DE L'HISTOIRE. — « Hélas! que n'ai-je vécu alors ! ». — c'est ainsi que parlent les hommes insensés et folâtres. Au contraire, à chaque fragment d'histoire que l'on aura étudié *sérieusement*, fût-ce même la terre promise du passé, on finira par s'écrier : « Non, je ne voudrais y revenir à aucun prix ! l'esprit de cette époque pèserait sur moi, avec une pression de cent atmosphères, je ne pourrais me réjouir de ce qu'elle a de beau et de bon, ni digérer ce qu'elle a de mauvais. » — Il est certain que la postérité jugera de même au sujet de notre époque : on dira qu'elle fut insupportable et que la vie ne méritait pas d'y être vécue. — Et pourtant chacun arrive à s'accommoder de son temps ? — C'est non seulement parce que l'esprit de son temps pèse *sur* lui, mais encore parce qu'il l'a *en* lui. L'esprit du temps se résiste à lui-même, il se porte lui-même.

383.

LA GÉNÉROSITÉ COMME MASQUE. — Avec de la générosité dans l'attitude on exaspère ses ennemis, avec de l'envie manifestée, on se les concilie presque : car l'envie compare, met en parité, elle est une façon d'humilité involontaire et plaintive. — A cause de l'avantage indiqué, l'envie n'aurait-elle pas été prise comme masque par ceux qui n'étaient pas envieux ? Peut-être. Ce qui est certain c'est que la générosité est souvent utilisée comme masque de l'envie, par des gens ambitieux qui préfèrent souffrir d'un préjudice pour exaspérer leurs ennemis, que de laisser voir que, dans leur for intérieur, ils considèrent ceux-ci comme leurs égaux.

384.

IMPARDONNABLE. — Tu lui as donné l'occasion de montrer de la fermeté de caractère et il n'en a pas profité. C'est ce qu'il ne te pardonnera jamais.

385.

AXIOMES PARALLÈLES. — L'idée la plus sénile que l'on ait jamais eue au sujet de l'homme se trouve dans le célèbre axiome : « le moi est toujours haïssable »; l'idée la plus enfantine dans cet axiome, plus célèbre encore : « aime ton prochain comme toi-même ». — Dans le premier l'expérience des hommes a cessé, dans le second elle n'a pas encore commencé.

386.

L'OREILLE QUI FAIT DÉFAUT. — « On appartient à la populace tant que l'on fait toujours retomber la faute sur les autres; on est sur le chemin de la vérité lorsque l'on ne rend responsable que soi-même; mais le sage ne considère personne comme coupable, ni lui-même, ni les autres. » — Qui dit cela ? — Épictète il y a dix-huit cents ans. — On l'a entendu, mais on l'a oublié. — Non, on ne l'a pas entendu et on ne l'a pas oublié : il y a des choses que l'on n'oublie pas. Mais l'oreille faisait défaut pour entendre, l'oreille d'Epictète. — Il se l'est donc dit lui-même à l'oreille? — Parfaitement : la sagesse, c'est le murmure du solitaire sur la place tumultueuse.

387.

Défaut de point de vue et non pas de l'œil. — On est toujours de quelques pas trop près de soi-même; et de quelques pas trop loin de son prochain. Voilà pourquoi l'on juge celui-ci trop en bloc, tandis que l'on se juge soi-même d'après des traits de détails, des faits insignifiants et passagers.

388.

L'ignorance sous les armes. — Combien nous traitons légèrement la question de savoir si quelqu'un sait une chose ou non, tandis qu'il se met peut-être déjà à suer sang et eau, rien qu'à la pensée que nous pourrions le croire ignorant de cette chose. Il y a même certains fous de choix qui se promènent toujours avec un carquois d'anathèmes et d'arrêts sans appel, prêts à foudroyer chacun de ceux qui donneraient à entendre qu'il y a certaines choses où leur jugement n'entre pas en ligne de compte.

389.

A la buvette de l'expérience. — Les personnes qui, par sobriété naturelle, laissent toujours leur verre à moitié plein, ne veulent pas avouer que chaque chose en ce monde a son égoutture et sa lie.

390.

Oiseaux chanteurs. — Les partisans d'un grand homme ont l'habitude de s'aveugler pour mieux chanter ses louanges.

391.

Pas a la hauteur. — Le bien nous déplaît lorsque nous ne sommes pas à sa hauteur.

392.

La règle comme mère et comme enfant. — L'état qui engendre la règle est différent de celui que la règle engendre.

393.

Comédie. — Il nous arrive de récolter de la reconnaissance et des honneurs pour des œuvres et des actions que nous avons depuis longtemps laissé tomber, comme une peau dont on se débarrasse ; nous sommes alors facilement tentés de jouer les comédiens de notre propre passé et de jeter encore une fois sur nos épaules la vieille dépouille — et non seulement par vanité, mais encore par bienveillance à l'égard de nos admirateurs.

394.

Fautes que commettent les biographies. — Il ne faut pas confondre le peu de force qui est nécessaire à pousser un canot dans un fleuve, avec la force du fleuve qui le porte dès lors ; mais c'est le cas de presque tous les biographes.

395.

Ne pas payer trop cher. — On utilise généralement mal ce que l'on a payé trop cher, parce qu'il s'y attache un souvenir désagréable, — et c'est ainsi que l'on a double désavantage.

396.

Quelle est la philosophie dont une société a toujours besoin ? — Le pilier de l'ordre social repose sur cette base qu'il faut que chacun regarde avec sérénité ce qu'il est, ce qu'il fait et ce à quoi il aspire, sa santé ou sa maladie, sa pauvreté ou son aisance, son honneur ou son apparence chétive, et qu'il se dise : « *Je ne voudrais changer avec personne* ». — Que celui qui veut travailler à l'ordre social tâche toujours d'implanter au cœur des hommes cette philosophie sereine du refus de changer et de l'absence de jalousie.

397.

Indices d'une ame noble. — Ce n'est pas une âme noble, celle qui est capable des plus hautes volées, c'est au contraire celle qui s'élève peu et qui s'abaisse peu, mais qui habite *toujours* un air libre et une lumière transparente.

398.

Le sublime et celui qui le contemple. — Le meilleur effet du sublime, c'est qu'il donne au contemplateur un œil qui grossit et arrondit.

399.

SE CONTENTER. — Lorsque l'on a atteint la maturité de la raison, on ne s'aventure plus aux endroits où poussent les fleurs rares sous les broussailles les plus épineuses de la connaissance, et l'on se contente des jardins, des prairies et des chants, considérant que la vie est trop courte pour les choses rares et extraordinaires.

400.

AVANTAGE DANS LA PRIVATION. — Celui qui vit toujours dans la chaleur et la plénitude du cœur et en quelque sorte dans l'atmosphère estivale de l'âme, ne peut se figurer ce ravissement épouvantable qui s'empare des natures hivernales quand elles sont exceptionnellement touchées par un rayon d'amour et le souffle tiède d'un jour ensoleillé de février.

401.

RECETTE POUR LE MARTYR. — Le poids de la vie est trop lourd pour toi? — Augmente donc le fardeau de ta vie. Si celui qui souffre finit par avoir soif des eaux du Léthé et qu'il les cherche — il faut qu'il devienne héros pour être sûr de les trouver.

402.

LE JUGE. — Celui qui a vu l'idéal de quelqu'un devient pour celui-ci un juge impitoyable, en quelque sorte sa mauvaise conscience.

403.

Utilité du grand renoncement. — L'utilité du grand renoncement, c'est qu'il nous communique cette fierté vertueuse au moyen de quoi il nous sera facile dès lors d'obtenir facilement de nous-mêmes beaucoup de petits renoncements.

404.

Comment le devoir prend de l'éclat. — Il y a un moyen pour changer en or, aux yeux de tous, son devoir d'airain : c'est de tenir toujours plus que l'on ne promet.

405.

Prière aux hommes. — « Pardonnez-nous nos vertus ! » — c'est ainsi qu'il faut prier vers les hommes.

406.

Créateurs et jouisseurs. — Tout jouisseur se figure que ce qui importe dans l'arbre c'est le fruit, alors qu'en réalité c'est la semence. — Voilà la différence qu'il y a entre les créateurs et les jouisseurs.

407.

La gloire de tous les grands. — Qu'importe le génie s'il ne sait pas communiquer à celui qui le contemple et le vénère une telle liberté et une telle hauteur de sentiment qu'il n'a plus besoin du génie ! — *Se rendre superflu* — c'est là la gloire de tous les grands.

408.

LA COURSE AUX ENFERS. — Moi aussi, j'ai été aux enfers comme Ulysse et j'y serai souvent encore; et pour pouvoir parler à quelques morts, j'ai non seulement sacrifié des béliers, je n'ai pas non plus ménagé mon propre sang. Quatre couples d'hommes ne se sont pas refusés à moi qui sacrifiais : Epicure et Montaigne, Gœthe et Spinoza, Platon et Rousseau, Pascal et Schopenhauer. C'est avec eux qu'il faut que je m'explique, lorsque j'ai longtemps cheminé solitaire, c'est par eux que je veux me faire donner tort et raison, et je les écouterai, lorsque, devant moi, ils se donneront tort et raison les uns aux autres. Quoique je dise, quoi que je décide, quoi que j'imagine pour moi et les autres : c'est sur ces *huit* que je fixe mes yeux et je vois les leurs fixés sur moi. — Que les vivants me pardonnent s'ils m'apparaissent parfois comme des ombres, tellement ils sont pâles et attristés, inquiets, et, hélas! tellement avides de vivre : tandis que ceux-là m'apparaissent alors si vivants, comme si, *après* être morts, ils ne pouvaient plus jamais devenir fatigués de la vie. Mais c'est *l'éternelle vivacité* qui importe : que nous fait la « vie éternelle », et, en général, la vie !

DEUXIÈME PARTIE
LE VOYAGEUR ET SON OMBRE

L'ombre : Il y a si longtemps que je ne t'ai pas entendu parler, je voudrais donc t'en donner l'occasion.

Le voyageur : On parle : où celà ? et qui ? Il me semble presque que je m'entends parler moi-même, seulement avec une voix plus faible encore que n'est la mienne.

L'ombre (après une pause) : Ne te réjouis-tu pas d'avoir une occasion de parler?

Le voyageur : Par Dieu et toutes les choses auxquelles je ne crois pas, mon ombre parle : je l'entends, mais je n'y crois pas.

L'ombre : Mettons que cela soit et n'y réfléchissons pas davantage ! en une heure tout sera fini.

Le voyageur : C'est justement ce que je pensais, lorsque dans une forêt, aux environs de Pise, je vis d'abord deux, puis cinq chameaux.

L'ombre : Tant mieux, si nous sommes patients

envers nous-mêmes, tous deux, de la même façon, une fois que notre raison se tait : de la sorte nous n'aurons pas de mots aigres dans la conversation, et nous ne mettrons pas aussitôt les poussettes à l'autre, si par hasard ses paroles nous sont incompréhensibles. Si l'on ne sait pas répondre du tac au tac, il suffit déjà que l'on dise quelque chose : c'est la juste condition que je mets à m'entretenir avec quelqu'un. Dans une conversation un peu longue, le plus sage même devient une fois fol et trois fois niais.

Le voyageur : Ton peu d'exigence n'est pas flatteur pour celui à qui tu l'avoues.

L'ombre : Dois-je donc flatter ?

Le voyageur : Je pensais que l'ombre de l'homme était sa vanité : mais celle-ci ne demanderait pas : « Dois-je donc flatter ? »

L'ombre : La vanité de l'homme, autant que je la connais, ne demande pas non plus, comme j'ai fait deux fois déjà, si elle peut parler : elle parle toujours.

Le voyageur : Je remarque d'abord combien je suis discourtois à ton égard, ma chère ombre : je ne t'ai pas encore dit d'un mot combien je me *réjouis* de t'entendre et non seulement de te voir. Tu sauras que j'aime l'ombre comme j'aime la lumière. Pour qu'il y ait beauté du visage, clarté de la parole, bonté et fermeté du caractère, l'ombre est nécessaire autant que la lumière. Ce ne sont pas des adversaires : elles se tiennent plutôt amicalement par la main, et quand la lumière disparaît, l'ombre s'échappe à sa suite.

L'ombre: Et je hais ce que tu hais, la nuit ; j'aime les hommes parce qu'ils sont disciples de la lumière, et je me réjouis de la clarté qui est dans leurs yeux, quand ils connaissent et découvrent, les infatigables connaisseurs et découvreurs. Cette ombre, que tous les objets montrent, quand le rayon du soleil de la science tombe sur eux, — je suis cette ombre encore.

Le voyageur : Je crois te comprendre, quoique tu te sois exprimée peut-être un peu à la façon des ombres. Mais tu avais raison : de bons amis se donnent çà et là, pour signe d'intelligence, un mot obscur qui, pour tout tiers, doit être une énigme. Et nous sommes bons amis. Donc assez de préliminaires ! Quelques centaines de questions pèsent sur mon âme, et le temps où tu pourras y répondre est peut-être bien court. Voyons sur quoi nous nous entretiendrons en toute hâte et en toute paix.

L'ombre : Mais les ombres sont plus timides que les hommes : tu ne feras part à personne de la manière dont nous avons conversé ensemble.

Le voyageur : De la manière dont nous avons conversé ensemble? Le ciel me préserve des dialogues qui traînent longuement leurs fils par écrit ! Si Platon avait pris moins de plaisir à ce filage, ses lecteurs auraient pris plus de plaisir à Platon. Une conversation qui réjouit dans la réalité est, transformée et lue par écrit, un tableau dont toutes les perspectives sont fausses : tout est trop long ou trop court. — Cependant je pourrais peut-être faire part de *ce sur quoi* nous serons tombés d'accord.

L'ombre : Cela me suffit : car tous n'y reconnaîtront que tes opinions : à l'ombre nul ne pensera.

Le voyageur : Peut-être t'abuses-tu, amie? Jusqu'ici, dans mes opinions, on s'est plutôt avisé de l'ombre que de moi-même.

L'ombre : Plutôt de l'ombre que de la lumière? Est-ce possible?

Le voyageur : Sois sérieuse, chère folle! Déjà ma première question veut du sérieux.—

1.

De l'arbre de la science. — Vraisemblance, mais point de vérité : apparence de liberté, mais point de liberté — c'est à cause de ces deux fruits que l'Arbre de la Science ne risque pas d'être confondu avec l'Arbre de Vie.

2.

La raison du monde. — Le monde *n'est pas* le *substratum* d'une raison éternelle, c'est ce que l'on peut prouver définitivement par le fait que cette *portion du monde* que nous connaissons — je veux dire notre raison humaine — n'est pas trop raisonnable. Et si *elle* n'est pas, en tous temps et complètement, sage et rationnelle, le reste du monde ne le sera pas non plus ; le raisonnement *a minori ad majus, a parte ad totum*, est applicable ici et avec une force décisive.

3.

« Au commencement était. » (1) — Exalter les origines — c'est la *surpouss* métaphysique qui se refait jour dans la conception de l'histoire et fait penser absolument qu'*au commencement* de toutes

---

(1) *Jean*, 1, 1 — N. d. T.

choses se trouve ce qu'il y a de plus précieux et de plus essentiel.

4.

Mesure de la valeur de la vérité. — Pour la hauteur des montagnes la peine qu'on prend à les gravir n'est nullement une unité de mesure. Et dans la science il en serait autrement! — nous disent quelques-uns qui veulent passer pour initiés — la peine que coûte une vérité déciderait justement de la valeur de cette vérité! Cette morale absurde part de l'idée que les « Vérités » ne sont proprement rien de plus que des appareils de gymnastique, où nous devrions bravement travailler jusqu'à la fatigue, — morale pour athlètes et gymnasiarques de l'esprit.

5.

Langage et réalité. — Il y a un mépris hypocrite de toutes les choses qu'en fait les hommes regardent comme les plus importantes, *de toutes les choses prochaines*. On dit, par exemple : « On ne mange que pour vivre », — *mensonge* exécrable, comme celui qui parle de la procréation des enfants comme du dessein propre de toute volupté. Au rebours, la grande estime des « choses importantes » n'est presque jamais entièrement vraie : quoique les prêtres et les métaphysiciens nous aient accoutumés en ces matières à un *langage* hypocritement exagéré, ils n'ont pas réussi à changer le sentiment qui n'attribue pas à ces choses importantes autant d'importance qu'à ces choses prochaines méprisées.

— Une fâcheuse conséquence de cette double hypocrisie n'en reste pas moins, qu'on ne fait pas des choses prochaines, par exemple du manger, de l'habitation, de l'habillement, des relations sociales l'objet d'une réflexion et réforme continuelle, libre de préjugés et *générale*, mais que, la chose passant pour dégradante, on en détourne son application intellectuelle et artistique : si bien que d'un côté l'accoutumance et la frivolité remportent sur l'élément inconsidéré, par exemple sur la jeunesse sans expérience, une victoire aisée, tandis que de l'autre nos continuelles infractions aux lois les plus simples du corps et de l'esprit nous mènent tous, jeunes et vieux, à une honteuse dépendance et servitude, — je veux dire à cette dépendance, au fond superflue, des médecins, professeurs et curateurs des âmes, dont la pression s'exerce toujours, maintenant encore, sur la société tout entière.

6.

L'IMPERFECTION TERRESTRE ET SA CAUSE PRINCIPALE. — Quand on regarde autour de soi, on tombe sans cesse sur des hommes qui ont toute leur vie mangé des œufs sans remarquer que les plus allongés sont les plus friands, qui ne savent pas qu'un orage est profitable au ventre, que les parfums sont le plus odorants dans un air froid et clair, que notre sens du goût n'est pas le même dans toutes les parties de la bouche, que tout repas où l'on dit ou écoute de bonnes choses porte préjudice à l'estomac. On aura beau ne pas être satisfait de ces exemples du manque d'esprit d'observation : on n'en devra que plus avouer que les *choses les plus prochaines* sont, par la plupart des gens, mal vues, et très rarement étudiées. Et cela est-il indifférent? — Que l'on considère enfin que de ce manque dérivent *presque tous les vices corporels et moraux* des individus : ne pas savoir ce qui nous est nuisible dans l'arrangement de l'existence, la division de la journée, le temps et le choix des relations, dans les affaires et le loisir, le commandement et l'obéissance, les sensations de la nature et de l'art, le manger, le dormir et le réfléchir; être ignorant *dans les choses les plus mesquines et les plus journalières* — c'est ce qui fait de la terre pour tant de gens un « champ de perdition ». Qu'on ne dise pas qu'il s'agit ici comme partout du *manque de raison* chez les hommes : au contraire — il y a de la raison assez et plus qu'assez, mais elle est menée *dans une direction fausse* et *artificiellement détournée* de ces choses mesquines et prochaines. Les prêtres, les professeurs, et la sublime ambition des idéalistes de toute espèce, de la grossière et de la fine, persuadent à l'enfant déjà qu'il s'agit de toute autre chose : du salut de l'âme, du service de l'État, du progrès de la science, ou bien de considération et de propriété, comme du moyen de rendre des services à l'humanité entière, au lieu que les besoins de l'individu, ses nécessités grandes et petites, dans les vingt-quatre heures du jour, sont, dit-on, quelque chose de méprisable ou d'indifférent.— Socrate déjà se mettait de toutes ses forces en garde contre cette orgueilleuse négligence de l'humain au profit de l'homme, et aimait, par une citation d'Homère, à rappeler les limites et l'objet véritable de tout soin et de toute réflexion : « C'est, disait-il, et c'est seulement « ce qui chez moi m'arrive en bien et en mal ».

7.

Deux modes de consolation. — Épicure, l'homme qui calma les âmes de l'antiquité finissante, eut cette vue admirable, si rare à rencontrer aujourd'hui encore, que, pour le repos de la conscience, la solution des problèmes théoriques derniers et extrêmes n'est pas du tout nécessaire. Il lui suffisait ainsi de dire aux gens que tourmentait l' « inquiétude du divin » : « S'il y a des dieux, ils ne s'occupent pas de nous » — au lieu de disputer sans fruit et de loin sur ce problème dernier, de savoir si en somme il y a des dieux. Cette position est de beaucoup plus favorable et plus forte : on cède de quelques pas à l'autre et ainsi on le rend plus disposé à écouter et à réfléchir. Mais dès qu'il se met en devoir de démontrer le contraire — à savoir que les dieux s'occupent de nous — dans quels labyrinthes et dans quelles broussailles le malheureux doit s'égarer, de son propre fait, et non par la ruse de l'interlocuteur, qui doit seulement avoir assez d'humanité et de délicatesse, pour cacher la pitié que lui donne ce spectacle. A la fin, l'autre arrive au dégoût, l'argument le plus fort contre toute proposition, au dégoût de son opinion propre; il se refroidit et s'en va avec la même disposition que le pur athée : « Que m'importent les dieux ! le diable les emporte ! » — En d'autres cas, particulièrement quand une hypothèse demi-physique, demi-morale avait assombri la conscience, il ne réfutait point cette hypothèse, mais il concédait que cela pouvait être : qu'il y avait seulement *une seconde hypothèse* pour expliquer le même phénomène; que peut-être la chose pouvait se comporter encore autrement. *La pluralité* des hypothèses suffit encore en notre temps, par exemple à propos de l'origine des scrupules de conscience, pour ôter de l'âme cette ombre qui naît si facilement des raffinements sur une hypothèse unique, seule visible et par là cent fois trop prisée. — Qui souhaite donc de répandre la consolation à des infortunés, à des criminels, à des hypocondres, à des mourants, n'a qu'à se souvenir des deux artifices calmants d'Épicure, qui peuvent s'appliquer à beaucoup de problèmes. Sous leur forme la plus simple, ils s'exprimeraient à peu près en ces termes : premièrement, supposé qu'il en soit ainsi, cela ne nous importe en rien ; deuxièmement : il peut en être ainsi, mais il peut aussi en être autrement.

8.

Dans la nuit. — Dès que la nuit commence à tomber, notre impression sur les objets familiers se transforme. Il y a le vent, qui rôde comme par des chemins interdits, chuchotant, comme s'il cherchait quelque chose, fâché de ne pas le trouver. Il y a la lueur des lampes, avec ses troubles rayons rougeâtres, sa clarté lasse, luttant à contre-cœur contre la nuit, esclave impatiente de l'homme qui veille. Il y a la respiration du dormeur, son rythme inquiétant, sur lequel un souci toujours renaissant semble sonner une mélodie, — nous ne l'entendons pas, mais quand la poitrine du dormeur se soulève, nous nous sentons le cœur serré, et quand le souffle diminue, presque expirant dans un silence de mort, nous nous disons : « Repose un peu, pauvre esprit tourmenté! » Nous souhaitons à tout vivant, puisqu'il vit dans une telle oppression, un repos éternel; la nuit invite à la mort. — Si les hommes se passaient du soleil et menaient avec le clair de lune et l'huile le combat contre la nuit, quelle philosophie les envelopperait de ses voiles! On n'observe déjà que trop dans l'être intellectuel et moral de l'homme, combien, par cette moitié de ténèbres et d'absence du soleil qui vient voiler la vie, il est en somme rendu sombre.

9.

Où A PRIS NAISSANCE LA THÉORIE DU LIBRE ARBITRE. — Sur l'un, *la nécessité* plane sous la forme de ses passions, sur l'autre, l'habitude c'est d'écouter et d'obéir, sur le troisième la conscience logique, sur le quatrième le caprice et le plaisir fantasque à sauter les pages. Mais tous les quatre cherchent précisément leur *libre* arbitre là où chacun est le plus solidement enchaîné : c'est comme si le ver à soie mettait son libre arbitre à filer. D'où cela vient-il? Évidemment de ce que chacun se tient le plus pour libre là où son *sentiment de vivre* est le plus fort, partant, comme j'ai dit, tantôt dans la passion, tantôt dans le devoir, tantôt dans la recherche scientifique, tantôt dans la fantaisie. Ce par quoi l'individu est fort, ce dans quoi il se sent animé de vie, il croit involontairement que cela doit être aussi l'élément de sa liberté : il met ensemble la dépendance et la torpeur, l'indépendance et le sentiment de vivre comme des couples inséparables. — En ce cas, une expérience que l'homme a faite sur le terrain politique et social est transportée à tort sur le terrain métaphysique transcendant : c'est là que l'homme fort est aussi l'homme libre, c'est là que le sentiment vivace de joie et de souffrance, la hauteur des espérances, la hardiesse du désir, la puissance de la haine sont l'apanage du souverain et de l'indépendant, tandis que le sujet, l'esclave, vit, opprimé et stupide. — La théorie du libre arbitre est une invention des classes *dirigeantes*.

10.

NE PAS SENTIR DE NOUVELLES CHAINES. — Tant que nous ne nous *sentons* pas dépendre de quelque chose, nous nous tenons pour indépendants : conclusion erronée qui montre quel est l'orgueil et la soif de domination de l'homme. Car il admet ici qu'en toutes circonstances il doit remarquer et reconnaître sa dépendance, aussitôt qu'il la subit, par suite de l'idée préconçue qu'*à l'ordinaire* il vit dans l'indépendance et que, s'il vient à la perdre exceptionnellement, il sentira sur-le-champ un contraste d'impression. — Mais quoi? si c'était le contraire qui fût vrai : qu'il vécût *toujours* dans une multiple dépendance, mais qu'il *se tînt* pour *libre* là où, par une longue accoutumance, il ne sent plus la pression des chaînes? Seules les chaînes *nouvelles* le font souffrir encore : — « Libre arbitre » ne veut dire proprement autre chose que le fait de ne pas sentir de nouvelles chaînes.

II.

LE LIBRE ARBITRE ET L'ISOLATION DES FAITS. — L'observation inexacte qui nous est habituelle prend un groupe de phénomènes pour une unité et l'appelle un fait : entre lui et un autre fait, elle se représente un espace vide, elle *isole* chaque fait. Mais en réalité l'ensemble de notre activité et de notre connaissance n'est pas une série de faits et d'espaces intermédiaires vides, c'est un courant continu. Seulement la croyance au libre arbitre est justement incompatible avec la conception d'un courant continu, homogène, indivis, indivisible : elle suppose que *toute action particulière est isolée et indivisible;* elle est une *atomistique* dans le domaine du vouloir et du savoir. — Tout de même que nous comprenons inexactement les caractères, nous en faisons autant des faits : nous parlons de caractères identiques, de faits identiques : *il n'existe ni l'un ni l'autre.* Mais enfin nous ne donnons d'éloge et de blâme que sous l'action de cette idée fausse qu'il y a des faits *identiques,* qu'il existe un ordre gradué de *genres,* de faits, lequel répond à un ordre gradué de valeur : ainsi nous *isolons* non seulement le fait particulier, mais aussi à leur tour les groupes de soi-disant faits identiques (actes de bonté, de méchanceté, de pitié, d'envie, etc.) — les uns et les autres par erreur. — Le mot et l'idée sont la cause la plus visible qui nous fait croire à cette isolation de groupes d'actions : nous ne nous en servons pas seulement pour *désigner* les choses, nous croyons originairement que par eux nous en saisissons *l'essence*. Les mots et les idées nous mènent maintenant encore à nous représenter constamment les choses comme plus simples qu'elles ne sont, séparées les unes des autres, indivisibles, ayant chacune une existence en soi et pour soi. Il y a, cachée dans le *langage*, une mythologie philosophique qui à chaque instant reparaît, quelques précautions qu'on prenne. La croyance au libre arbitre, c'est-à-dire la croyance aux faits *identiques* et aux faits *isolés*, — possède dans le langage un apôtre et un représentant perpétuel.

12.

Les erreurs fondamentales. — Pour que l'homme ressente un plaisir ou un déplaisir moral quelconque, il faut qu'il soit dominé par une de ces deux illusions : *ou bien* il croit à l'*identité* de certains faits, de certains sentiments : alors il a, par la comparaison d'états actuels avec des états antérieurs et par l'identification ou la différenciation de ces états (telle qu'elle a lieu dans tout souvenir) un plaisir ou un déplaisir moral ; *ou bien* il croit au *libre arbitre*, par exemple quand il pense : « Je n'aurais pas dû faire cela », « cela aurait pu finir autrement », et par là prend également du plaisir ou du déplaisir. Sans les erreurs qui agissent dans tout plaisir ou déplaisir moral, jamais il ne se serait produit une humanité — dont le sentiment fondamental est et restera que l'homme est l'être libre dans le monde de la nécessité, l'éternel *faiseur de miracles*, qu'il fasse le bien ou le mal, l'étonnante exception, le sur-animal, le quasi-Dieu, le sens de la création, celui qu'on ne peut supprimer par la pensée, le mot de l'énigme cosmique, le grand dominateur de la nature et son grand contempteur, l'être qui nomme *son* histoire l'*histoire universelle ! — Vanitas vanitatum homo*.

13.

DIRE DEUX FOIS LES CHOSES. — Il est bon d'exprimer tout de suite une chose doublement et de lui donner un pied droit et un pied gauche. La vérité peut, il est vrai, se tenir sur un pied ; mais sur deux elle marchera et fera son chemin.

14.

L'HOMME COMÉDIEN DU MONDE. — Il faudrait des êtres plus spirituels que n'est l'homme, rien que pour goûter à fond l'humour qui réside en ce que l'homme se regarde comme la fin de tout l'univers, et que l'humanité déclare sérieusement ne pas se contenter de moins que de la perspective d'une mission universelle. Si un Dieu a créé le monde, il a créé l'homme pour être *le singe de Dieu*, comme un perpétuel sujet de gaîté dans ses éternités un peu trop longues. L'harmonie des sphères autour de la terre pourrait alors être les éclats de rire de tout le reste des créatures qui entourent l'homme. La *douleur* sert à cet immortel ennuyé à chatouiller son animal favori, pour prendre son plaisir à ses attitudes fièrement tragiques et aux explications de ses propres souffrances, surtout à l'invention intellectuelle de la plus vaine des créatures — étant l'inventeur de cet inventeur. Car celui qui imagina l'homme pour en rire avait plus d'esprit que lui, et aussi plus de plaisir à l'esprit. — Ici même où notre humanité veut enfin s'humilier volontairement, la vanité nous joue encore un tour, en nous faisant penser que nous autres hommes serions du moins *dans cette vanité* quelque chose d'incomparable et de miraculeux. Nous, uniques dans le monde! ah! c'est chose par trop invraisemblable! les astronomes, qui voient parfois réellement un horizon éloigné de la terre, donnent à entendre que la goutte de *vie* dans le monde est sans importance pour le caractère total de l'immense océan du devenir et du périr, que des astres dont on ne sait pas le compte présentent des conditions analogues à celles de la terre pour la production de la vie, qu'ils sont donc très nombreux, — mais à la vérité une poignée à peine en comparaison de ceux en nombre infini qui n'ont jamais eu la première impulsion de la vie ou s'en sont depuis longtemps remis; que la vie sur chacun de ces astres, rapportée à la durée de son existence, a été un moment, une étincelle, suivie de longs, longs laps de temps, — partant qu'elle n'est nullement le but et la fin dernière de leur existence. Peut-être la fourmi dans la forêt se figure-t-elle aussi qu'elle est le but et la fin de l'existence de la forêt, comme nous faisons lorsque, dans notre imagination, nous lions presque involontairement à la destruction de l'humanité la destruction de la terre : encore sommes-nous modestes quand nous nous en tenons là et que nous n'arrangeons pas, pour fêter les funérailles du dernier mortel, un crépuscule général du monde et des dieux. L'astronome même le plus affranchi de préjugés ne peut se représenter la terre sans vie autrement que comme la tombe illuminée et flottante de l'humanité.

15.

Modestie de l'homme. — Que peu de plaisir suffit à la plupart pour trouver la vie bonne, quelle modestie est celle de l'homme !

16.

Où l'indifférence est nécessaire. — Rien ne serait plus absurde que de vouloir attendre ce que la science établira définitivement sur les choses premières et dernières, et jusque-là de penser à la manière *traditionnelle* (et surtout de croire ainsi !) — comme on l'a souvent conseillé. La tendance à ne vouloir posséder sur ces matières *que des certitudes* absolues est une *surpousse religieuse*, rien de mieux, — une forme déguisée et sceptique en apparence seulement du « besoin métaphysique », doublée de cette arrière-pensée, que longtemps encore on n'aura pas la vue de ces certitudes dernières et que jusque-là le « croyant » est en droit de ne pas se préoccuper de tout cet ordre de faits. Nous n'avons pas du tout *besoin* de ces certitudes autour de l'extrême horizon, pour vivre une vie humaine pleine et solide : tout aussi peu que la fourmi en a besoin pour être une bonne fourmi. Il nous faut bien plutôt tirer au clair d'où provient réellement l'importance fatale que nous avons si longtemps attribuée à ces choses, et pour cela nous avons besoin de l'*histoire* des sentiments moraux et religieux. Car c'est seulement sous l'influence de ces sentiments que ces problèmes culminants de la connaissance sont devenus pour nous si graves et si redoutables : on a introduit en contrebande dans les domaines les plus extérieurs, *vers lesquels* l'œil de l'esprit se dirige encore sans pénétrer *en eux*, des concepts comme ceux de faute et de peine (et même de peine éternelle!) : et cela avec d'autant moins de scrupules que ces domaines étaient plus obscurs pour nous. On a de toute antiquité imaginé témérairement là où l'on ne pouvait rien assurer, et l'on a persuadé sa descendance d'admettre ces imaginations pour chose sérieuse et vérité, usant comme dernier atout de cette proposition exécrable : que croire vaut plus que savoir. Or maintenant, ce qui est nécessaire vis-à-vis de ces choses dernières, ce n'est pas le savoir opposé à la croyance, mais *l'indifférence à l'égard de la croyance et du prétendu savoir* en ces matières ! — Toute autre chose doit nous tenir de plus près que ce qu'on nous a jusqu'ici prêché comme le plus important : je veux dire ces questions : Quelle est la fin de l'homme ? Quelle est sa destinée après la mort? Comment se réconcilie-t-il avec Dieu ? et toutes les expressions possibles de ces *curiosa*. Aussi peu que ces questions des dogmatistes religieux, nous touchent celles des dogmatistes philosophes, qu'ils soient idéalistes ou matérialistes ou réalistes. Tous, tant qu'ils sont, s'occupent de nous pousser à une décision sur des matières où ni croyance ni savoir ne sont nécessaires; même pour le plus épris de science il est plus avantageux qu'autour de tout ce qui est objet de recherche et accessible à la raison s'étende une fallacieuse ceinture de marais nébuleux, une bande d'impénétrable, d'éternellement flux et d'indéterminable. C'est précisément par la comparaison avec le règne de l'obscur, aux confins des terres du savoir, que le monde de la science, clair et prochain, tout prochain, *croît* sans cesse en valeur. — Il nous faut de nouveau devenir bon prochain des objets prochains! et ne pas laisser, comme nous avons fait jusqu'ici, notre regard passer avec mépris au-dessus d'eux, pour se porter vers les nues et les esprits de la nuit. Dans des forêts et des cavernes, dans des terres marécageuses et sous des cieux couverts — c'est là que l'homme a trop longtemps vécu, vécu pauvrement aux divers degrés de civilisation des siècles entiers de siècles. Là il a *appris à mépriser* le présent et le prochain et la vie et lui-même — et nous, nous qui habitons les plaines plus lumineuses de la nature et de l'esprit, nous contractons encore, par héritage, en notre sang quelque chose de ce poison du mépris envers les choses prochaines.

17.

EXPLICATIONS PROFONDES. — Celui qui a donné d'un passage d'auteur une *explication plus profonde* que n'en était la conception n'a pas expliqué son auteur, il l'a *obscurci*. Telle est la situation de nos métaphysiciens à l'égard du texte de la nature ; elle est même pire encore. Car pour apporter leurs explications profondes, ils commencent souvent par y conformer le texte : c'est-à-dire qu'ils le *corrompent*. Pour donner un exemple curieux de corruption du texte et d'obscurcissement de l'auteur rapportons ici les idées de Schopenhauer sur la grossesse des femmes. « L'indice de la persistance de vouloir-vivre dans le temps, dit-il, est le coït ; l'indice de la lueur de connaissance associée à ce vouloir, qui manifeste la possibilité de la délivrance, et cela au plus haut degré de clarté, est l'incarnation nouvelle du vouloir-vivre. Le signe de celle-ci est la grossesse, qui, par cette raison, s'avance franchement et librement, même fièrement, tandis que le coït se cache comme un criminel. » Il prétend que *toute femme*, si elle était surprise dans l'acte de génération, mourrait de honte, mais qu' « *elle met en vue sa grossesse, sans une trace de honte, même avec une sorte d'orgueil* ». Avant tout, cet état ne se laisse pas si facilement mettre en vue *plutôt* qu'il ne se met en vue lui-même, mais Schopenhauer, en ne relevant justement que la préméditation de cette mise en vue, se prépare son texte pour qu'il s'accorde à l' « explication » déjà préparée. Puis ce qu'il dit de la généralité du phénomène à expliquer n'est pas vrai : il parle de « toute femme » ; mais beaucoup, notamment les jeunes femmes, montrent souvent en cet état une pénible honte, même vis-à-vis de leurs plus proches parents ; et si des femmes d'un âge plus mûr, et de l'âge le plus mûr, surtout des femmes du bas peuple, trouvent, en effet, comme on le dit, quelque plaisir à cet état, c'est qu'elles donnent à entendre par là qu'elles sont *encore* désirées des hommes. Qu'à leur aspect le voisin et la voisine ou un étranger qui passe dise ou pense : « Est-il bien possible? ». — Cette aumône est toujours acceptée volontiers par la vanité féminine dans sa bassesse intellectuelle. Au contraire, ce seraient, à conclure des propositions de Schopenhauer, les plus fines et les plus intelligentes des femmes qui se réjouissent le plus publiquement de leur état : c'est qu'elles ont la pleine perspective de mettre au monde un enfant miraculeux par l'intelligence, dans lequel « la volonté » se « nie » une fois de plus pour le bien général ; sottes femmes ! elles auraient au contraire toute raison de cacher leur grossesse avec plus de honte encore que tout ce qu'elles cachent. — On ne peut pas dire que ces choses soient tirées de la réalité. Mais en supposant que Schopenhauer ait eu, d'une façon générale, parfaitement raison de dire que les femmes dans l'état de grossesse montrent plus de contentement d'elles-mêmes qu'elles n'en montrent d'ordinaire : il y aurait à portée de la main une explication plus proche que la sienne. On pourrait se représenter un gloussement de poule même *avant* la ponte de l'œuf, et ce gloussement voudrait dire : Voyez! voyez! je vais pondre un œuf! je vais pondre un œuf!

18.

Le Diogène moderne. — Avant de chercher

l'homme il faut avoir trouvé la lanterne. — Sera-ce nécessairement la lanterne du *cynique ?* —

19.

IMMORALISTES. — Il faut maintenant que les moralistes consentent à se laisser traiter d'immoralistes, parce qu'ils disséquent la morale. Cependant celui qui veut disséquer est forcé de tuer : mais seulement pour que l'on puisse mieux connaître et juger, et aussi vivre mieux ; non point pour que le monde entier se mette à disséquer. Malheureusement les hommes s'imaginent encore que le moraliste doit être, par tous les actes de sa vie, un modèle que ses semblables doivent imiter : ils le confondent avec le prédicateur de la morale. Les moralistes d'autrefois ne disséquaient pas assez et prêchaient trop souvent : de là vient cette confusion et cette conséquence désagréable pour les moralistes d'aujourd'hui.

20.

NE PAS CONFONDRE. — Les moralistes qui traitent des sentiments grandioses, puissants et désintéressés, par exemple chez les héros de Plutarque, ou bien de l'état d'âme pur, illuminé, ardent chez les êtres vraiment bons, comme on traiterait un sévère problème de la connaissance et qui rechercheraient l'origine de ces sentiments et de ces états d'âme, en montrant ce qu'il y a de compliqué dans une apparente simplicité, en envisageant l'enchevêtrement des motifs, à quoi se mêle le fil ténu des illusions idéales et des sensations individuelles et collectives transmises de loin et lentement renforcées, — ces moralistes *diffèrent* le plus de ceux avec qui on les *confond* le plus souvent : les esprits mesquins qui ne croient pas du tout à ces sentiments et à ces états d'âme et qui pensent cacher leur propre misère derrière l'éclat de la grandeur et de la pureté. Les moralistes disent : « il y a là des problèmes », et les gens mesquins disent : « il y a là des imposteurs et des duperies » : ils *nient* donc tout simplement l'existence de ce que ceux-là s'appliquent à *expliquer*.

21.

L'HOMME, CELUI QUI MESURE. — Peut-être pourrait-on ramener toute l'origine de la moralité des hommes à l'énorme agitation intérieure qui saisit l'humanité primitive lorsqu'elle découvrit la mesure et l'évaluation, la balance et la pesée. (On sait que le mot « homme » signifie celui qui mesure, il a voulu se *dénommer* d'après sa plus grande découverte !) Ces notions nouvelles l'élevèrent dans des domaines que l'on ne saurait ni mesurer ni peser, qui primitivement ne semblaient pas aussi inaccessibles.

22.

PRINCIPE DE L'ÉQUILIBRE. — Le brigand et l'homme puissant qui promet à une communauté qu'il la protégera contre le brigand sont probablement tous deux des êtres semblables, avec cette seule différence que le second parvient à son avantage d'une autre façon que le premier, c'est-à-dire par des contributions régulières que la communauté lui paye et non plus par des rançons de guerre. (Le même rapport existe entre le marchand et le pirate qui peuvent être longtemps un seul et même personnage : dès que l'une des fonctions ne leur paraît pas prudente ils exercent l'autre. Au fond, maintenant encore la morale du marchand n'est qu'une morale de pirate, *plus avisée :* il s'agit d'acheter à un prix aussi bas que possible — de ne dépenser au besoin que les frais d'entreprises — et de revendre aussi cher que possible.) Le point essentiel c'est que cet homme puissant promet de faire *équilibre* au brigand ; les faibles voient en cela la possibilité de vivre. Car il faut ou bien qu'ils se groupent eux-mêmes en une puissance *équivalente,* ou bien qu'ils se soumettent à un homme qui soit à même de contrebalancer cette puissance (leur soumission consiste à rendre des services). On donne généralement l'avantage à ce procédé, parce qu'il fait en somme échec à *deux* êtres dangereux, le premier par le second et le second par le point de vue de l'avantage : car le protecteur gagne à bien traiter ceux qui lui sont assujettis, pour qu'ils puissent non seulement se nourrir eux-mêmes, mais encore nourrir leur dominateur. Il se peut d'ailleurs qu'ils soient encore traités assez durement et assez cruellement : mais en comparaison de l'*anéantissement* complet qui jadis était toujours à craindre, les hommes éprouvent un grand soulagement. — La communauté est au début l'organisation des faibles pour *faire* équilibre aux puissances menaçantes. Une organisation en vue de la *supériorité* serait préférable si l'on devenait alors assez fort pour *anéantir* la puissance adverse : et lorsqu'il s'agit d'un seul destructeur puissant, c'est certainement ce que l'on *tentera*. Mais cet ennemi est peut-être le chef d'une lignée ou bien il possède un grand nombre d'adhérents, alors la destruction rapide et définitive sera peu probable et il faudra s'attendre à de longues *hostilités* qui apporteraient à la communauté l'état le moins désirable, parce que celle-ci perdrait ainsi le temps qui lui est nécessaire pour veiller régulièrement à son entretien et qu'elle verrait sans cesse menacé le produit de son travail. C'est pourquoi la communauté préfère mettre sa puissance de défense et d'attaque exactement à la hauteur où se trouve la puissance du voisin dangereux et lui donner à entendre que, ses armes valant dès lors les siennes, il n'y a pas de raison pour ne pas être bons amis. — L'*équilibre* est donc une notion très importante pour les anciens principes de justice et de morale; l'équilibre est la base de la *justice*. Si, aux époques barbares, celle-ci dit « œil pour œil, dent pour dent », elle considère l'équilibre comme atteint et veut *conserver* cet équilibre au moyen de cette faculté de rendre la pareille : de telle sorte que, si l'un commet un délit au détriment de l'autre, l'autre ne pourra plus exercer sa vengeance avec une colère aveugle. Grâce à la *loi du talion* l'équilibre entre les puissances, qui avait été détruit, est *rétabli* : car un œil, un bras *de plus*, dans ces conditions primitives, c'est une somme de pouvoir, un poids *de plus*. — Dans l'enceinte de la communauté, où tous se considèrent comme égaux en valeur, il y a pour réprimer les délits, c'est-à-dire contre la rupture du principe de l'équilibre, la *honte* et la *punition* : la honte, un poids institué contre le transgresseur qui s'est procuré des avantages par des empiétements et à qui la honte porte des préjudices qui suppriment et *contrebalancent* les avantages antérieurs. Il en est de même de la punition : celle-ci établit contre la prédominance que s'arroge tout criminel un contre-poids beaucoup plus grand, contre le coup de force la prison, contre le vol la restitution et l'amende. C'est ainsi que l'on fait *souvenir* au malfaiteur que par son acte il s'est exclu de la communauté, renonçant aux avantages moraux de celle-ci : la communauté le traite en inégal, en faible, qui se trouve en dehors d'elle : c'est pourquoi la punition est non seulement une vengeance, c'est quelque chose de *plus*, qui possède la *dureté de l'état primitif*, car c'est cet état qu'elle veut rappeler.

23.

Les partisans de la doctrine du libre-arbitre ont-ils le droit de punir ? — Les hommes qui, par profession, jugent et punissent, cherchent à fixer dans chaque cas particulier si un criminel est responsable de son acte, s'il a *pu* se servir de sa raison, s'il a agi pour obéir à des *motifs* et non pas inconsciemment ou par contrainte. Si on le punit, c'est d'avoir préféré les mauvaises raisons aux bonnes raisons qu'il devait *connaître*. Lorsque cette connaissance fait défaut, conformément aux idées dominantes, l'homme n'est pas libre et pas responsable : à moins que son ignorance, par exemple son ignorance de la loi, ne soit la suite d'une négligence intentionnelle de sa part ; c'est donc autrefois déjà, lorsqu'il ne voulait pas apprendre ce qu'il devait, qu'il a préféré les mauvaises raisons aux bonnes et c'est maintenant qu'il pâtit des conséquences de son choix. Si, par contre, il ne s'est pas aperçu des meilleures raisons, par hébètement ou idiotie, on n'a pas l'habitude de le punir. On dit alors qu'il ne possédait pas le discernement nécessaire, qu'il a agi comme une bête. La négation intentionnelle de la meilleure raison, c'est là maintenant la condition que l'on exige pour qu'un criminel soit digne d'être puni. Mais comment quelqu'un peut-il être intentionnellement plus déraisonnable qu'il ne doit l'être? Qu'est-ce qui le décidera, lorsque les plateaux de la balance sont chargés de bons et de mauvais motifs? Ce ne sera ni l'erreur, ni l'aveuglement, ni une contrainte intérieure, ni une contrainte extérieure. (Il faut d'ailleurs considérer que ce que l'on appelle « contrainte extérieure » n'est pas autre chose que la contrainte intérieure de la crainte et de la douleur). Qu'est-ce alors? serait-on en droit de demander. La *raison* ne doit pas être la cause qui fait agir, parce qu'elle ne saurait décider contre les meilleurs motifs. — C'est ici que l'on appelle en aide le « libre arbitre » : c'est le *bon plaisir* qui doit décider et faire intervenir un moment où nul motif n'agit, où l'action s'accomplit comme un *miracle*, sortant du néant. On punit cette prétendue *discrétion* dans un cas où nul bon plaisir ne devrait régner : la raison qui connaît la loi, l'interdiction et le commandement, n'aurait pas dû laisser de choix, pense-t-on, et agir comme contrainte et puissance supérieure. Le criminel est donc puni, parce qu'il a agi sans raison, alors qu'il aurait dû agir conformément à des raisons. Mais *pourquoi* s'y est-il pris ainsi? C'est précisément cela que l'on n'a plus le droit de *demander* : ce fut une action sans « pourquoi? », sans motif, sans origine, quelque chose qui n'avait ni but ni raison. — Pourtant, conformément aux conditions de pénalité énoncées plus haut, on n'aurait pas non plus *le droit de punir une pareille action!* Aussi ne peut-on pas faire valoir cette façon de pénalité ; il en est comme si l'on n'avait *pas* fait quelque chose, comme si l'on avait omis de la faire, comme si l'on n'avait *pas* fait usage de la raison : car, à tous égards, l'omission s'est faite *sans intention!* et seules sont punissables les omissions intentionnelles de ce qui est ordonné. A vrai dire, le criminel a préféré les mauvaises raisons aux bonnes, mais *sans* motif et sans intention : s'il n'a pas fait usage de sa raison, ce n'était pas précisément *pour* ne pas en faire usage. L'hypothèse que l'on fait chez le criminel qui mérite d'être puni, l'hypothèse que c'est intentionnellement qu'il a renié sa raison, est justement supprimé si l'on admet le « libre arbitre ». Vous n'avez pas le droit de punir, vous qui êtes partisans de la doctrine du « libre arbitre », vos propres principes vous le défendent! — Mais ces principes ne sont en somme pas autre chose qu'une très singulière mythologie des idées ; et la poule qui l'a couvée se trouvait loin de la réalité lorsqu'elle couvrait ses œufs.

24.

Pour juger le criminel et son juge. — Le criminel qui connaît tout l'enchaînement des circonstances ne considère pas, comme son juge et son censeur, que son acte est en dehors de l'ordre et de la compréhension : sa peine cependant lui est mesurée exactement selon le degré d'*étonnement* qui s'empare de ceux-ci, en voyant cette chose incompréhensible pour eux, l'acte du criminel. — Lorsque le défenseur d'un criminel connaît suffisamment le cas et sa genèse, les circonstances atténuantes qu'il présentera, les unes après les autres, finiront nécessairement par effacer toute la faute. Ou, pour l'exprimer plus exactement encore : le défenseur *atténuera* degré par degré cet *étonnement* qui veut condamner et attribuer la peine, il finira même par le supprimer complètement, en forçant tous les auditeurs honnêtes à s'avouer dans leur for intérieur : « Il lui fallut agir de la façon dont il a agi ; en punissant, nous punirions l'éternelle fatalité. » — Mesurer le degré de la peine selon le *degré de la connaissance* que l'on a ou *peut avoir* de l'histoire d'un crime, — n'est-ce pas contraire à toute équité ?

25.

L'échange et l'équité. — Un échange ne pourrait se faire d'une façon honnête et conforme au droit que si chacune des deux parties ne demandait que ce qui lui semble être la valeur de son objet, en estimant la peine de l'acquérir, la rareté, le temps employé, etc., sans oublier la valeur morale que l'on y attache. Dès qu'elle fixe le prix *par rapport au besoin de l'autre*, cela devient une façon plus subtile de brigandage et d'exaction. — Si l'objet de l'échange est de l'argent, il faut considérer qu'un *thaler* dans la main d'un riche héritier ou d'un manœuvre, d'un négociant ou d'un étudiant change complètement de valeur : chacun pourra en recevoir plus ou moins, selon qu'il aura fourni un travail plus ou moins grand pour l'acquérir, — c'est ainsi que ce serait équitable : mais, dans la réalité, on ne l'ignore pas, c'est absolument le contraire. Dans le monde de la haute finance, le *thaler* d'un riche paresseux rapporte plus que celui du pauvre et du laborieux.

26.

LES CONDITIONS LÉGALES COMME MOYENS. — Le droit, reposant sur des traités entre égaux, persiste tant que la puissance de ceux qui se sont entendus demeure constante; la raison a créé le droit pour mettre fin aux hostilités et aux *inutiles* dissipations entre forces égales. Mais cette raison de convenance cesse tout aussi définitivement quand l'un des deux partis est *devenu* sensiblement *plus faible* que l'autre : alors la soumission remplace le droit qui *cesse d'exister*, mais le succès est le même que celui que l'on atteignait jusqu'ici par le droit. Car, dès lors, c'est la *raison* de celui qui l'emporte qui conseille de *ménager* la force de l'assujetti et de ne pas la gaspiller inutilement : et souvent la condition de l'assujetti est plus favorable que celle où se trouvait l'égal. — Les conditions légales sont donc des *moyens* passagers que conseille la raison, ce ne sont pas des buts. —

27.

EXPLICATION DE LA JOIE MALIGNE. — La joie maligne que l'on éprouve en face du mal d'autrui provient du fait que chacun se sent mal en point sous bien des rapports, qu'il a, lui aussi, ses soucis, ses remords, ses douleurs et qu'il ne les ignore pas : le dommage qui touche l'autre fait de lui son *égal*, il réconcilie sa jalousie. — S'il a des raisons momentanées pour être heureux lui-même, il n'en accumule pas moins les malheurs du prochain, comme un capital dans sa mémoire, pour le faire valoir dès que sur lui aussi le malheur se met à fondre : c'est là également une façon d'avoir une « joie maligne » (« *Schadenfreude* »). Le sentiment de l'égalité veut donc appliquer sa mesure au domaine du bonheur et du hasard : la joie maligne est l'expression la plus vulgaire par quoi se manifestent la victoire et le rétablissement de l'égalité, même dans le domaine du monde supérieur. Ce n'est qu'à partir du moment où l'homme a appris à voir, dans les autres hommes, ses égaux, donc seulement depuis la fondation de la société, qu'existe la joie maligne.

28.

CE QU'IL Y A D'ARBITRAIRE DANS L'ATTRIBUTION DU

CHATIMENT. — Chez la plupart des criminels, les punitions viennent comme les enfants viennent aux femmes. Ils ont fait dix et cent fois la même chose sans en ressentir de suites fâcheuses : mais soudain ils sont découverts et le châtiment suit de près. L'habitude devrait pourtant faire paraître excusable la faute pour laquelle on punit le coupable; c'est un penchant formé peu à peu et il est difficile de lui résister. Au lieu de cela, lorsque l'on soupçonne le crime par habitude, le malfaiteur est puni plus sévèrement, l'habitude est donnée comme raison pour rejeter toute atténuation. Au contraire : une existence modèle qui fait ressortir le délit avec d'autant plus d'horreur, devrait augmenter le degré de culpabilité ! Mais pas du tout, elle atténue la peine. Ce n'est donc pas au crime que l'on applique les mesures, mais on évalue toujours le dommage causé à la société et le danger couru par celle-ci : l'utilité passée d'un homme lui est comptée parce qu'il ne s'est rendu nuisible qu'une seule fois, mais si l'on découvre dans son passé d'autres actes d'un caractère nuisible, on les additionne à l'acte présent pour infliger une peine d'autant plus grande. Mais si l'on punit, on récompense de la sorte le passé d'un homme (la punition minime n'est dans ce cas qu'une récompense), on devrait retourner encore plus loin en arrière et punir et récompenser ce qui fut la cause d'un pareil passé, je veux dire les parents, les éducateurs, la société elle-même, etc. : on trouvera alors que, dans beaucoup de cas, le *juge* participe, d'une façon ou d'une autre, à la culpabilité. Il est arbitraire de s'arrêter au criminel lorsque l'on punit le passé : on devrait s'en tenir à chaque cas particulier, lorsque l'on ne veut pas admettre que toute faute est absolument excusable, et ne point regarder en arrière : il s'agirait donc d'*isoler* la faute et de ne la rattacher en aucune façon à ce qui l'a précédée, — autrement ce serait pécher contre la logique. Tirez plutôt, vous qui êtes partisans du libre arbitre, la conclusion qui découle nécessairement de votre doctrine et décrétez bravement : « *nul acte n'a un passé* ».

29.

La jalousie et sa sœur plus noble. — Dès que l'égalité est véritablement reconnue et fondée d'une façon durable, naît un penchant qui passe en somme pour immoral et qui, à l'état primitif, serait à peine imaginable : *la jalousie*. L'envieux se rend compte de toute prééminence de son prochain au-dessus de la mesure commune et il veut l'y ramener — ou encore s'élever, lui, jusque-là : d'où il résulte deux façons d'agir différentes, qu'Hésiode a désignées du nom de bonne et de mauvaise Eris. De même, dans l'état d'égalité, naît l'indignation de voir qu'une personne qui se trouve à un niveau d'égalité différent a du malheur *moins* qu'elle n'en mériterait, tandis qu'une autre personne a du bonheur *plus* qu'elle n'est digne d'en avoir : ce sont là des émotions particulières aux natures *plus nobles*. Celles-ci cherchent en vain la justice et l'équité dans les choses qui sont indépendantes de la volonté des hommes : c'est-à-dire qu'elles exigent que cette égalité reconnue par l'homme soit aussi reconnue par la nature et le hasard, elles s'indignent que les égaux n'aient pas le même sort.

30.

JALOUSIE DES DIEUX. — La « jalousie des dieux » naît lorsque quelqu'un qui est estimé inférieur se met en parité avec quelqu'un de supérieur (tel Ajax), ou, lorsque par une faveur du destin cette mise en parité se fait d'elle-même (Niobé, mère trop heureuse). Dans l'ordre *social*, cette jalousie exige que personne n'ait de mérite *au-dessus* de sa situation, aussi que le bonheur soit conforme à celle-ci, et encore que la conscience de soi ne sorte pas des limites tracées par la condition. Souvent le général victorieux subit la « jalousie des dieux », et aussi le disciple lorsqu'il a créé une œuvre de maître.

31.

LA VANITÉ COMME SURPOUSSE D'UN ÉTAT ANTISOCIAL. — Les hommes ayant décrété qu'ils sont tous égaux, pour des raisons de sûreté personnelle, en vue de former une communauté, mais cette conception étant en somme contraire à la nature de chacun et apparaissant comme quelque chose de forcé, plus la sécurité générale est garantie, plus de nouvelles pousses du vieil instinct de prépondérance commencent à se montrer : dans la délimitation des castes, dans les prétentions aux dignités et aux avantages professionnels, et en général dans les affaires de vanité (manières, costume, langage, etc.) Mais, dès que l'on commence à prévoir quelque danger pour la communauté, le grand nombre qui n'a pas pu faire valoir sa prépondérance dans les périodes de tranquillité publique provoque de nouveau l'état d'égalité : les absurdes privilèges et vanités disparaissent pour quelque temps. Si cependant la communauté sociale s'effondre complètement, si l'anarchie devient universelle, l'état naturel éclatera de nouveau, l'inégalité insouciante et absolue, comme ce fut le cas dans l'île de Corcyre, d'après le rapport de Thucydide. Il n'y a ni justice naturelle ni injustice naturelle.

32.

L'ÉQUITÉ. — L'équité est un développement de la justice qui naît parmi ceux qui ne pèchent pas contre l'égalité dans la commune : on l'applique à des cas où la loi ne prescrit rien, où intervient le sens subtil de l'équilibre qui prend en considération le passé et l'avenir et qui a pour maxime « ne fais pas aux autres ce que tu ne veux pas qu'on te fasse ». *Aequum* veut dire précisément : « *c'est conforme à notre égalité*; l'équité aplanit nos petites différences pour rétablir l'apparence d'égalité, et veut que nous nous pardonnions bien des choses que nous ne serions pas *forcés* de nous pardonner ».

33.

ÉLÉMENTS DE LA VENGEANCE. — Le mot « vengeance » (*Rache*) est vite prononcé : il semble presque qu'il ne pourrait pas contenir plus qu'une seule racine d'idée et de sentiment. On s'applique

donc toujours à trouver celle-ci, tout comme nos économistes ne se sont pas encore fatigués de flairer dans le mot « valeur » une pareille unité et de rechercher la racine fondamentale de l'idée de valeur. Comme si tous les mots n'étaient pas des poches où l'on a fourré tantôt ceci, tantôt cela, tantôt plusieurs choses à la fois. La « vengeance » est donc aussi tantôt ceci, tantôt cela, tantôt quelque chose de plus compliqué. Qu'on tâche donc de distinguer ce recul défensif que l'on effectue presque involontairement, comme si l'on était en face d'une machine en mouvement, même en face d'objets inanimés qui nous ont blessés : le sens qu'il faut prêter à ce mouvement contraire, c'est de faire cesser le danger en arrêtant la machine. Pour arriver à ce but, il faut parfois que la riposte soit si violente qu'elle détruit la machine; mais quand celle-ci est trop solide pour pouvoir être détruite d'un seul coup, par un individu, celui-ci emploiera toute la force dont il est capable, pour asséner un coup vigoureux, — comme si c'était là une tentative suprême. On se comporte de même vis-à-vis des personnes qui vous blessent, sous l'empire immédiat du dommage causé. Que l'on veuille appeler cela un acte de vengeance, fort bien ; mais il ne faut pas oublier que c'est seulement l'*instinct de conservation* qui a mis en mouvement le rouage de sa raison, et qu'au fond l'on ne songe pas à celui qui cause le dommage, mais seulement à soi-même : nous agissons ainsi, *non pas* pour nuire de notre côté, mais seulement pour nous *en tirer* la vie sauve.
— On use *du temps* pour passer, en imagination,

de soi-même à son adversaire et pour se demander de quelle façon on pourra le toucher à l'endroit sensible. C'est le cas dans la seconde façon de vengeance : il faut envisager comme condition première la réflexion que l'on fait au sujet de la vulnérabilité et la faculté de souffrance de l'autre ; alors seulement on veut faire mal. Par contre celui qui se venge ne songe pas encore à se garantir d'un dommage futur, au point qu'il s'attire presque régulièrement un nouveau dommage, qu'il prévoit d'ailleurs souvent avec beaucoup de sang-froid. Si, à la première espèce de vengeance, c'était la peur du second coup qui rendait la riposte aussi vigoureuse que possible, nous sommes par contre maintenant en face d'une complète indifférence à l'égard de ce que l'adversaire *fera* encore; la force de la riposte n'est déterminée que par ce que l'adversaire nous a *déjà* fait. Qu'a-t-il donc fait ? Et que nous importe qu'il souffre maintenant après que nous avons souffert par lui? Il s'agit d'une *réparation :* andis que l'acte de vengeance de la première espèce ne servait qu'à la *conservation de soi.* Peut-être notre adversaire nous a-t-il fait perdre notre fortune, notre rang, nos amis, nos enfants, — la vengeance ne rachète pas ces pertes, la réparation ne se rapporte qu'à une *perte accessoire* qui s'ajoute à toutes les pertes mentionnées. La vengeance de la réparation ne garde pas des dommages futurs, elle ne répare pas le dommage éprouvé, — sauf dans un seul cas. Lorsque notre *honneur* a souffert par les atteintes de l'adversaire, la vengeance est à même de le *rétablir.* Mais ce préjudice lui a été porté de toute façon, lorsque l'on nous a fait du mal intentionnellement : car l'adversaire a prouvé par là qu'il ne nous *craignait* point. Notre vengeance démontre que, nous aussi, nous ne le craignons point : c'est en cela qu'il y a compensation et réparation. (L'intention d'afficher l'absence complète de *crainte* va si loin, chez certaines personnes, que le danger que la vengeance pourrait leur faire courir à elles-mêmes — perte de la santé ou de la vie, ou autres dommages — est considéré par elles comme une condition essentielle de la vengeance. C'est pourquoi elles suivent le chemin du duel, bien que les tribunaux leur prêtent leur concours pour obtenir satisfaction de l'offense : cependant elles ne considèrent pas comme suffisante une réparation de leur honneur où il n'y aurait pas un danger, parce qu'une réparation sans danger ne saurait prouver qu'elles sont dépourvues de crainte.) — Dans la première espèce de vengeance c'est précisément la crainte qui effectue la riposte : ici, par contre, c'est l'absence de crainte qui veut *s'affirmer* par la riposte. — Rien ne semble donc plus différent que la motivation intime des deux façons d'agir désignées par le même terme de « vengeance » : et, malgré cela, il arrive très souvent que celui qui exerce la vengeance ne se rende pas exactement compte de ce qui l'a, en somme, poussé à l'action ; peut-être est-ce par crainte et par instinct de conservation qu'il a riposté, mais après coup, ayant le temps de réfléchir au point de vue de l'honneur blessé, il s'est persuadé à lui-même que c'est à cause de son honneur qu'il s'est vengé. — Ce motif est en tous les cas plus noble que le premier. Il y a encore un autre point de vue qui est important, c'est de savoir s'il considère son honneur comme endommagé aux yeux des autres (du monde) ou seulement aux yeux de l'offenseur : dans ce dernier cas il préférera la vengeance secrète, dans le premier la vengeance publique. Selon qu'en imagination il se verra fort ou faible, dans l'âme du délinquant et des spectateurs, sa vengeance sera plus exaspérée ou plus douce ; si ce genre d'imagination lui manque complètement il ne songera pas du tout à la vengeance, car alors il ne possédera pas le sentiment de l'honneur, et on ne saurait, par conséquent, offenser chez lui le sentiment. De même il ne songera pas à la vengeance, lorsqu'il *méprise* l'offenseur et le spectateur de l'offense : car, attendu qu'il les méprise, ceux-ci ne sauraient lui donner de l'honneur et, par conséquent, ne sauraient lui en prendre. Enfin, il renoncera encore à la vengeance, dans le cas, point extraordinaire, où il aimerait celui qui l'offense : peut-être aux yeux de celui-ci cette renonciation porte-t-elle préjudice à son honneur et il se rendra ainsi moins digne de l'affection en retour. Mais, renoncer à l'amour en retour, c'est là aussi un sacrifice que l'amour est prêt à porter, à condition qu'il ne soit pas *forcé de faire mal* à l'objet de son affection : ce serait là se faire mal à soi-même plus encore que ne lui fait mal ce sacrifice. Donc chacun se vengera, à moins qu'il ne soit dépourvu d'honneur, ou plein de mépris ou d'amour pour l'offenseur qui lui cause le dommage. Lorsqu'il s'adresse aux tri-

bunaux, il veut aussi la vengeance en tant que particulier : mais, *de plus*, en tant que membre de la société qui raisonne et qui prévoit, il voudra la vengeance de la société sur quelqu'un qui ne la vénère pas. Ainsi, par la punition juridique, tant la doctrine privée que la doctrine sociale, sont *rétablies* : c'est-à-dire... la punition est une vengeance.
— Il y a certainement aussi dans la punition cet autre élément de la haine décrit plus haut, en ce sens que, par la punition, la société sert à la *conservation de soi* et effectue la riposte pour sa légitime défense. La punition veut préserver d'un dommage *futur*, elle veut intimider. Donc, en réalité, dans la punition, les deux éléments si différents de la haine sont *associés*, et c'est peut-être ce qui contribue le plus à entretenir cette confusion d'idées grâce à quoi l'individu qui se venge ne *sait* généralement pas ce qu'il *veut*.

34.

LES VERTUS DU PRÉJUDICE. — En tant que membres de certains groupements sociaux, nous croyons ne pas avoir le droit d'exercer certaines vertus qui, en tant que particuliers, nous font le plus grand honneur et un plaisir sensible, par exemple la grâce et l'indulgence contre les égarés de toute espèce, — et, en général, toute façon d'agir où l'avantage de la société souffrirait par notre vertu. Aucun collège de juges n'a le droit de faire grâce devant sa conscience : c'est au souverain seul, *en tant qu'individu*, que l'on a réservé cette prérogative, et l'on se réjouit lorsqu'il en fait usage, pour bien prouver que l'on aimerait bien faire grâce, mais non point en tant que société. La société ne reconnaît donc que les vertus qui lui sont avantageuses ou qui du moins ne lui portent pas préjudice (celles qui peuvent être exercées sans dommage ou même en portant des intérêts, par exemple la justice). Ces vertus du préjudice ne peuvent donc pas être nées dans la *société*, vu que, maintenant encore, dans le sein de la moindre agglomération sociale qui se constitue, l'opposition s'élève contre elle. Ce sont donc là des vertus qui ont cours parmi les hommes qui ne sont pas égaux, des vertus inventées par l'individu qui se sent supérieur, des vertus propres au *dominateur* avec cette arrière-pensée : « Je suis assez puissant pour accepter un préjudice visible, c'est là une preuve de ma puissance. » — Par conséquent, une vertu voisine de la fierté.

35.

Casuistique de l'avantage. — Il n'y aurait pas de casuistique de la morale s'il n'y avait pas de casuistique de l'avantage. La raison la plus indépendante et la plus sagace ne suffit souvent pas pour choisir entre deux choses de façon à ce que le plus grand avantage ressorte du choix. Dans de pareils cas on choisit parce qu'il faut choisir, et l'on est pris après coup d'une espèce de mal de mer du sentiment.

36.

Devenir hypocrite. — Tous les mendiants deviennent des hypocrites comme tous ceux qui font leur profession d'une pénurie et d'une détresse (que ce soit une détresse personnelle ou une détresse publique). — Le mendiant est loin d'éprouver sa détresse avec autant d'intensité qu'il est obligé de la *faire* éprouver s'il veut vivre de mendicité.

37.

UNE ESPÈCE DE CULTE DES PASSIONS. — Vous autres obscurantistes et sournois philosophiques, vous parlez, pour accuser la conformation de tout l'édifice du monde, du *caractère redoutable* des passions humaines. Comme si partout où il y a eu passion il y avait aussi terreur ! Comme si toujours en ce bas monde devait exister cette espèce de terreur ! — Par négligence dans les petites choses, par défaut d'observation de soi et d'observation de ceux qui doivent être éduqués, vous avez vous-même laissé grandir la passion jusqu'à ce qu'elle devienne un pareil monstre, au point que vous êtes déjà pris de crainte rien qu'à entendre prononcer le mot de passion ! Cela dépend de vous et cela dépend de nous d'*enlever* aux passions leur caractère redoutable, et de faire en sorte qu'on les empêche de devenir des torrents dévastateurs. — Il ne faut pas enfler sa méprise jusqu'à en faire la fatalité éternelle ; nous voulons, au contraire, travailler loyalement à la tâche de transformer en joies toutes les passions des hommes.

38.

Le remords. — Le remords est, comme la morsure d'un chien sur une pierre, une bêtise.

39.

Origine des privilèges. — Les privilèges remontent généralement à un *usage*, l'usage à une *convention* momentanément établie. Il vous arrive une fois ou l'autre d'être satisfait, des deux parts, des conséquences qui résultent d'une convention intervenue, et d'être aussi trop paresseux pour renouveller formellement cette convention ; on continue ainsi à vivre comme si celle-ci avait toujours été renouvelée, et peu à peu, lorsque l'oubli a jeté son voile sur l'origine, on croit posséder un édifice sacré et inébranlable, sur quoi chaque génération continue *forcément* à bâtir. L'usage est alors devenu une *contrainte*, lors même qu'il n'aurait plus l'utilité que l'on envisageait primitivement au moment où fut établie la convention. — Les *faibles* ont trouvé là de tous les temps leur solide rempart : ils penchent à *éterniser* la convention acceptée une fois, la grâce qu'on leur a faite.

40.

La signification de l'oubli dans le sentiment moral. — Les mêmes actions, inspirées d'abord dans la société primitive par *l'utilité* générale, ont été attribuées plus tard, par d'autres générations, à d'autres motifs : parce que l'on craignait et vénérait ceux qui exigeaient et recommandaient ces actes, ou par habitude parce que, dès son enfance, on les avait vu faire autour de soi, ou encore par bienveillance, parce que leur exercice amenait partout la joie et des visages approbateurs, ou enfin par vanité parce qu'ils étaient loués pour cela. De pareilles actions dont on a *oublié* le motif fondamental, celui de l'utilité, sont alors appelées morales : non peut-être parce qu'elles ont été faites par ces motifs *différents*, mais parce qu'elles n'ont *pas* été faites pour des raisons d'une utilité consciente. — D'où vient cette *haine* de l'utilité qui devient ici visible, alors que toute action louable, exclut littéralement de toute action en vue de l'utilité ? — Il est évident que la société, foyer de toute morale et de toutes les louanges en faveur des actes moraux, a eu à lutter trop longuement et trop durement avec l'intérêt particulier et l'entêtement de l'individu pour ne pas finir par considérer comme supérieur au point de vue moral, tout autre motif que l'utilité. C'est ainsi que naît l'apparence qui fait croire que la morale n'est pas sortie de l'utilité : alors qu'en réalité elle n'est pas autre chose au début que l'utilité publique qui a eu grand'peine à se faire valoir et à se faire prendre en considération contre toutes les utilités privées.

41.

La richesse morale par succession. — Il y a aussi une richesse par succession sur le domaine moral : elle est possédée par les gens doux, charitables, bienveillants, compatissants qui ont hérité de leurs ancêtres tous les bons *procédés*, mais non point la raison (qui en est la source). L'agrément de cette richesse, c'est qu'il faut la prodiguer sans cesse, si l'on veut en faire éprouver les bienfaits, et qu'elle travaille ainsi involontairement à réduire les distances entre la richesse et la pauvreté morales : ce qu'il y a de plus singulier et de plus excellent, c'est que ce rapprochement ne se fait point en faveur d'une moyenne future entre pauvre et riche, mais en faveur d'une richesse et d'une abondance *universelles*. — C'est de cette façon que l'on peut résumer à peu près l'opinion courante sur la richesse morale par succession. Mais il me semble que cette opinion est maintenue plutôt *in majorem gloriam* de la moralité qu'à l'honneur de la vérité. L'expérience du moins établit un axiome qui, s'il n'est pas une réfutation de cette généralité, peut du moins être considéré comme une restriction significative. Sans une raison choisie, dit l'expérience, sans la faculté du choix le plus subtil et une *forte disposition à la mesure*, ceux qui possèdent une richesse morale par succession deviennent des gaspilleurs de la moralité : en s'abandonnant sans retenue à leurs instincts de pitié, de charité, de bienveillance et de conciliation ils rendent tout le monde autour d'eux plus négligent, plus exigeant et plus sentimental. C'est pourquoi les enfants de pareils gaspilleurs très moraux sont facilement — et malheureusement au meilleur cas — des propres à rien, faibles et agréables.

42.

LE JUGE ET LES CIRCONSTANCES ATTÉNUANTES. —
« Il faut aussi être honnête envers le diable et

payer ses dettes », se prit à dire un vieux soldat lorsqu'on lui eut raconté un peu en détails l'histoire de Faust. « Faust doit aller en enfer ! » — « Vous êtes terribles, vous autres hommes ! s'écria sa femme. Comment est-ce possible ? Il n'a pas fait autre chose que de manquer d'encre dans son encrier ! Certainement c'est un péché que d'écrire avec du sang, mais ce n'est pas assez pour condamner un aussi bel homme à subir les tortures de l'enfer ! »

43.

PROBLÈME DU DEVOIR DE LA VÉRITÉ. — Le devoir est un sentiment impérieux qui pousse à l'action, un sentiment que nous appelons bon et que nous considérons comme indiscutable (— nous ne parlons pas et il ne nous plaît pas que l'on parle de ses origines, de ses limites et de sa justification). Mais le penseur considère toute chose comme le résultat d'une évolution et tout ce qui est « devenu » comme discutable ; il est, par conséquent, l'homme sans devoir — tant qu'il n'est que penseur. Comme tel il n'accepterait donc pas non plus le devoir de considérer et de dire la vérité et il n'éprouverait pas ce sentiment; il se demanderait : d'où vient-elle? où va-t-elle? — mais ces questions elles-mêmes sont considérées par lui comme problématiques. Or n'en résulterait-il pas que la machine du penseur ne fonctionnerait plus bien, s'il pouvait vraiment se considérer comme *irresponsable*, dans la recherche de la connaissance ? En ce sens on pourrait dire que, pour *alimenter* la machine, il est besoin du même élément qui doit être examiné au moyen de celle-ci. — La formule pourrait peut-être se résumer ainsi : en admettant qu'il existe un devoir de reconnaître la vérité, quelle est alors la vérité par rapport à toute autre espèce de devoir? — Mais un sentiment hypothétique du devoir n'est-il pas un non-sens? —

44.

Degrés de la morale. — La morale est d'abord un moyen pour conserver la communauté, d'une façon générale, et pour la préserver de sa perte ; elle est, en second lieu, un moyen pour conserver la communauté à un certain niveau et pour lui garder certaines qualités. Les motifs de conservation sont la *crainte* et l'*espoir*, des motifs d'autant plus puissants et d'autant plus grossiers que le penchant vers les choses fausses, exclusives et personnelles est encore très vif. Il faut se servir ici des moyens d'intimidation les plus épouvantables, tant que des moyens plus bénins ne font aucun effet et tant que cette double manière de conservation ne se laisse pas atteindre autrement (un de ces moyens les plus violents c'est l'invention d'un au-delà avec un enfer éternel). On a besoin de tortures de l'âme et de bourreaux pour exécuter ces tortures. D'autres degrés de la morale, moyens pour arriver au but indiqué, sont représentés par les commandements d'un dieu (telle la loi mosaïque); d'autres encore, degrés supérieurs, par les commandements d'une idée du devoir absolu avec le fameux « tu dois ».

— Ce sont là des degrés assez grossièrement taillés, mais des degrés *larges*, attendu que les hommes ne s'entendent pas encore à poser leur pied sur des degrés plus étroits et plus délicats. Vient ensuite une morale du *penchant*, du *goût*, et enfin celle de l'*intelligence* — qui est au-dessus de tous les motifs illusionnaires de la morale, mais qui s'est rendu compte que longtemps il n'a pas été possible à l'humanité d'en avoir d'autres.

45.

LA MORALE DE LA COMPASSION DANS LA BOUCHE DES IMMODÉRÉS. — Tous ceux qui ne se possèdent pas assez eux-mêmes et qui ne voient pas dans la moralité une constante domination de soi exercée sans cesse, en grand et en petit, deviennent involontairement les glorificateurs des impulsions de bonté, de compassion et de bienveillance, particulières à cette moralité instinctive qui ne possède point de tête, mais qui semble être composée seulement d'un cœur et de mains secourables. C'est même dans leur intérêt de mettre en suspicion une moralité de la raison et de vouloir donner une valeur universelle à cette autre moralité.

46.

CLOAQUES DE L'AME. — L'âme elle aussi doit avoir ses cloaques particuliers où elle fait écouler ses immondices. Bien des choses peuvent servir à cela : des personnes, des relations, des classes sociales, peut-être la patrie, ou encore le monde, ou enfin

pour les plus orgueilleux (je veux dire nos bons
« pessimistes » modernes) — le bon Dieu.

47.

Une façon de repos et de contemplation. —
Prends garde à ne pas faire ressembler ton repos
et ta contemplation à ceux du chien devant l'étalage d'un boucher. La peur ne lui permet pas d'avancer, le désir l'empêche de reculer, et il ouvre de
grands yeux qui ressemblent à une gueule béante.

48.

Une défense sans raison. — Une défense dont
nous ne comprenons ou n'admettons pas les raisons
est presque un ordre, non seulement pour l'esprit
obstiné, mais encore pour celui qui a soif de connaissance : on tient à essayer pour apprendre ainsi
pourquoi l'interdiction a été faite. Les défenses
morales comme celles du Décalogue ne peuvent
compter que durant les époques où la raison est
assujettie. Maintenant une défense comme « tu ne
tueras point », « tu ne commettras point adultère »,
présentée ainsi sans raison, aurait plutôt un effet
nuisible qu'un effet utile.

49.

Caractéristique. — Quel est l'homme qui peut
dire de lui-même : « Il m'arrive très souvent de
mépriser, mais je ne hais jamais. Chez chaque
homme je trouve toujours quelque chose que l'on
peut honorer et à cause de quoi je l'honore : ce que
l'on appelle les qualités aimables m'attire peu. »

50.

Compassion et mépris. — Manifester de la compassion, c'est regardé comme un signe de mépris, car on a visiblement cessé d'être un objet de *crainte*, dès que l'on vous témoigne de la compassion. On est alors tombé au-dessous de l'équilibre, tandis qu'en réalité ce niveau ne suffit point à la vanité humaine et que seule la prépondérance et la crainte que l'on inspire procurent à l'âme le sentiment le plus désiré. C'est pourquoi il faut se poser le problème de savoir comment est née l'évaluation de la pitié et comment il faut expliquer les *louanges* que l'on prodigue maintenant au désintéressement : dans l'état primitif on méprise le désintéressement ou l'on en craint les embûches.

51.

Savoir être petit. — Près des fleurs, des herbes et des papillons il faut savoir s'abaisser à la hauteur d'un enfant qui les dépasse à peine. Mais nous autres gens âgés, nous avons grandi au-dessus de ces choses et il nous faut nous courber jusqu'à elles; je crois que les herbes nous haïssent lorsque nous avouons l'amour que nous avons pour elles. — Celui qui veut prendre part à toutes les bonnes choses doit aussi s'entendre à avoir des heures où il est petit.

52.

L'image de la conscience. — L'image de notre conscience est la seule chose qui, pendant les années de notre jeunesse, nous a été *demandée* régulièrement et sans raison, par des personnes que nous vénérions et craignions. C'est donc de la conscience que vient ce sentiment d'obligation (« il faut que je fasse telle chose, que je ne fasse pas telle autre ») qui ne demande pas *pourquoi* il faut qu'il en soit ainsi. — Dans tous les cas où une chose est faite avec « pourquoi » et « parce que », l'homme agit *sans* conscience ; mais ce n'est pas encore une raison pour qu'il agisse contre sa conscience. — La foi en l'autorité est la source de la conscience : celle-ci n'est donc pas la voix de Dieu dans la poitrine de l'homme, mais la voix de quelques hommes dans l'homme.

53.

Les passions surmontées. — L'homme qui a surmonté ses passions est entré en possession du sol le plus fécond : de même que le colon qui s'est rendu maître des forêts et des marécages. *Semer* sur le terrain des passions vaincues la semence des bonnes œuvres spirituelles, c'est alors la tâche la plus urgente et la plus prochaine. Surmonter n'est là qu'un *moyen*, ce n'est pas un but ; si l'on envisage autrement cette victoire, toutes sortes de mauvaises herbes et de diableries se mettent à foisonner sur le sol fécond mis ainsi en friche, et bientôt tout cela se met à pousser et à se pousser avec plus d'impétuosité encore que précédemment.

54.

L'habileté a servir. — Tous les gens que l'on

appelle pratiques ont une habileté particulière à servir : c'est cela précisément qui les rend pratiques, soit pour les autres, soit pour eux-mêmes. Robinson possédait un serviteur meilleur encore que Vendredi : c'était Crusoé.

55.

DANGER DU LANGAGE POUR LA LIBERTÉ INTELLECTUELLE. — Toute parole est un préjugé.

56.

ESPRIT ET ENNUI. — Le proverbe : « Le Magyar est bien trop paresseux pour s'ennuyer » donne à réfléchir. Ce ne sont que les animaux les mieux organisés et les plus actifs qui commencent à être capables d'ennui. — Quel beau sujet pour un grand poëte que *l'ennui de Dieu* au septième jour de la création.

57.

LES RAPPORTS AVEC LES ANIMAUX. — On peut observer la formation de la morale dans la façon dont nous nous comportons vis-à-vis des animaux. Lorsque l'utilité et le dommage n'entrent *pas* en jeu nous éprouvons un sentiment de complète irresponsabilité; nous tuons et nous blessons par exemple des insectes ou bien nous les laissons vivre sans généralement y songer le moins du monde. Nous avons la main si lourde que nos gentillesses à l'égard des fleurs et des petits animaux sont presque toujours meurtrières : ce qui ne gêne nullement le plaisir que nous y prenons. — C'est aujourd'hui la fête des petits animaux, le jour le plus accablant de l'année : voyez comme tout cela grouille et rampe autour de nous, et, sans le faire exprès, mais aussi sans y prendre garde, nous écrasons tantôt par ici, tantôt par là un petit ver ou un petit insecte empenné. — Quand les animaux nous portent préjudice nous aspirons par tous les moyens à leur *destruction*. Et ces moyens sont souvent bien cruels, sans que ce soit là notre intention : c'est la cruauté de l'irréflexion. Si, par contre, ils sont utiles, nous les *exploitons* : jusqu'à ce qu'une raison plus subtile nous enseigne que chez certains animaux nous pouvons tirer bénéfice d'un autre traitement, c'est-à-dire des soins et de l'élevage. C'est alors seulement que naît la responsabilité. A l'égard des animaux on évite les traitements barbares; un homme se révolte lorsqu'il voit quelqu'un se montrer impitoyable envers sa vache, en conformité absolue avec la morale de la communauté primitive qui voit l'utilité *générale* en danger dès qu'un individu commet une faute. Celui qui, dans la communauté, s'aperçoit d'un délit craint pour lui le dommage indirect : et nous craignons pour la qualité de la viande, la culture de la terre, les moyens de communication lorsque nous voyons maltraiter les animaux. De plus, celui qui est brutal envers les animaux éveille le soupçon qu'il est également brutal vis-à-vis des faibles, des hommes inférieurs et incapables de vengeance; il passe pour manquer de noblesse et de fierté délicate. C'est ainsi que se forme un commencement de jugement et de sens moral : la superstition y ajoute la meilleure part. Certains animaux incitent l'homme par des regards, des sons et des attitudes à se voir transporté en imagination dans le corps de ceux-ci, et certaines religions enseignent à voir parfois dans l'animal le séjour des âmes des hommes et des dieux : c'est pourquoi elles recommandent de nobles précautions et même une crainte respectueuse dans les rapports avec les animaux. Lors même que cette superstition aurait disparu, les sentiments éveillés par elle continuent leurs effets, mûrissent et portent leurs fruits. On sait qu'à ce point de vue le christianisme a montré qu'il était une religion pauvre et rétrograde.

58.

Nouveaux acteurs. — Il n'y a pas de plus grande banalité parmi les hommes que la mort; au second rang arrive la naissance, parce que sans naître on peut pourtant mourir; et ensuite le mariage. Mais toutes, ces petites tragi-comédies qui se jouent, à chacune de leurs représentations, infiniment nombreuses, sont toujours interprétées par de nouveaux acteurs et ne cessent par conséquent point d'avoir des spectateurs intéressés : alors qu'il faudrait plutôt croire que tous les spectateurs de cette vallée terrestre en auraient déjà conçu un tel ennui qu'ils se seraient pendus à tous les arbres. Ce sont les nouveaux acteurs qui importent et si peu la pièce !

59.

Qu'est-ce « être obstiné »? — Le chemin le plus

court n'est pas le plus droit, mais celui sur lequel le vent le plus favorable gonfle notre voile : c'est ce qu'enseignent les règles de la navigation. Ne pas leur obéir, c'est être obstiné : la fermeté de caractère est ici troublée par la bêtise.

60.

Le mot « vanité ». — Il est fâcheux que certains mots, dont nous autres moralistes nous ne pouvons absolument pas nous passer, portent déjà en eux une sorte de censure des mœurs, datant de l'époque où les impulsions les plus simples et les plus naturelles de l'homme ont été dénaturées. C'est ainsi que la conviction fondamentale que, sur les vagues de la société, nous naviguons ou faisons naufrage bien plus par ce que nous paraissons que par ce que nous sommes — une conviction qui doit nous servir de gouvernail pour tout ce que nous entreprenons dans la société — est désignée et stigmatisée par le mot de « vanité »; une des choses les plus lourdes et les plus conséquentes désignée par une expression qui la fait apparaître comme ce qu'il y a de plus vide et de plus futile, quelque chose de grand à quoi l'on prête les traits d'une caricature. Mais cela ne sert de rien, nous sommes forcés d'employer de pareils termes, en fermant nos oreilles aux insinuations des anciennes habitudes.

61.

Fatalisme turc. — Le fatalisme turc a ce défaut fondamental qu'il place l'un en face de l'autre l'homme et la fatalité, comme deux choses absolument distinctes : l'homme, disent-ils, peut résister à la fatalité et chercher à la mettre à néant, mais elle finit toujours par remporter la victoire; c'est pourquoi ce qu'il y a de plus raisonnable, c'est de se résigner ou de vivre à sa guise. En réalité chaque homme est lui-même une parcelle de la fatalité; s'il croit s'opposer à la fatalité de la façon indiquée, c'est que, là aussi, la fatalité s'accomplit : la lutte n'est qu'imaginaire, mais imaginaire aussi cette résignation au destin, de sorte que toutes ces chimères sont encloses dans la fatalité. — La crainte dont la plupart des gens sont pris devant la doctrine de la volonté non affranchie est en somme la crainte du fatalisme turc; ils pensent que l'homme deviendra faible et résigné, qu'il joindra les mains devant l'avenir, parce qu'il n'est pas à même d'y changer quelque chose : ou bien encore il lâchera les guides à son humeur capricieuse, parce que celle-ci ne pourra rien aggraver à ce qui est déterminé d'avance. Les folies de l'homme font partie de la fatalité tout aussi bien que ses actes de haute sagesse : cette peur de la croyance en la fatalité est, elle aussi, de la fatalité. Toi-même, pauvre être craintif, tu es l'invincible Moire qui trône au-dessus de tous les dieux; pour tout ce qui est de l'avenir tu es la bénédiction ou la malédiction et, en tous les cas, l'entrave qui maintient l'homme même le plus fort; en toi tout l'avenir du monde humain est déterminé d'avance, cela ne sert de rien d'être pris de terreur devant toi-même.

62.

AVOCAT DU DIABLE. — « On ne devient *sage* que par le malheur, on ne devient *bon* que par le malheur des autres » — c'est ainsi que parle cette philosophie singulière qui fait découler toute moralité de la compassion et toute intellectualité de l'isolement des hommes : par là elle intercède inconsciemment pour toutes les dégradations terrestres. Car la pitié a besoin de la souffrance et l'isolement du mépris des autres.

63.

LES MASQUES DE CARACTÈRE MORAUX. — Aux époques où les masques de caractère particuliers aux différentes classes passent pour définitivement fixés, de même que les classes elle-mêmes, les moralistes seront induits à considérer aussi comme absolus les masques de caractère *moraux* et à les dessiner en conséquence. C'est ainsi que Molière est intelligible comme contemporain de la société de Louis XIV ; dans notre époque de transitions et d'états intermédiaires il apparaîtrait comme un pédant génial.

64.

LA VERTU LA PLUS NOBLE. — Dans la première phase de l'humanité supérieure, la bravoure est considérée comme la vertu la plus noble, dans la seconde la justice, dans la troisième la modération, dans la quatrième la sagesse. Dans quelle phase vivons-*nous* ? Dans laquelle vis-*tu* ?

65.

CE QUI EST D'ABORD NÉCESSAIRE. — Un homme qui ne veut pas se rendre maître de sa colère, de ses accès de haine et de vengeance, de sa luxure et qui malgré cela aspire à devenir maître en quoi que ce soit est aussi bête que l'agriculteur qui place son champ sur les bords d'un torrent sans se garantir contre celui-ci.

66.

QU'EST-CE QUE LA VÉRITÉ ? — Schwarzert (Mélanchton) (1) : On proclame souvent sa foi lorsque l'on vient précisément de la perdre et qu'on la cherche dans toutes les rues, — et ce n'est pas alors qu'on la proclame le moins bien ! — Luther : Tu dis vrai aujourd'hui, mon frère, et tu parles comme si tu étais un ange ! — Schwarzert : Mais c'est bien là l'idée de tes ennemis, et ils en font l'application sur toi. — Luther : C'est donc un mensonge engendré par le diable !

67.

HABITUDE DES CONTRASTES. — L'observation superficielle et inexacte voit des contrastes dans la nature (par exemple l'opposition entre « chaud » et « froid »), partout où il n'y a pas de contrastes, mais seulement des différences de degrés. Cette mauvaise habitude nous a poussés à vouloir aussi comprendre et séparer d'après ces contrastes, la

---

(1) Schwarzert était le nom véritable de Mélanchton. — N. d. T.

nature intérieure, le monde moral et intellectuel. Le sentiment humain s'est chargé d'infiniment de douleurs, d'empiétements, de duretés, d'aliénations, de refroidissements par le fait que l'on croyait voir des contrastes où il n'y a que des transitions.

68.

Si l'on peut pardonner. — Comment pourrait-on leur pardonner s'ils ne savent pas ce qu'ils font! Il n'y a alors rien du tout à pardonner. — Mais un homme *sait*-il jamais *complètement* ce qu'il fait? Et si son action reste au moins toujours *problématique*, les hommes n'auraient jamais rien à se pardonner et faire grâce deviendrait pour l'homme raisonnable une chose impossible. En fin de compte, si les criminels avaient vraiment su ce qu'ils ont fait —nous n'aurions encore le droit de *pardonner* que si nous avions un droit d'accuser et de punir. Mais ce droit nous ne l'avons pas.

69.

Honte habituelle. — Pourquoi éprouvons-nous de la honte lorsque l'on nous attribue une faveur et une distinction que, selon l'expression courante, « nous n'avons pas méritées ». Il nous semble alors que l'on nous pousse dans un domaine où nous ne sommes pas à notre place, d'où nous devrions être exclus, en quelque sorte dans un lieu saint ou très saint que notre pas ne devrait pas franchir. Par une erreur des autres nous y avons pénétré quand même: et maintenant nous sommes subjugués, soit par la crainte, soit par la vénération, et nous ne savons pas si nous devons fuir ou jouir du moment béni et de l'avantage qui nous est donné en grâce. Dans toute honte il y a un mystère qui est profané par nous ou qui semble être en danger d'être profané; toute *grâce* engendre la honte. — Mais si l'on considère que, d'une façon générale, nous n'avons jamais rien «mérité», pour le cas où l'on s'abandonnerait à cette idée dans le cercle des conceptions *chrétiennes*, le sentiment de *honte* deviendrait *habituel* : parce qu'alors Dieu semblerait bénir *sans cesse* et exercer sa grâce. Mais, abstraction faite de cette interprétation chrétienne, cet état de *honte habituelle* serait encore possible pour le sage, totalement impie, qui soutient la foncière irresponsabilité et l'absence de mérite dans toute action et dans toute organisation : si on le traite comme s'il avait mérité telle ou telle chose, il semble être introduit dans un ordre supérieur d'êtres qui d'une façon générale *méritent* quelque chose, qui sont libres et vraiment capables de porter la responsabilité de leur vouloir et de leur pouvoir. Celui qui dit à ce sage : « tu l'as mérité » semble l'apostropher ainsi: « tu n'es pas un homme, mais un Dieu ».

70.

L'ÉDUCATEUR LE PLUS MALADROIT. — Chez celui-ci toutes les vertus véritables sont plantées sur le terrain de son esprit de contradiction; chez celui-là sur son incapacité de dire non, donc sur son esprit d'approbation ; un troisième a fait grandir toute sa moralité sur sa fierté solitaire, un quatrième la sienne sur son instinct violent de sociabilité. En admettant dès lors que, par des éducateurs maladroits et par des hasards néfastes, les graines de la vertu n'aient pas été semées, chez tous les quatre, sur le sol de leur nature, ce sol, chez eux le plus riche et le plus fécond, ils seraient devenus des hommes sans moralité, faibles et désagréables. Et quel eût précisément été le plus maladroit de tous les éducateurs et le mauvais destin de ces quatre hommes? Le fanatique moral qui croit que le bien ne peut sortir que du bien, ne peut croître que sur le bien.

71.

L'ÉCRITURE DE LA PRÉVOYANCE. — A : Mais si *tous* ils savaient cela, ce serait nuisible pour *la plupart* d'entre eux. Toi-même, tu appelles ces opinions dangereuses pour celui qui est en danger et cependant tu en fais part publiquement? — B : J'écris de façon à ce que ni la populace, ni les *populi*, ni les partis de tous genres n'aient envie de me lire. Par conséquent ces opinions ne seront jamais publiques. — A : Mais comment écris-tu donc ? — B : Ni d'une façon utile, ni d'une façon agréable, pour les trois dénommés plus haut.

72.

MISSIONNAIRES DIVINS. — Socrate, lui aussi, se considérait comme un missionnaire divin : mais je ne sais trop quelle velléité d'ironie attique et de plaisir à la plaisanterie se fait encore sentir chez lui, velléité par quoi s'atténue ce terme fatal et prétentieux. Il en parle sans onction : ses images du frein et du cheval sont simples et n'ont rien de sacerdotal, et la véritable tâche religieuse, telle qu'il se l'est posée — mettre le dieu *à l'épreuve* de cent façons pour savoir s'il a dit la vérité — permet de conclure à une attitude débonnaire et libre que prend le missionnaire pour se placer aux côtés de son dieu. Cette façon de mettre le dieu à l'épreuve est un des plus subtils compromis que l'on puisse imaginer entre la piété et la liberté d'esprit. — Maintenant nous n'avons plus non plus besoin de ce compromis.

73.

Loyauté dans la peinture. — Raphaël, qui tenait beaucoup à l'Eglise (pour peu qu'elle pût payer) et fort peu, comme d'ailleurs les meilleurs de son temps, aux objets de la foi chrétienne, Raphaël n'a pas fait un pas pour suivre la piété exigeante et extatique de certains de ses clients : il a gardé sa loyauté, même dans ce tableau exceptionnel qui fut primitivement destiné à une bannière de procession, la madone de la chapelle Sixtine. Là il lui vint à l'idée de peindre une vision : mais une vision, telle que de nobles jeunes hommes sans « foi » peuvent en avoir *aussi* et en auront certainement, la vision de l'épouse de l'avenir, d'une femme intelligente, d'âme noble, silencieuse et très belle qui porte son nouveau-né dans ses bras. Que les anciens qui sont habitués aux prières et aux adorations, pareils au digne vieillard de gauche, vénèrent ici quelque chose de surhumain : nous autres jeunes — ainsi semble nous le dire Raphaël — nous voulons tenir pour la jolie fille de droite qui, de son regard provoquant et nullement dévot, s'adresse aux spectateurs du tableau comme pour leur insinuer : « N'est-ce pas? cette mère et son enfant, c'est un spectacle plein d'agrément et d'invite? » Ce visage et ce regard jettent un reflet de joie sur la figure de ceux qui les regardent; c'est une façon de jouir de soi-même pour l'artiste qui a inventé tout cela, et il ajoute sa propre joie à la joie de ceux qui jouissent de son art. — Pour l'expression « messianique » dans la tête d'un enfant, Raphaël, l'homme loyal qui ne voulait pas peindre les états d'âme à l'existence desquels il ne croyait pas, s'entendit à circonvenir d'une façon aimable ses admirateurs croyants; il peignit ce jeu de la nature qui n'est point rare, l'œil de l'homme sur la tête de l'enfant, cet œil de l'homme brave et secourable qui s'aperçoit d'une misère. Pour des yeux pareils il faut une barbe; l'absence de celle-ci et la réunion de deux âges différents qui s'expriment dans un même visage, voilà le paradoxe agréable que les croyants ont interprété dans le sens de la croyance au miracle : mais l'artiste attendait cela de leur art d'interprétation et de substitution.

74.

La prière. — A deux conditions seulement, la prière — cette coutume de temps reculés qui n'est pas encore entièrement éteinte — peut avoir un sens : il faudrait d'abord qu'il fût possible de déterminer ou de changer le sentiment de la divinité, et ensuite que celui qui prie sache bien ce qui lui manque, ce qui, pour lui, serait vraiment désirable. Ces deux conditions, acceptées et transmises par toutes les autres religions, ont précisément été niées par le christianisme ; si, malgré cela, le christianisme a conservé la prière, parallèlement à la foi en une raison omnisciente et prévoyante de Dieu, par quoi en somme la prière perd sa portée et devient même blasphématoire, — il montre par là, encore une fois, l'admirable ruse de serpent dont il disposait. Car un commandement clair « tu ne prieras point » aurait poussé les chrétiens par ennui à l'impiété. Dans l'axiome chrétien « *ora et labora* », l'*ora* remplace le *plaisir :* et que seraient devenus sans l'*ora* ces malheureux qui se refusaient le *labora*, les saints ! — Mais s'entretenir avec Dieu, lui demander mille choses agréables, s'amuser un peu soi-même en s'apercevant que l'on pouvait encore avoir des désirs, malgré un père aussi parfait, — c'était là pour des saints une excellente invention.

75.

UN SAINT MENSONGE. — Le mensonge qu'eut sur les lèvres Arrie mourante (*Pæte, non dolet*) obscurcit toutes les vérités qui ont jamais été dites par des mourants. C'est le seul saint *mensonge* qui soit devenu célèbre ; tandis que d'autre part l'odeur de sainteté ne s'était attachée qu'à des *erreurs*.

76.

L'APÔTRE LE PLUS NÉCESSAIRE. — Parmi douze apôtres, il faut toujours qu'il y en ait un qui soit dur comme de la pierre, pour que la nouvelle église puisse s'édifier sur lui.

77.

QU'EST-CE QUI EST PLUS PÉRISSABLE, L'ESPRIT OU LE CORPS ? — Dans les choses juridiques, morales et religieuses, ce qu'il y a de plus extérieur, de plus concret, donc l'usage, l'attitude, la cérémonie, a le plus de durée : c'est le *corps* à quoi s'ajoute toujours une *âme* nouvelle. Le culte, tel un texte aux termes fixes, est sans cesse interprété à nouveau ; les idées et les sentiments sont ce qu'il y a de flottant, les mœurs ce qu'il y a de dur.

78.

LA FOI EN LA MALADIE, UNE MALADIE. — Le christianisme a été le premier à peindre le diable sur l'édifice du monde ; le christianisme a été le premier à introduire le péché dans le monde. La foi en les remèdes qu'il offrait en retour a été ébranlée peu à peu, jusqu'en ses racines les plus profondes : mais toujours persiste la *foi en la maladie* qu'il a enseignée et répandue.

79.

PAROLE ET ÉCRITURE DES HOMMES RELIGIEUX. — Si le style et l'expression générale du prêtre, de celui qui parle comme de celui qui écrit, n'annoncent pas déjà l'homme *religieux*, il est inutile de prendre au sérieux les opinions de celui-ci sur la religion et en faveur de la religion. Ces opinions ont été *sans force* pour celui qui les professe, si, comme son style le laisse deviner, il possède l'ironie, la prétention, la méchanceté, la haine et toutes les tergiversations dans l'état d'esprit qui sont le propre des hommes les moins religieux, — combien plus elles seront sans force pour celui qui les entendra ou les lira! En un mot, il servira à rendre ses auditeurs moins religieux.

80.

Danger dans la personne. — Plus Dieu a été considéré comme une personne à part, moins on lui a été fidèle. Les hommes s'attachent plus aux images de leur pensée qu'à ce qu'ils ont de plus cher parmi leurs bien-aimés : c'est pourquoi ils se sacrifient pour l'Etat, l'Eglise, et aussi pour Dieu, — en tant que celui-ci demeure *leur* produit, leur *pensée* et qu'on ne le prend pas d'une façon trop personnelle. Dans ce dernier cas ils se disputent presque toujours avec lui : le plus pieux d'entre eux a laissé échapper cette parole amère : « Mon Dieu, pourquoi m'as-tu abandonné! »

81.

La justice terrestre. — Il est possible de faire sortir de ses gonds la justice terrestre — avec la doctrine de l'irresponsabilité absolue et de l'innocence de chacun : et l'on a déjà fait une tentative dans ce sens, — justement en vertu de la doctrine contraire, celle de la complète responsabilité et de la culpabilité de chacun. Ce fut le fondateur du christianisme qui voulut supprimer la justice terrestre et extirper du monde le jugement et la punition. Car il interprétait toute culpabilité comme un « péché », c'est-à-dire comme une faute envers *Dieu*, et non point comme une faute envers le monde; d'autre part il considérait chacun dans la plus large mesure et presque sous tous les rapports comme un pécheur. Les coupables cependant ne doivent pas être les juges de leurs semblables : c'est ainsi que décidait son esprit d'équité. *Tous* les juges de la justice terrestre étaient donc, à ses yeux, aussi coupables que ceux qu'ils condamnaient, et leur air d'innocence lui semblait hypocrite et pharisien. De plus, il regardait aux motifs des actions et non au succès, et pour juger ces motifs il y avait quelqu'un qui possédait la perspicacité nécessaire : lui-même (ou, comme il s'exprimait : Dieu).

82.

UNE AFFECTATION EN PRENANT CONGÉ. — Celui qui veut se séparer d'un parti ou d'une religion s'imagine qu'il est nécessaire pour lui de le réfuter. Mais c'est là une prétention orgueilleuse. Il est seulement nécessaire qu'il connaisse exactement les attaches qui le retenaient jusqu'à présent à ce parti ou à cette religion, attaches qui maintenant n'existent plus, des intentions qui le poussaient dans cette voie et qui maintenant le poussent ailleurs. Ce n'est point pour les *raisons sévères de la connaissance* que nous nous sommes mis du côté de tel parti ou de telle religion : nous ne devrions pas, en en prenant congé, *affecter* cette attitude.

83.

Sauveur et médecin. — Le fondateur du christianisme, en tant que connaisseur de l'âme humaine, n'était pas, comme il va de soi, à l'abri des plus graves défauts et des plus grands préjugés, et, en tant que médecin de l'âme, il s'était adonné à une science décriée et grossière, celle de la médecine universelle. Il fait songer parfois, dans sa méthode, à ce dentiste qui veut guérir toutes les douleurs en arrachant la dent; c'est le cas, par exemple, quand il lutte contre la sensualité avec le conseil : « Si ton œil te scandalise, arrache-le. » — Mais il y a pourtant une différence : le dentiste atteint du moins son but, supprimer la douleur de son malade, bien que ce soit d'une manière si grossière qu'il en devient ridicule : tandis que le chrétien qui obéit à de semblables conseils et qui croit avoir tué sa sensualité, se trompe : car celle-ci continue à vivre d'une façon mystérieuse et vampirique et elle le tourmente sous des déguisements répugnants.

84.

Les prisonniers. — Un matin les prisonniers sortirent dans la cour du travail : le gardien était absent. Les uns se rendirent immédiatement au travail, comme c'était leur habitude, les autres restaient inactifs et jetaient autour d'eux des regards de défi. Alors l'un d'eux sortit des rangs et dit à voix haute : « Travaillez tant que vous voudrez ou ne faites rien, c'est tout à fait indifférent. Vos secrètes machinations ont été percées à jour, le gardien de la prison vous a surpris et va prochainement prononcer sur vos têtes un jugement terrible. Vous le connaissez, il est dur et rancunier. Mais écoutez ce que je vais vous dire : vous m'avez méconnu jusqu'ici, je ne suis pas ce que je parais être. Bien plus, je suis le fils du gardien de la prison et je puis tout sur lui. Je puis vous sauver, je veux vous sauver. Mais, bien entendu, je ne sauverai que ceux d'entre vous qui *croient* que je suis le fils du gardien de la prison. Que les autres recueillent les fruits de leur incrédulité. » — « Eh bien! dit après un moment de silence un des plus âgés parmi les prisonniers, quelle importance cela a-t-il pour toi que nous ayons foi en toi ou non? Si tu es vraiment le fils et si tu peux faire ce que tu dis, intercède en notre faveur par une bonne parole, tu feras là véritablement une bonne œuvre. Mais laisse ces discours à propos de foi et d'incrédulité! » — « Je n'en crois rien, interrompit l'un des jeunes gens. Il s'est fourré des idées dans la tête. Je parie que dans huit jours nous serons encore ici, exactement comme aujourd'hui, et que le gardien de la prison ne sait *rien.* » — « Et si vraiment il a su quelque chose, il ne sait plus rien maintenant, s'écria le dernier des prisonniers qui venait de descendre dans la cour, car le gardien de la prison vient de mourir subitement ». — « Holà! s'écrièrent plusieurs prisonniers en même temps, holà! Monsieur le fils, monsieur le fils! où est l'héritage? Sommes-nous peut-être maintenant tes prisonniers à toi? » — « Je vous l'ai dit, répondit doucement celui que l'on apostrophait, je laisserai libre chacun de ceux qui ont foi en moi, je l'affirme avec autant de certitude que j'affirme que mon père est encore vivant. » — Les prisonniers ne rirent point, mais ils haussèrent les épaules et le laissèrent là.

85.

LE PERSÉCUTEUR DE DIEU. — Saint Paul a formulé l'idée et Calvin l'a développée : de toute éternité la damnation est adjugée à un nombre incalculable d'hommes, et ce merveilleux plan universel a été élaboré ainsi pour que la gloire de Dieu puisse s'y manifester : le ciel et l'enfer et l'humanité devraient donc exister — pour satisfaire la vanité de Dieu ! Quelle vanité cruelle et insatiable a dû flamber dans l'âme de celui qui a été le premier, ou le second, à imaginer cela ! — Paul est donc malgré tout resté Saul, — le *persécuteur de Dieu*.

86.

SOCRATE. — Si tout va bien il viendra un temps, où, pour progresser dans la voie de la morale et de la raison, plutôt que la Bible, on prendra entre les mains les *Dits mémorables de Socrate* et où l'on considérera Montaigne et Horace comme des initiateurs et des guides pour l'intelligence de ce sage médiateur, le plus simple et le plus impérissable de tous, Socrate. En lui convergent les voies des différentes règles philosophiques, qui sont en somme les règles des différents tempéraments, fixées par la raison et l'habitude, toutes ayant le sommet tourné vers la joie de vivre et la joie que l'on prend à son propre moi ; d'où l'on voudrait conclure que ce que Socrate a eu de plus particulier ce fut sa participation à tous les tempéraments. — Socrate est supérieur au fondateur du christianisme par sa joyeuse façon d'être sérieux et par cette *sagesse pleine d'enjouement* qui est le plus bel état d'âme de l'homme. De plus sa raison était supérieure.

87.

APPRENDRE A BIEN ÉCRIRE. — Le temps où l'on parlait bien est passé, parce que l'époque de la civilisation des villes n'est plus. La dernière limite qu'Aristote traçait à une grande ville — le héraut devait pouvoir se faire entendre devant tous les citoyens assemblés, — cette limite nous est indifférente, de même que les communes urbaines, car nous voulons nous rendre intelligibles même au delà des peuples. C'est pourquoi chacun de ceux qui ont de bonnes idées européennes doit apprendre à *écrire bien et de mieux en mieux :* cela ne sert de rien qu'il soit né même en Allemagne, en Allemagne où l'on considère que c'est un privilège national de mal écrire. Mais mieux écrire signifie en même temps penser mieux ; découvrir des choses qui sont de plus en plus dignes d'être communiquées et savoir vraiment les communiquer ; être traduisible dans la langue des voisins ; se rendre accessible à la compréhension de ces étrangers qui apprennent notre langue ; faire en sorte que tout ce qui est bien devienne universel et que tout devienne libre pour les hommes libres ; *préparer* enfin cet état de choses encore lointain où les bons Européens s'attelleront à leur tâche grandiose : la direction et la surveillance de la civilisation universelle sur la terre. — Celui qui prêche le contraire et qui ne se préoccupe pas de bien écrire et de bien lire — ces deux vertus grandissent et diminuent en même temps — celui-là indique en effet aux peuples la voie qui les fera devenir de plus en plus *nationaux* : il augmente la maladie de ce siècle et s'oppose en ennemi aux bons Européens, aux esprits libres.

88.

L'ÉCOLE DU MEILLEUR STYLE. — L'école du style peut être, *d'une part*, l'école qui enseigne à trouver l'expression grâce à quoi l'on peut transporter tous les états d'âme sur les lecteurs et les auditeurs ; ensuite l'école qui enseigne à découvrir l'état d'âme que l'on *désire* le plus chez l'homme, dont on voudrait par conséquent la transmission : je veux dire l'état d'âme où se trouve l'homme profondément ému, l'homme d'esprit joyeux, lucide et droit qui a surmonté les passions. Ce sera là l'école du meilleur style : il correspond à l'homme bon.

89.

PRENDRE GARDE A L'ALLURE. — L'allure des phrases indique si l'auteur est fatigué ; chaque expression peut encore séparément être forte et bonne, parce qu'elle fut trouvée autrefois : alors que l'idée prit naissance chez l'auteur. Il en est très souvent ainsi chez Goethe qui dicta trop souvent lorsqu'il était fatigué.

90.

Déjà et encore. — A : La prose allemande est encore très jeune : Gœthe croit que c'est Wieland qui fut son père. — B : Si jeune et déjà si laide ! — C : Mais, si je suis bien informé, l'évêque Ulphilas écrivit déjà en prose allemande ; elle a donc déjà près de quinze cents ans. — B : Si vieille et encore si laide !

91.

Allemand original. — La prose allemande, ne s'étant pas formée selon un modèle, peut être considérée comme une production originale du goût allemand, et pourrait servir d'indication aux zélés promoteurs d'une culture originale allemande dans l'avenir, pour leur apprendre, par exemple, quel aspect aurait, sans imitation de modèles, un véritable costume allemand, une société allemande, une installation d'appartement allemande, un dîner allemand. — Quelqu'un qui avait longtemps réfléchi à ces perspectives finit par s'écrier plein de terreur : « Mais, au nom du ciel ! peut-être *possédons*-nous déjà cette culture originale, — on n'aime seulement pas à en parler ! »

92.

Livres interdits. — Ne jamais rien lire de ce qu'écrivent ces arrogants polymathes et esprits brouillons qui possèdent le plus horrible travers, celui du paradoxe logique : ils emploient les formes *logiques* justement aux endroits où tout est impertinemment improvisé et échafaudé dans le néant. (« Donc » veut dire chez eux « imbécile de lecteur, pour toi il n'y a pas de « donc », — mais seulement pour moi » — à quoi il faut répondre : « imbécile d'écrivain, pourquoi écris-tu donc ? »)

93.

MONTRER DE L'ESPRIT. — Chacun de ceux qui veulent *montrer* de l'esprit laisse entendre qu'il est aussi richement pourvu du contraire. Ce travers de certains Français spirituels, qui consiste à ajouter à leurs meilleures saillies un trait de *dédain*, a son origine dans le désir de se faire passer pour plus riches qu'ils ne sont : ils veulent prodiguer avec nonchalance, fatigués en quelque sorte des continuelles offrandes, puisées dans les greniers trop pleins.

94.

LITTÉRATURE ALLEMANDE ET FRANÇAISE. — Le malheur des littératures allemandes et françaises, des cent dernières années, vient de ce que les Allemands sont sortis trop tôt de l'école des Français — tandis que plus tard les Français sont allés trop tôt à l'école des Allemands.

95.

NOTRE PROSE. — Aucun des peuples civilisés actuels n'a une aussi mauvaise prose que le peuple allemand; et, si des Français spirituels et délicats disent : il n'y a pas de prose allemande, il ne faudrait en somme pas s'en formaliser, vu que cela est dit avec des intentions plus aimables que nous ne le méritons. Si l'on cherche une raison à cela on finit par faire la découverte étrange que l'*Allemand ne connaît que la prose improvisée* et qu'il ne se doute pas qu'il en existe une autre. Il trouve presque incompréhensible qu'un Italien puisse dire que la prose est plus difficile que le vers, dans la même mesure où la représentation de la beauté nue est plus difficile, pour le sculpteur, que celle de la beauté vêtue. Le vers, le tableau, le rythme et la rime demandent un effort honnête — c'est ce que l'Allemand comprend lui aussi, et il n'est pas tenté d'attribuer à l'improvisation une valeur particulièrement supérieure. Mais travailler à une page de prose comme à une statue? — Il a l'impression d'entendre raconter quelque chose qui se passe dans un pays fabuleux.

96.

Le grand style. — Le grand style naît lorsque le beau remporte la victoire sur l'énorme.

97.

Eviter. — On ne sait pas en quoi consiste, chez les esprits distingués, la délicatesse de l'expression et du tour de phrase, avant de pouvoir dire sur quel mot tout écrivain médiocre serait tombé inévitablement, s'il avait voulu exprimer la même chose. Tous les grands artistes s'entendent à éviter, à se faufiler en conduisant leur char, — mais ils ne vont jamais jusqu'à verser.

98.

Quelque chose comme du pain. — Le pain neutralise le goût des autres aliments, il l'efface; c'est pourquoi il fait partie de tous les repas. Dans toutes les œuvres d'art il faut qu'il y ait quelque chose comme du pain, pour que celles-ci puissent réunir des effets différents : des effets qui, s'ils se succédaient immédiatement sans un de ces repos et arrêts momentanés, épuiseraient rapidement et provoqueraient de la répugnance : ce qui rendrait un *long* repas de l'art impossible.

99.

Jean Paul. — Jean Paul savait beaucoup de choses, mais ne possédait pas de science; il s'entendait à toutes sortes d'artifices dans les arts, mais il ne possédait pas d'art; il n'y avait à peu près rien qu'il trouvât insipide, mais il n'avait pas de goût; il possédait du sentiment et du sérieux, mais lorsqu'il voulait y faire goûter, il versait là-dessus un insupportable torrent de larmes; il avait même de l'esprit, mais malheureusement beaucoup trop peu pour son avidité : c'est pourquoi il poussait ses lecteurs au désespoir justement par son manque d'esprit. En somme il n'était pas autre chose qu'une mauvaise herbe bariolée et d'une odeur violente qui se mettait à pousser d'un jour à l'autre dans les sillons féconds et précieux de Schiller et de Gœthe : c'était un bonhomme convenable et pourtant un homme fatal — la fatalité en robe de chambre.

100.

Savoir aussi gouter le contraste. — Pour goûter une œuvre du passé comme la sentaient les contemporains de celle-ci, il faut avoir sur la langue le goût qui régnait alors, un goût dont elle se différenciait.

101.

Auteurs a l'esprit de vin. — Certains écrivains ne sont ni esprit ni vin, mais esprit de vin : ils peuvent s'enflammer et donnent de la chaleur.

102.

Le sens médiateur. — Le sens du goût qui est le véritable sens médiateur a souvent décidé les autres sens à partager ses opinions sur les choses et leur a inspiré ses lois et ses habitudes. On peut s'éclairer à table sur les plus subtils secrets des arts : il suffit d'observer ce qui a du goût, à quel moment on sent ce goût, quel goût cela est et si on le sent longtemps.

103.

Lessing. — Lessing possède une vertu vraiment française, et en tant qu'écrivain, c'est aussi lui qui s'est le plus appliqué à suivre les modèles français : il s'entend à bien étaler et ordonner ses denrées intellectuelles dans la montre. Sans cet *art* véritable, ses pensées, tout comme l'objet de ses pensées, seraient demeurées passablement dans l'ombre et sans que le dommage général soit bien grand.

Mais il y a eu beaucoup de gens qui ont pris des leçons dans son *art* (surtout les dernières générations de savants allemands) et un grand nombre y a pris plaisir. — Il était inutile, cependant, que ceux qui ont profité de Lessing lui empruntassent, comme cela est arrivé si souvent, ce ton désagréable dans son mélange de combattivité et de bravoure honnête. — On est maintenant d'accord sur le « poète lyrique » Lessing : on finira par le devenir sur le « dramaturge ». —

104.

LECTEURS QUE L'ON NE DÉSIRE PAS. — Combien un auteur est tourmenté par ces braves gens à l'âme épaisse et maladroite qui, chaque fois qu'ils se heurtent quelque part, ne manquent pas de tomber et de se faire mal.

105.

IDÉES DE POÈTES. — Les idées véritables chez les vrais poètes sont toujours voilées, comme les Egyptiennes : seul *l'œil* profond de la pensée regarde librement par-dessus le voile. — Les idées de poètes ne valent pas autant, en moyenne, qu'elles en ont l'air : c'est qu'il faut payer aussi le voile et sa propre curiosité.

106.

ECRIVEZ SIMPLEMENT ET UTILEMENT. — Les transitions, les détails, la variété des couleurs dans les passions — tout cela nous en faisons grâce à l'auteur, parce que nous l'apportons avec nous et que nous l'en faisons profiter, pour peu qu'il nous dédommage de quelque façon que ce soit.

107.

Wieland. — Wieland a écrit l'allemand mieux que n'importe qui, et, dans la perfection et l'imperfection, il y a gardé sa maîtrise (sa traduction des lettres de Cicéron et celle de Lucien sont les meilleures traductions allemandes); mais ses idées ne nous donnent plus à réfléchir. Nous supportons ses moralités joyeuses tout aussi peu que ses joyeuses immoralités : toutes deux sont inséparables. Les hommes qui y prenaient plaisir étaient certainement, au fond, des hommes meilleurs que nous, — mais ils étaient aussi passablement plus lourds, ce qui fait qu'ils eurent *besoin* d'un pareil écrivain. — Gœthe n'était pas nécessaire aux Allemands, c'est pourquoi ils ne savent pas qu'en faire. Étudiez à ce point de vue les meilleurs parmi nos hommes d'Etat et nos artistes : tous, ils n'ont pas eu Gœthe comme éducateur, — ils ne *pouvaient* pas l'avoir comme tel.

108.

Fêtes rares. — De la concision solide, du calme et de la maturité, — quand tu trouveras ces qualités réunies chez un auteur, arrête-toi et célèbre une grande fête au milieu du désert : il se passera du temps avant que tu n'éprouves de nouveau un aussi grand plaisir.

109.

LE TRÉSOR DE LA PROSE ALLEMANDE. — Si l'on fait abstraction des *Œuvres* de Gœthe et surtout des *Entretiens* de Gœthe avec Eckermann, le meilleur livre allemand qu'il y ait : que reste-t-il en somme de la littérature allemande en prose qui méritât d'être relu sans cesse ? Les *Aphorismes* de Lichtenberg, le premier livre de l'*Histoire de ma vie* de Jung-Stilling, l'*Arrière-Saison* d'Adalbert Stifter et les *Gens de Sildwyla* de Gottfried Keller, — et avec cela nous sommes provisoirement au bout du rouleau.

110.

STYLE ÉCRIT ET STYLE PARLÉ. — L'art d'écrire demande avant tout des *équivalents* pour les moyens d'expression qui sont seuls à la portée de celui qui parle : donc pour les gestes, l'accent, le ton, le regard. C'est pourquoi le style écrit est tout autre chose que le style parlé et quelque chose de bien plus difficile : — il veut, avec des moyens moindres, se rendre aussi expressif que celui-ci. Démosthène tint ses discours autrement que nous ne les lisons : il les a refaits pour qu'ils puissent être lus. — Dans le même but, les discours de Cicéron devraient d'abord être démosthénisés : maintenant on y trouve encore beaucoup plus de vestiges du *forum* romain que le lecteur ne peut en supporter.

111.

CITER AVEC PRUDENCE. — Les jeunes auteurs ne

savent pas que les bonnes expressions et les bonnes idées ne se présentent bien que parmi leurs semblables et qu'une excellente citation peut anéantir des pages entières et même tout un livre, lorsque l'on avertit le lecteur en ayant l'air de lui dire : « Prends garde, je suis la pierre précieuse et autour de moi il y a du plomb, du plomb gris et misérable. » Chaque mot, chaque pensée ne veut vivre que dans *sa société :* ceci est la morale du style choisi.

112.

Comment doit-on dire les erreurs? — On peut discuter pour savoir s'il est plus nuisible de mal exprimer les erreurs, ou de les exprimer aussi bien que les meilleures vérités. Il est certain que dans le premier cas elles nuisent au cerveau d'une double manière et qu'il est plus difficile de les en extirper ; mais il est certain qu'elles agissent avec moins de certitude que dans le second cas : elles sont moins contagieuses.

113.

Restreindre et agrandir. — Homère a réduit et amoindri l'étendue du sujet, mais il a amplifié et fait sortir d'elles-mêmes les différentes scènes — et c'est ainsi que, plus tard, procédèrent toujours à nouveau les poètes tragiques : chacun saisit le sujet dans des fragments encore plus *petits* que son prédécesseur, mais chacun aboutit à une floraison plus riche encore, dans les limites strictes de ces paisibles haies de jardin.

114.

La littérature et la morale s'expliquent. — On peut montrer, à l'exemple de la littérature grecque, quelles sont les forces qui font s'épanouir l'esprit grec, comment il entra dans différentes voies et ce qui finit par le rendre faible. Tout cela donne une image de ce qui s'est en somme passé avec la moralité grecque et de ce qui se passera avec toute autre morale : comment elle commença par être une contrainte, montrant d'abord de la dureté, puis devenant peu à peu plus douce, comment se forma enfin le plaisir que procurent certaines actions, certaines conventions et certaines formes, et, sortant de là, encore un penchant à l'exercice exclusif et la possession unique de celles-ci : comment la voie s'emplit et se comble de compétiteurs, comment arrive la satiété, comment on recherche de nouveaux objets de lutte et d'ambition, comment on en éveille d'anciens à la vie, comment le spectacle se répète, comment les spectateurs se fatiguent du spectacle, parce que dès lors tout le cercle semble être parcouru — et alors survient un repos, un arrêt dans la respiration : les rivières se perdent dans le sable. C'est la fin, ou du moins *une* fin.

115.

Quelles sont les contrées qui réjouissent d'une façon durable. — Cette contrée possède des traits significatifs pour un tableau, mais je ne puis saisir la formule pour l'exprimer ; comme ensemble elle est insaisissable pour moi. Je remarque que tous les paysages qui me plaisent d'une façon durable contiennent, sous leur diversité, une simple figure de lignes géométriques. Sans un pareil substratum mathématique, aucune contrée ne devient pour l'œil un régal artistique. Et peut-être cette règle permet-elle une application symbolique à l'homme.

116.

LIRE A HAUTE VOIX. — Pour faire la lecture il faut savoir *déclamer* : on doit partout appliquer des couleurs pâles, mais il faut déterminer le degré de pâleur conformément à un tableau fondamental aux couleurs pleines et profondes qui toujours flotte devant vos yeux et vous dirige, c'est-à-dire d'après la façon dont on *déclamerait* les mêmes passages : il faut donc être à même de le faire.

117.

LE SENS DRAMATIQUE. — Celui qui ne possède pas les quatre sens de l'art cherche à comprendre toute chose avec le cinquième sens, qui est le plus grossier : c'est le sens dramatique.

118.

HERDER. — Herder est loin d'être ce qu'il voulait faire croire qu'il était (et ce qu'il désirait croire lui-même); il n'est pas un grand penseur et un grand inventeur, il n'est pas un terrain nouveau et fécond avec une puissance vierge et inutilisée. Mais il possédait au plus haut degré le flair de ce qui allait venir, il voyait et cueillait les primeurs des saisons plus tôt que tous les autres et ceux-ci pouvaient alors croire que c'était lui qui les avait fait pousser : son esprit était sans cesse aux aguets entre le clair et l'obscur, le vieux et le jeune. Partout où des passages, des renfoncements, des bouleversements indiquaient l'existence de sources intérieures, l'inquiétude du printemps l'agitait, mais lui-même n'était pas le printemps! — Il s'en doutait bien de temps en temps et ne voulait pas se l'avouer à lui-même, lui le prêtre ambitieux qui aurait tant aimé être le pape des esprits de son temps! Ce fut là sa souffrance : il semble longtemps avoir vécu en prétendant de plusieurs royaumes de l'esprit et même d'un empire universel et il avait ses partisans qui croyaient en lui : le jeune Gœthe était parmi eux. Mais partout où l'on finissait par distribuer véritablement des couronnes, il s'en allait les mains vides. Kant, Gœthe et ensuite les premiers véritables historiens et philologues allemands lui enlevèrent ce qu'il croyait s'être réservé, — mais sans qu'il crût parfois à cette priorité dans le silence et le secret de lui-même. C'est justement lorsqu'il doutait de lui-même qu'il aimait à se draper dans la dignité et l'enthousiasme : et ce manteau devait souvent cacher bien des choses, et aussi le duper et le consoler lui-même. Il possédait véritablement de l'enthousiasme et de l'ardeur, mais son ambition était beaucoup plus grande que tout cela. Cette ambition avivait le feu et il se mettait à flamber, à crépiter et à fumer — le *style* de Herder flambe, crépite et fume, — mais il désirait la grande flamme et celle-ci ne venait jamais! Il ne pouvait s'asseoir à la table des créateurs véritables : et son ambition ne lui permettait pas de se placer humblement parmi ceux qui jouissent simplement. C'est pourquoi il fut un hôte inquiet qui goûtait d'avance tous les mets intellectuels que pendant un demi-siècle les Allemands ramassèrent dans tous les mondes et dans tous les temps. Jamais totalement rassasié et heureux, Herder était, de plus, trop souvent malade : alors la jalousie s'asseyait parfois à son chevet et l'hypocrisie, elle aussi, lui rendait visite. Il gardait une allure de contrainte et semblait rongé par une blessure. Plus qu'aucun de ceux que l'on appelle nos « classiques », il manquait d'une brave et simple virilité.

119.

ODEUR DES MOTS. — Chaque mot a son odeur : il y a une harmonie et une dissonance des parfums, donc aussi des mots.

120.

LE STYLE CHERCHÉ. — Le style trouvé est une offense pour l'ami du style cherché.

121.

PROMESSE SOLENNELLE. — Je ne veux plus lire un auteur chez qui l'on remarque qu'il a voulu faire un livre. Je ne lirai plus que ceux dont les idées devinrent inopinément un livre.

122.

LA CONVENTION ARTISTIQUE. — Ce qu'a écrit

Homère est convention aux trois quarts, et il en est ainsi de presque tous les artistes grecs, qui n'avaient aucune raison de s'adonner à la rage d'originalité qui est le propre des modernes. Ils n'avaient nulle crainte du conventionnel, c'était là un moyen pour entrer en communion avec leur public. Car les conventions sont des procédés pour l'entendement de l'auditeur, une langue commune péniblement apprise, au moyen de quoi l'artiste peut véritablement se communiquer. Surtout lorsque, comme les poètes et les musiciens grecs, il veut être *immédiatement* victorieux avec son œuvre d'art — étant habitué à lutter publiquement avec un ou deux rivaux —, c'est aussi la première condition pour être *compris immédiatement :* ce qui n'est possible que par la convention. Ce que l'artiste invente au delà de la convention, il l'ajoute de son propre chef et il s'y risque lui-même, au meilleur cas avec ce succès d'avoir *créé* une nouvelle convention. Généralement ce qui est original est regardé avec étonnement, parfois même adoré, mais rarement compris; vouloir échapper avec opiniâtreté à la convention, c'est vouloir ne pas être compris. A quoi vise donc la folie d'originalité des temps modernes ?

123.

AFFECTATION DE LA SCIENCE CHEZ LES ARTISTES. — Schiller croyait, avec quelques autres artistes allemands, que lorsque l'on a de l'esprit on a le droit de se livrer à l'*improvisation* sur toutes sortes de sujets difficiles. Nous avons donc ses compositions en prose — à tous les points de vue un modèle pour montrer la façon dont il ne faut pas s'attaquer aux questions scientifiques de l'esthétique et de la morale, — et aussi un danger pour les jeunes lecteurs qui, dans leur admiration pour le poète Schiller, n'ont pas le courage d'estimer peu le penseur et l'écrivain Schiller. La tentation qui s'empare si facilement de l'artiste, tentation pardonnable entre toutes, de passer une fois, lui aussi, sur une prairie qui lui est interdite et de dire son mot dans la science — car le plus brave trouve parfois son métier et son atelier insupportables — cette tentation est si forte chez l'artiste qu'il veut montrer à tout le monde ce que personne n'a besoin de voir, à savoir : que son petit « pensoir » est étroit et désordonné, — qu'importe ! il n'y habite pas ! — que les greniers de son savoir sont vides, à moitié pleins de fatras — pourquoi non ? l'enfant-artiste s'en accommode même fort bien —, et surtout que, pour les plus faciles pratiques de la méthode scientifique, familières même aux commençants, ses membres sont trop peu exercés et pas assez agiles — et de cela aussi il n'a certainement pas besoin d'avoir honte ! — Par contre il déploie parfois un art considérable à *imiter* tous les défauts, tous les travers et les mauvaises habitudes savantes que l'on trouve dans la corporation scientifique, avec l'idée que cela fait partie, sinon du sujet lui-même, du moins de l'apparence du sujet; et c'est là précisément ce qu'il y a de réjouissant dans de pareils écrits d'artiste : l'artiste y fait sans le vouloir ce qui est en somme son métier : *parodier* les natures scientifiques et anti-artistiques. Vis-à-vis de la science, il ne devrait pas prendre d'autre position que la parodie, du moins en tant qu'il est artiste et rien qu'artiste.

124.

L'IDÉE DE FAUST. — Une petite couturière est séduite et plongée dans le malheur; un grand savant des quatre facultés est le malfaiteur. Il y a certainement quelque chose là-dessous! Car cette histoire n'a rien de naturel. Sans l'aide du diable en personne, le grand savant ne serait pas arrivé à ses fins. — Serait-ce là vraiment la plus grande « pensée tragique » allemande, comme on entend dire parmi les Allemands? — Pour Gœthe, cependant, cette pensée avait quelque chose de trop épouvantable; son cœur compatissant ne pouvait faire autrement que de transporter la petite couturière, « la bonne âme qui ne s'est oubliée qu'une seule fois », après sa mort involontaire, dans le voisinage des saints; et il parvint même, par un mauvais tour que l'on joue au diable, au moment décisif, à faire entrer au ciel le grand savant alors qu'il en était temps encore, lui « l'homme bon » à l'« instinct obscur » : — en sorte que là-haut au ciel les amants se retrouvent. — Gœthe disait une fois que pour les sujets véritablement tragiques sa nature avait été trop conciliante.

125.

Y A-T-IL DES CLASSIQUES ALLEMANDS? — Sainte-Beuve remarque une fois que la manière de certaines littératures ne s'accorde pas du tout avec le

mot « classique » : il ne viendrait par exemple à
l'idée de personne de parler de « classiques allemands ». — Que disent de cela nos libraires allemands qui sont en train d'ajouter aux cinquante
classiques allemands, à qui nous devons déjà croire,
cinquante nouveaux classiques? Il semble presque
qu'il suffirait simplement d'être mort depuis trente
ans et de s'étaler publiquement comme une proie
offerte à tous pour entendre soudain la trompette
de résurrection qui vous sacre classique! Et cela
dans un temps et au milieu d'un peuple où, des
six grands ancêtres de la littérature, cinq sont en
train de vieillir incontestablement ou ont même
déjà vieilli, — sans que ce temps et ce peuple
aient précisément besoin d'avoir honte de *cela!*
Car ces écrivains ont cédé la place aux *forces* de
ce temps, — il suffit d'y songer en toute équité!
— Comme je l'ai indiqué, je fais abstraction de
Gœthe, il appartient à une catégorie supérieure de
littératures qui est au-dessus des « littératures nationales » : c'est pourquoi la vie, la nouveauté, la
caducité n'entrent pas en ligne de compte dans ses
rapports avec sa *nation*. Il n'a vécu que pour le
petit nombre et c'est pour le petit nombre qu'il vit
encore : pour la plupart des gens il n'est qu'une
fanfare de vanité qu'on souffle de temps en temps
au delà des frontières allemandes. Gœthe fut non
seulement un homme bon et grand, mais encore
une *culture*. Dans l'histoire des Allemands, il est
un incident sans conséquences : qui pourrait par
exemple découvrir dans la politique allemande
des soixante-dix dernières années une influence

quelconque de Gœthe ! (tandis que Schiller a certainement travaillé à cette histoire et peut-être un peu Lessing.) Mais que dire de ces cinq autres ! Klopstock vieillit déjà de son vivant d'une façon très vénérable, et si foncièrement que le livre réfléchi de ses années de vieillesse, sa *République des Savants*, n'a été jusqu'aujourd'hui prise au sérieux par personne. Herder eut le malheur d'écrire des ouvrages qui étaient toujours trop neufs ou déjà vieillis ; pour les esprits plus subtils et plus forts (comme pour Lichtenberg), l'œuvre principale de Herder, ses *Idées sur l'histoire de l'humanité*, par exemple, avait quelque chose de suranné dès son apparition. Wieland qui, abondamment, avait vécu et engendré la vie, prévint, en homme avisé, la diminution de son influence par la mort. Lessing subsiste peut-être encore aujourd'hui — mais parmi les savants jeunes et toujours plus jeunes ! Et Schiller est sorti maintenant des mains des jeunes gens pour tomber dans celles des petits garçons, de tous les petits garçons allemands ! C'est, pour un livre, une façon connue de vieillir, que de descendre à des âges de moins en moins mûrs. — Et qu'est-ce qui a refoulé ces cinq écrivains, de sorte qu'ils ne sont plus lus par les hommes laborieux d'une instruction solide ? Le goût meilleur, la réflexion plus mûre, la plus grande estime du vrai et du véritable : c'est-à-dire des vertus qui ont été *implantées* de nouveau en Allemagne par ces cinq, précisément (et par dix ou vingt autres, moins éclatants), et qui maintenant, en forêt somptueuse, étendent sur leur propre tombe l'ombre de la vénération, et aussi un peu de l'ombre de l'oubli. — Mais les *classiques* ne sont pas les *planteurs* des vertus intellectuelles ou littéraires, ils sont l'*accomplissement* et les plus hauts sommets de ces vertus, qui continuent à s'élever au-dessus des peuples, lors même que ceux-ci périraient : car ils sont plus légers, plus libres et plus purs qu'eux. On peut imaginer un état supérieur de l'humanité, où l'Europe des peuples aura sombré dans l'oubli du passé, mais où l'Europe *vivra* encore dans trente volumes très anciens et qui ne vieilliront jamais : dans les classiques.

126.

INTÉRESSANT, MAIS POINT BEAU. — Cette contrée cache sa signification, mais elle en a une que l'on aimerait deviner : partout où je regarde, je lis des mots et des indications de mots, mais je ne sais pas où commence la phrase qui résout l'énigme de toutes ces indications, et je gagne un torticolis à essayer vainement de lire, en commençant par tel côté ou par tel autre.

127.

CONTRE LES NOVATEURS DU LANGAGE. — Faire des néologismes ou des archaïsmes dans le langage, préférer le rare et l'étrange, viser à la richesse des expressions plutôt qu'à la restriction, c'est toujours le signe d'un goût qui n'a pas encore atteint sa maturité ou qui est déjà corrompu. Une noble pauvreté, mais, dans un domaine sans apparence, une liberté de maître, c'est ce qui distingue, en Grèce, les artistes du discours : ils veulent posséder *moins* que ne possède le peuple, — car c'est le peuple qui est le plus riche en choses anciennes et nouvelles — mais ce peu, ils veulent le posséder *mieux*. On en a vite fini d'énumérer leurs archaïsmes et leurs étrangetés, mais l'admiration est sans borne si l'on a de bons yeux pour voir la façon légère et douce dont ils approchent ce qu'il y a de quotidien et de très usé en apparence, dans les mots et les tours de phrase.

128.

LES AUTEURS TRISTES ET LES AUTEURS GRAVES. — Celui qui couche sur le papier ce qu'il *souffre* devient un auteur triste : mais il devient un auteur grave s'il nous dit ce qu'il a *souffert* et pourquoi il se repose maintenant dans la joie.

129.

SANTÉ DU GOUT. — D'où vient que la santé ne soit pas aussi contagieuse que la maladie, ceci d'une façon générale et surtout en matière de goût? Ou bien y a-t-il des épidémies de santé?

130.

RÉSOLUTION. — Ne plus lire un livre qui, aussitôt qu'il est né, a été baptisé (avec de l'encre).

131.

CORRIGER LA PENSÉE. — Corriger le style — c'est corriger la pensée et rien de plus! — Celui qui n'en convient pas du premier coup ne pourra jamais en être persuadé.

132.

Livres classiques. — Le côté le plus faible de tout livre classique c'est qu'il est trop écrit, dans la langue maternelle de son auteur.

133.

Mauvais livres. — Le livre doit crier après la plume, l'encre et la table de travail : mais généralement c'est la plume, l'encre et la table de travail qui crient après le livre. C'est pourquoi de nos jours les livres sont si peu de chose.

134.

Présence des sens. — Le public, en réfléchissant à des tableaux, devient poète, mais quand il réfléchit à des poèmes, il devient observateur. Au moment où l'artiste fait appel au public il manque généralement du *sens* véritable, donc non point de présence d'esprit, mais de présence des sens.

135.

Idées choisies. — Le syle choisi d'une époque prééminente trie non seulement les mots, mais encore les idées, — et il cherche, tant les mots que les idées, dans ce qui est *usuel* et *dominant* : les idées risquées et trop neuves répugnent tout autant au goût mûr que les images et les expressions neuves et audacieuses. Plus tard ces deux choses — l'idée choisie et le mot choisi — sentent facilement la médiocrité, parce que l'odeur particulière s'y perd vite et qu'on n'y sent plus que le banal et le quotidien.

136.

Cause principale de la corruption du style. — Vouloir montrer plus de sentiment pour une chose qu'on n'en *possède* réellement détruit le *style*, dans la langue et dans les arts. Tout grand art possède plutôt le penchant contraire : pareil à tout homme d'une réelle valeur morale, il voudra arrêter le sentiment en route et ne pas le laisser aller *tout à fait* jusqu'au bout. Cette pudeur de la demi-visibilité du sentiment est, par exemple, le plus admirablement observée chez Sophocle ; et elle semble transfigurer les traits du sentiment, lorsque celui-ci se montre lui-même plus sobre qu'il ne l'est.

137.

Pour excuser les stylistes lourds. — Ce qui est dit légèrement tombe rarement dans l'oreille avec son poids véritable, — mais c'est la faute à l'oreille mal disciplinée, qui, éduquée par ce que l'on a appelé jusqu'à présent la musique, a dû négliger l'école des harmonies supérieures, c'est-à-dire du *discours*.

138.

Perspective a vol d'oiseau. — Voici des torrents qui se précipitent de plusieurs côtés dans un gouffre : leur mouvement est si impétueux et entraîne l'œil avec tant de force que les versants de la montagne, nus ou boisés, ne semblent pas s'incliner, mais *couler* dans les profondeurs. Devant ce spectacle, on éprouve les angoisses de l'attente, comme si derrière tout cela se cachait quelque chose d'hostile qui pousserait à la fuite et dont l'abîme seul pourrait nous protéger. Il n'est pas possible de peindre cette contrée, à moins que l'on ne plane au-dessus d'elle, dans l'air libre, comme un oiseau. Ce que l'on appelle la perspective à vol d'oiseau n'est donc pas ici le bon plaisir de l'artiste, mais le seul procédé possible.

139.

Comparaisons hasardeuses. — Lorsque les comparaisons hasardeuses ne sont pas la preuve de la malice d'un écrivain, elles sont la preuve de son imagination épuisée. Mais dans tous les cas elles témoignent de son mauvais goût.

140.

Danser dans les chaines. — En face de chaque artiste, poète ou écrivain grec il faut se demander : quelle est la *nouvelle* contrainte qu'il s'impose et qu'il rend séduisante aux yeux de ses contemporains (pour trouver ainsi des imitateurs) ? Car ce que l'on appelle « invention » (sur le domaine métrique par exemple) est toujours une de ces entraves que l'on se met à soi-même. « Danser dans les chaînes » : regarder les difficultés en face, puis étendre dessus l'illusion de la facilité, — c'est là le tour de force qu'ils veulent nous montrer. Chez Homère déjà on remarque une série de formules transmises et de règles dans le récit épique, *au milieu desquelles* il lui fallut danser : et lui-même ajouta, de son propre chef, de nouvelles conventions pour ceux qui allaient venir. Ce fut là l'école éducatrice des poètes grecs : se laisser imposer d'abord, par les poètes précédents, une contrainte multiple ; puis ajouter l'invention d'une contrainte nouvelle, s'imposer cette contrainte et la vaincre avec grâce : afin que soient remarquées et admirées la contrainte et la victoire.

141.

AMPLEUR DES ÉCRIVAINS. — La dernière chose qui vient à un bon écrivain, c'est l'ampleur ; celui qui l'apporte avec lui ne sera jamais un bon écrivain. Les plus nobles chevaux de course sont maigres, jusqu'à ce qu'ils puissent se *reposer* de leurs victoires.

142.

HÉROS ESSOUFFLÉS. — Les poètes et les artistes qui souffrent d'étroitesse dans les sentiments font haleter leurs héros le plus longtemps : ils ne s'entendent pas à respirer facilement.

143.

LES DEMI-AVEUGLES. — Le demi-aveugle est l'ennemi né de tous les écrivains qui se laissent aller. Quelle colère le prend en fermant un livre où il s'est aperçu que l'auteur a besoin de cinquante pages pour faire part de cinq idées : il est furieux d'avoir mis en danger, presque sans récompense, ce qui lui reste d'yeux. — Un demi-aveugle disait un jour : *Tous* les auteurs se sont laissé aller. — « Le Saint-Esprit aussi? » — Le Saint-Esprit aussi. Mais il en avait le droit ; il écrivait pour ceux qui étaient complètement aveugles.

144.

Le style de l'immortalité. — Thucydide tout aussi bien que Tacite — en élaborant leurs œuvres, ont songé à l'immortalité : si on ne le savait pas d'une autre manière cela se devinerait déjà à leur style. L'un croyait donner de la durée à ses idées en les réduisant par l'ébullition, l'autre en y mettant du sel ; et tous deux, semble-t-il, ne se sont pas trompés.

145.

Contre les images et les symboles. — Avec les images et les symboles on persuade, mais on ne démontre pas. C'est pourquoi, dans le domaine de la science, on a une telle terreur des images et des symboles ; car ici l'on ne veut précisément *pas* ce qui convainc et rend vraisemblable, on provoque, au contraire, la plus froide méfiance, rien que par la façon de s'exprimer et la nudité des murs, parce que la méfiance est la pierre de touche pour l'or de la certitude.

146.

Se garder. — En Allemagne, celui qui ne possède pas un savoir profond devra bien se garder d'écrire. Car le *bon* Allemand ne dit pas : « il est ignorant », mais « il est d'un caractère douteux ». — Cette conclusion hâtive fait d'ailleurs honneur aux Allemands.

147.

Squelettes tatoués. — Les squelettes tatoués, ce sont les auteurs qui aimeraient remplacer ce qui leur manque de chair par des couleurs artificielles.

148.

Le style grandiloquent et ce qui lui est supérieur. — On apprend plus facilement à écrire avec grandiloquence qu'à écrire légèrement et simplement. Les raisons de cela se perdent dans le domaine moral.

149.

Sébastien Bach. — Lorsque l'on n'écoute pas la musique de Bach en connaisseur accompli et sagace du contre-point et de toutes les manières du style de la fugue, lorsque l'on se prive ainsi d'une véritable jouissance artistique, on l'écoutera tout autrement, avec l'état d'esprit d'un homme (pour employer avec Gœthe une expression magnifique) qui eût été présent au moment où *Dieu créa le monde*. C'est-à-dire que l'on sentira alors qu'il y a là quelque chose de grand qui est dans son devenir, mais qui n'est pas encore : notre *grande* musique moderne. Elle a déjà vaincu le monde en remportant la victoire sur l'Église, les nationalités et le contre-point. Dans Bach il y a encore trop de christianisme cru, de germanisme cru, de scolastique cru ; il se trouve au seuil de la musique européenne (moderne), mais de là il tourne son regard vers le moyen âge.

150.

Hændel. — Hændel, lorsqu'il composait sa musique, était brave, novateur, vrai, puissant; il se tournait vers un héroïsme semblable à celui dont un peuple est capable, — mais, lorsqu'il s'agissait d'achever son travail, il était souvent plein de contrainte, de froideur et même de dégoût de soi; alors il se servait de quelques méthodes éprouvées dans l'exécution, il se mettait à écrire vite et beaucoup et était trop heureux d'en avoir fini, — mais ce n'était pas un contentement pareil à celui de Dieu et d'autres créateurs, au soir de leur journée féconde.

151.

Haydn. — Si la génialité peut s'allier à la nature d'un homme simplement *bon*, Haydn a possédé cette génialité. Il va jusqu'à la frontière que la moralité trace à l'intelligence; il ne fait que de la musique qui n'a pas de « passé ».

152.

Beethoven et Mozart. — La musique de Beethoven apparaît souvent comme une *contemplation* profondément émue à l'audition d'un morceau que l'on croyait perdu depuis longtemps, c'est « l'innocence dans les sons », une musique *au sujet* de la musique. La chanson du mendiant ou de l'enfant des rues, les motifs traînants des Italiens en voyage, les airs de danse des auberges de village ou des nuits de Carnaval, voilà les sources d'inspiration où Beethoven découvre ses « mélodies », il les amasse comme une abeille, en saisissant çà et là une note ou une courte suite. Ce sont pour lui des *souvenirs* transfigurés d'un « monde meilleur » : semblables à ce que Platon imaginait au sujet des idées. — Mozart est dans un rapport tout différent avec ses mélodies : il ne trouve pas ses inspirations en entendant de la musique, mais en regardant la vie, la vie la plus mouvementée des contrées méridionales : il rêvait toujours de l'Italie lorsqu'il n'y était pas.

153.

Récitatif. — Autrefois, le récitatif était sec ; maintenant nous vivons en un temps du *récitatif mouillé :* il est tombé à l'eau et les vagues l'entraînent où elles veulent.

154.

Musique « sereine ». — Lorsque l'on entend de la musique après en avoir été privé très longtemps, elle passe trop vite dans le sang comme un de ces vins épais du midi et laisse à l'âme une griserie semblable à celle d'un narcotique qui la plonge dans un état de demi-sommeil et de désir ; c'est surtout le cas de la musique « sereine » qui procure en même temps de l'amertume et de la douleur, de la satiété et du mal de pays et qui force à absorber tout cela, sans cesse, comme un doux breuvage empoisonné. Pendant ce temps, la salle où bruit une joie sereine semble se rétrécir toujours davantage, la lumière paraît diminuer d'intensité et devenir plus sombre : finalement on croit entendre la musique comme si elle entrait dans une prison, où le mal du pays empêche un pauvre homme de dormir.

155.

FRANÇOIS SCHUBERT. — François Schubert, un artiste moindre que les autres grands musiciens, possédait cependant, plus que ceux-ci, une *richesse héréditaire* en musique. Il gaspilla cette richesse à pleine main et d'un cœur généreux : en sorte que les musiciens pourront encore vivre pendant quelques siècles de ses idées et de ses inventions. Dans son œuvre nous possédons un trésor d'inventions inutilisées. — Si l'on osait appeler Beethoven l'auditeur idéal d'un ménestrel, Schubert aurait le droit d'être appelé lui-même le ménestrel idéal.

156.

LA DICTION MUSICALE LA PLUS MODERNE. — La grande diction tragico-dramatique dans la musique acquiert son caractère par l'imitation des gestes du grand pécheur, tel que le christianisme imagine et souhaite celui-ci : de l'être qui marche à pas lents, méditant avec passion, agité par les tortures de la conscience, fuyant tantôt avec épouvante, tantôt s'arrêtant avec désespoir, ou encore les mains tendues dans le ravissement — et quels que soient les autres signes du grand état de péché. Mais le chrétien admet que tous les hommes sont de grands pécheurs et ne font que pécher sans cesse, et cette condition pourrait seule justifier l'application à *toute* la musique de ce style dans la diction : et cela, en ce sens que la musique serait le reflet de tous les actes humains et aurait, comme telle, à parler sans cesse le langage que le grand pêcheur exprime dans ses gestes. Un auditeur qui ne serait pas assez chrétien pour comprendre cette logique aurait, il est vrai, le droit de s'écrier, en face d'une pareille diction musicale : « Au nom du ciel comment le péché est-il entré dans la musique ! »

157.

Félix Mendelssohn. — La musique de Félix Mendelssohn est la musique du bon goût qui prend plaisir à tout ce qu'il y eut autrefois de bien : elle renvoie toujours à ce qui est derrière elle. Comment pourrait-elle avoir beaucoup de choses devant elle, beaucoup d'avenir ! — Mais Félix Mendelssohn *voulut*-il donc avoir de l'avenir ? Il possédait une vertu qui est rare parmi les artistes, celle de la reconnaissance, sans arrière-pensée : et c'est là aussi une vertu qui renvoie toujours à ce qui est derrière elle.

158.

Une mère des arts. — A notre époque de scepticisme un héroïsme brutal de l'*ambition* fait presque partie de la véritable *dévotion*. Il ne suffit plus de fermer fanatiquement les yeux et de courber les genoux. Ne serait-il pas possible que l'ambition d'être à jamais le dernier héros de la dévotion devînt la mère d'une dernière musique religieuse catholique, de même qu'elle engendra déjà le dernier style de l'architecture religieuse? (On l'appelle le style jésuite).

159.

La liberté dans les entraves — une liberté princière. — Le dernier des nouveaux musiciens qui ait vu et adoré la beauté, à l'égal de Léopardi, le Polonais Chopin, lui qui fut l'inimitable — tous ceux qui sont venus avant et après lui n'ont pas droit à cette épithète — Chopin, dis-je, possédait la même noblessse princière dans le convenu que Raphaël dans l'emploi des couleurs traditionnelles les plus simples, — mais non par rapport aux couleurs, mais aux usages mélodiques et rythmiques. Il admit ces usages, car il était *né dans l'étiquette,* mais, tel l'esprit le plus subtil et le plus gracieux, se livrant dans ses entraves au jeu et à la danse — *sans* qu'il voulût même s'en moquer.

160.

La barcarolle de Chopin. — Presque tous les états d'âme et toutes les conditions de la vie possèdent un seul moment *bienheureux.* C'est ce moment là que les bons artistes savent découvrir. Il y en a un même dans la vie sur la côte, cette vie si ennuyeuse, si malpropre, si malsaine, qui se déroule dans le voisinage de la populace la plus bruyante et la plus rapace; — ce moment bienheureux, Chopin a su lui prêter des accords dans sa *Barcarolle* au point que les dieux eux-mêmes pourraient avoir envie de s'étendre dans une barque durant les longs soirs d'été.

161.

Robert Schumann. — Le « jeune homme » tel que le rêvaient les poètes lyriques du Romantisme français et allemand dans le premier tiers de ce siècle, — ce jeune homme a été complètement traduit en chants et en musique par Robert Schumann, l'éternel jeune homme, tant qu'il se sentit dans la plénitude de sa force : il est vrai qu'il y a des moments où sa musique fait songer à l'éternelle « vieille fille ».

162.

Les chanteurs dramatiques. — « Pourquoi ce mendiant chante-t-il ? » — Il ne s'entend probablement pas à gémir. — « Alors il fait bien : mais nos chanteurs dramatiques qui gémissent parce qu'ils ne savent pas chanter — font-ils bien, eux aussi ? »

163.

Musique dramatique. — Pour celui qui ne voit pas ce qui se passe sur la scène, la musique dramatique est une absurdité ; de même que le commentaire perpétuel d'un texte perdu est une absurdité. Cette musique demande très sérieusement que l'on ait les oreilles là où se trouvent les yeux. Mais c'est là faire violence à Euterpe : cette pauvre muse veut qu'on laisse ses yeux et ses oreilles aux endroits où toutes les autres muses les ont aussi.

164.

Victoire et raison. — Malheureusement, dans les guerres esthétiques que les artistes provoquent avec leurs œuvres et la défense de celles-ci, c'est aussi la force qui décide en dernière instance et non point la raison. Maintenant tout le monde admet, comme fait historique, que le bonheur dans la lutte a eu *raison* avec Piccini : en tous les cas Piccini a été *victorieux;* la force se trouvait de son côté.

165.

Du principe de l'exécution musicale. — Les exécutants d'aujourd'hui croient-ils donc vraiment que c'est le commandement suprême de leur art de donner à chaque morceau autant de *haut-relief* que possible et de lui faire parler à tout prix un langage dramatique? Appliqué, par exemple, à Mozart, n'est-ce pas là un véritable péché contre l'esprit, l'esprit serein, ensoleillé, tendre et léger de Mozart, dont le sérieux est un sérieux bienveillant et non point un sérieux terrible, dont les images ne veulent pas sauter hors de leur cadre pour épouvanter et mettre en fuite celui qui les contemple? Ou bien vous imaginez-vous que la musique de Mozart s'identifie à la musique du « Festin de Pierre »? Et non seulement la musique de Mozart, mais toute espèce de musique? — Mais vous répondez que le plus grand effet parle en faveur de votre principe — et vous auriez raison si l'on ne vous répliquait pas par une autre question : *sur qui* a-t-on voulu faire de l'effet, et sur qui un artiste noble a-t-il seulement le droit de *vouloir* faire de l'effet ? Jamais sur le peuple ! Jamais sur les êtres qui n'ont pas atteint leur maturité ! Jamais sur les êtres sensibles ! Jamais sur les êtres maladifs ! Mais avant tout : jamais sur les êtres émoussés !

166.

Musique d'aujourd'hui. — Cette musique archi-moderne, avec ses poumons vigoureux et ses nerfs délicats, s'effraye toujours d'abord devant elle-même.

167.

Ou la musique est a l'aise. — La musique n'atteint sa grande puissance que parmi les hommes qui ne peuvent ni ne doivent discuter. C'est pourquoi ses premiers promoteurs sont les princes qui ne veulent pas que, dans leur entourage, l'on critique beaucoup, ni même que l'on pense beaucoup ; et ensuite les sociétés qui, sous une pression quelconque (princière ou religieuse), sont forcées de s'habituer au silence, mais qui sont à la recherche de sortilèges d'autant plus violents contre l'ennui du sentiment (généralement l'éternel penchant amoureux et l'éternelle musique) ; en troisième lieu des peuples tout entiers où il n'y a point de « société », mais d'autant plus d'individus avec un penchant à la solitude, à des pensées crépusculaires et à la vénération de tout ce qui est inexprimable : ce sont les véritables âmes musicales. — Les Grecs, étant un peuple qui aime la parole et la lutte, ne supportaient la musique que comme un *accessoire* des arts sur quoi l'on pût discuter et parler véritablement : tandis que sur la musique il est à peine possible de *penser* nettement. — Les Pythagoriciens, ces Grecs exceptionnels en bien des matières, étaient aussi, ainsi que l'on prétend, de grands musiciens : ce sont les mêmes qui ont inventé le silence de cinq ans, mais non point la dialectique.

168.

SENTIMENTALITÉ DANS LA MUSIQUE. — Quel que soit le penchant que l'on ait pour la musique sérieuse et grande, à certaines heures on sera toujours subjugué, charmé et attendri par l'opposé de celle-ci. Je veux parler de ces *mélismes* d'opéra italiens, les plus simples de tous, qui, malgré leur uniformité rythmique et l'enfantillage de leurs harmonies, nous émeuvent parfois comme si nous entendions chanter l'âme même de la musique. Que vous en conveniez ou non, pharisiens du bon goût, *il en est ainsi*, et pour moi il importe maintenant avant tout de donner à deviner cette énigme et d'aider moi-même un peu à la résoudre. — Lorsque nous étions encore enfants, nous avons goûté pour la première fois le miel de bien des choses; jamais plus dans la suite, il ne nous parut aussi bon qu'alors; il induisait à la vie, à la vie la plus longue, sous la forme du premier printemps, des premières fleurs, des premiers papillons, de la première amitié. — Alors — ce fut peut-être vers la neuvième année de notre vie — nous entendîmes la première musique : et ce fut celle que nous *comprîmes* d'abord, par conséquent la plus simple et la plus enfantine, celle qui ne fut guère plus que le développement d'une chanson de nourrice ou d'un air de musicien ambulant. (Car il faut que l'on soit *préparé* et *exercé* pour les moindres révélations de l'art : il n'existe nullement d'effet « immédiat » de l'art, quelles que soient les belles inventions que les philosophes aient à ce sujet.) C'est à ces premiers ravissements musicaux — les plus violents de notre vie — que se rattache notre sentiment, lorsque nous entendons ces *mélismes* italiens : la béatitude d'enfant et la fuite du jeune âge, le sentiment de l'irréparable comme notre bien le plus précieux, — tout cela touche les cordes de notre âme d'une façon plus violente que la présence la plus abondante et la plus sérieuse de l'art ne saurait le faire. — Ce mélange de joie esthétique avec un chagrin moral que l'on a maintenant l'habitude d'appeler communément « sentimentalité », un peu trop orgueilleusement comme il me semble — c'est l'état d'âme de Faust à la fin de la première scène — cette « sentimentalité » des auditeurs profite à la musique italienne que, généralement, les gourmets expérimentés de l'art, les « esthéticiens » purs, aiment à ignorer. — D'ailleurs toute musique ne commence à avoir un effet *magique* qu'à partir du moment où nous entendons parler en elle le langage de notre propre *passé :* et en ce sens, pour le profane, toute musique ancienne semble devenir toujours meilleure, et toute musique récente n'avoir que peu de valeur : car elle n'éveille pas encore de

« sentimentalité », cette sentimentalité qui, comme je l'ai indiqué, est le principal élément de bonheur dans la musique, pour tout homme qui ne prend pas plaisir à cet art purement en artiste.

169.

EN AMIS DE LA MUSIQUE. — En fin de compte, nous continuons à aimer la musique comme nous aimons le clair de lune. Tous deux ne veulent pas remplacer le soleil, — mais seulement illuminer nos nuits tant bien que mal. Mais n'est-ce pas? nous avons quand même le droit d'en rire et de plaisanter à leur sujet? Un peu du moins? Et de temps en temps? Sur l'homme dans la lune? Sur la femme dans la musique!

170.

L'ART DANS LE TEMPS RÉSERVÉ AU TRAVAIL. — Nous possédons la conscience d'une époque *laborieuse*: cela ne nous permet pas de réserver à l'art les meilleures heures et les meilleurs matins, quand même cet art serait le plus grand et le plus digne. Il est à nos yeux affaire de loisir, de récréation : nous lui vouons les *restes* de notre temps, de nos forces. — C'est là le fait principal qui a changé la situation de l'art vis-à-vis de la vie : lorsque l'art fait appel aux réceptifs par de grandes exigences de temps et de force, il a *contre* lui la conscience des laborieux et des hommes capables, il en est réduit aux gens indolents et sans conscience qui, de par leur nature, ne sont précisément pas portés vers le *grand* art et qui considèrent les prétentions du grand art comme de l'insolence. Il se pourrait donc très bien que c'en fût fait du grand art parce qu'il manque d'air et de libre respiration : ou bien encore faudrait-il qu'il essaie de s'acclimater dans une autre atmosphère (ou du moins de pouvoir y vivre), dans une atmosphère qui n'est en somme que l'élément naturel du *petit* art, de l'art du repos, de la distraction amusante. Il en est ainsi presque partout maintenant ; les artistes du grand art, eux aussi, promettent une récréation et une distraction, eux aussi s'adressent à l'homme fatigué et lui demandent les heures du soir de ses journées de travail, — tout comme les artistes qui veulent récréer et qui sont satisfaits d'avoir remporté une victoire sur le front chargé de plis sévères et sur les yeux caves. Quels sont donc les artifices de leurs plus grands confrères ? Ceux-ci ont dans leurs armes les excitants les plus puissants qui parviendraient même à effrayer l'homme mort à moitié ; ils possèdent des stupéfiants, des moyens de griser, d'ébranler, de provoquer des crises de larmes : par tous ces moyens, ils subjuguent l'homme fatigué et l'amènent dans un état de fébrilité nocturne, de débordement, de ravissement et de crainte. Aurait-on le droit d'en vouloir au grand art, tel qu'il existe aujourd'hui sous forme d'opéra, de tragédie et de musique, à cause des moyens dangereux qu'il emploie comme on en voudrait à un pêcheur astucieux ? Certainement non : car il préférerait cent fois vivre dans le pur élément du silence matinal et s'adresser aux âmes pleines de vie, de force et d'attente, aux âmes du matin chez les spectateurs et les auditeurs.

Remercions-le de préférer vivre ainsi que de s'enfuir ; mais avouons-nous aussi que, pour une époque qui apportera dans la vie des jours de fête et de joie, libres et pleins, notre *grand* art sera inutilisable.

171.

Les employés de la science et les autres. — On pourrait appeler « employés » les savants véritablement capables et couronnés de succès. Lorsque, dans les jeunes années, leur sagacité est suffisamment exercée, leur mémoire remplie, lorsque la main et l'œil ont pris de la sûreté, un savant plus âgé qu'eux leur assigne dans la science une place où leurs capacités peuvent être utiles; plus tard, lorsqu'ils ont eux-mêmes acquis le regard qui leur fait voir les points faibles et les lacunes de leur science, ils se placent d'eux-mêmes aux endroits où l'on a besoin d'eux : mais il y a d'autres natures plus rares, rarement couronnées de succès et qui rarement mûrissent complètement, ce sont les hommes « à cause desquels la science existe » — il leur semble du moins à eux-mêmes qu'il en est ainsi : — des hommes souvent désagréables, souvent présomptueux, souvent entêtés, mais presque toujours quelque peu enchanteurs. Ce ne sont ni des employés ni des employeurs, ils se servent de ce que les autres ont réalisé et fixé par leur travail, avec une certaine résignation princière et des éloges médiocres et rares : comme si ceux-ci appartenaient en quelque sorte à une espèce d'êtres inférieurs. Et pourtant ils ne possèdent pas de qualités différentes de celles par lesquelles se distinguent les autres et il leur arrive même de développer celles-ci à un degré moindre : de plus ils ont en particulier une étroitesse d'esprit qui manque à ceux-ci et à cause de quoi il n'est pas possible de les mettre à un poste et de voir en eux d'utiles instruments, — ils ne peuvent vivre que *dans leur propre atmosphère*, sur leur propre terrain. Cette étroitesse d'esprit leur permet de reconnaître ce qui, dans une science, leur « appartient », c'est-à-dire, ce qu'ils peuvent faire rentrer dans leur atmosphère et dans leur demeure ; ils ont toujours l'illusion de rassembler leur propriété éparse. Si on les empêche de construire leur propre nid, ils périssent comme des oiseaux sans abri. Le manque de liberté les jette dans la consomption. S'ils utilisent certaines entrées de la science à la façon des autres, ce seront toujours seulement celles où prospèrent les graines et les fruits qui leur sont nécessaires ; que leur importe si la science, dans son ensemble, possède des contrées incultes ou mal cultivées ? Ils ne prennent aucune part *impersonnelle* à un problème de la connaissance : de même qu'ils sont pénétrés de leur personnalité toutes leurs expériences et tout leur savoir se confondent de nouveau en une seule individualité, dont les différentes parties dépendent l'une de l'autre, empiètent l'une sur l'autre et sont nourries en commun, une individualité qui, dans son ensemble, possède une atmosphère à elle et une odeur qui lui est propre. — De pareilles natures produisent, au moyen de ces systèmes de connaissances *personnelles*, cette *illusion* qui consiste à croire qu'une science (ou même la philosophie tout entière) a atteint ses limites et se trouve à son but ; la *vie* qu'il y a dans leur système exerce ce charme : et ce charme a été, à certaines époques, très néfaste pour la science et trompeur pour ces travailleurs de l'esprit vraiment capables, mais à d'autres époques, où régnaient la sécheresse et l'épuisement, semblable à un baume et pareil au souffle rafraîchissant qui vient d'un calme lieu de repos. —Généralement on appelle de pareils hommes des *philosophes*.

172.

RECONNAISSANCE DU TALENT. — Lorsque je traversai le village de S, un jeune gamin se mit à claquer du fouet de toutes ses forces, — il avait passé maître dans cet art et il le savait. Je lui jetai un regard de reconnaissance, — mais au fond il me faisait *horriblement mal*. — Nous agissons souvent ainsi dans l'admiration que nous avons pour beaucoup de talents. Nous leur faisons du bien lorsqu'ils nous font du mal.

173.

RIRE ET SOURIRE. — Plus l'esprit devient joyeux et sûr de lui-même, plus l'homme désapprend le rire bruyant ; par contre il est pris sans cesse d'un sourire plus intellectuel, signe de son étonnement à cause des innombrables ressemblances cachées qu'il y a dans la bonne existence.

174.

ENTRETIEN DES MALADES. — De même que lorsque l'on a l'âme en détresse on s'arrache les cheveux, on se frappe le front, on se déchire les joues, ou encore que, comme Œdipe, on se crève les yeux : de même, contre de violentes douleurs physiques, on appelle en aide un sentiment de vive amertume, en se souvenant par exemple de ses calomniateurs et de ceux qui vous mettent en état de suspicion ; en obscurcissant notre avenir ; en lançant mentalement des méchancetés et des coups de poignard contre les absents. Et il est parfois vrai qu'un diable en chasse un autre, — mais c'en est alors un autre que l'on a en soi. — Voilà pourquoi il faut recommander aux malades cet autre divertissement qui semble contribuer à adoucir les douleurs : réfléchir aux bienfaits et aux gentillesses que l'on peut faire aux amis et aux ennemis.

175.

La médiocrité comme masque. — La médiocrité est le plus heureux des masques que l'esprit supérieur puisse porter, parce que le grand nombre, c'est-à-dire le médiocre, ne songe pas qu'il y a là un travestissement — : et pourtant c'est à cause de lui que l'esprit supérieur s'en sert, — pour ne point irriter et, dans des cas qui ne sont pas rares, par compassion et par bonté.

176.

Les patients. — Le pin semble écouter, le sapin semble attendre ; et tous deux écoutent sans impatience : — ils ne pensent pas à ce petit homme qui à leurs pieds, est dévoré par son impatience et sa curiosité.

177.

LES MEILLEURES PLAISANTERIES. — Je fais le meilleur accueil à la plaisanterie qui se glisse en place d'une pensée lourde et hésitante, en même temps comme signe de la main et comme clignement de l'œil.

178.

ACCESSOIRES DE TOUTE VÉNÉRATION. — Partout où l'on vénère le passé il ne faut pas laisser entrer les méticuleux qui veulent faire place nette. La piété ne se sent pas à l'aise sans un peu de poussière, d'ordure et de boue.

179.

LE GRAND DANGER DES SAVANTS. — Ce sont justement les savants les plus distingués et les plus sérieux qui courent le danger de voir le but de leur vie placé toujours plus bas, car ils ont le sentiment que, dans la seconde partie de leur existence, ils deviendront de plus en plus chagrins et querelleurs. Ils commencent par se jeter dans leur science, avec de vastes espoirs, et ils s'attribuent des tâches audacieuses dont leur imagination anticipe parfois déjà le but : il y a alors des moments semblables à ceux que l'on trouve dans la vie des grands navigateurs qui vont à la découverte ; — le savoir, le pressentiment et la force s'élèvent mutuellement toujours plus haut, jusqu'à ce qu'une côte lointaine et nouvelle apparaisse pour la première fois devant les regards. Mais l'homme sévère s'aperçoit d'année en année davantage combien il importe que la tâche particulière du chercheur soit prise dans des limites aussi restreintes que possible, pour que l'on puisse la résoudre *sans reste* et éviter cet insupportable gaspillage de forces dont souffraient les périodes antérieures de la science : tous les travaux étaient alors faits dix fois et c'était toujours le onzième qui avait à dire le dernier mot, le meilleur. Cependant, plus le savant apprend à connaître cette façon de résoudre les problèmes sans reliquat, plus il l'exerce, plus sera grand aussi le plaisir qu'il y prendra : mais la sévérité de ses prétentions, par rapport à ce qui est ici appelé « sans reliquat », grandira encore. Il met à part tout ce qui dans ce sens doit demeurer incomplet, il a le flair et la répugnance de tout ce qui n'est soluble qu'à moitié, — il déteste tout ce qui ne peut donner une espèce de certitude que pris dans sa généralité, avec des contours vagues. Ses plans de jeunesse s'effondrent devant ses yeux : à peine s'il en reste quelques nœuds à défaire : et c'est à ce travail que le maître s'applique maintenant avec joie et affirme sa force. Alors, au milieu de cette activité si utile et si infatigable, lui, l'homme vieilli, est parfois saisi d'un profond découragement, d'un sentiment qui finit par revenir plus souvent et qui ressemble à une espèce de torture de conscience : son regard s'abaisse sur lui-même, comme s'il voyait quelqu'un de transformé, quelqu'un qui s'est rapetissé et abaissé jusqu'à devenir un *nain* agile; il s'inquiète de savoir si la maîtrise dans les petites choses n'est pas une sorte de commodité, un faux-fuyant devant les voix secrètes qui conseillent de donner de l'ampleur à la vie. Mais il ne peut plus passer *de l'autre côté*, — il est trop tard pour cela.

180.

LES MAITRES A L'ÉPOQUE DES LIVRES. — L'éducation particulière et l'éducation par petits groupes se généralisant de plus en plus, on peut presque se passer de l'éducateur, tel qu'il existe maintenant. Des amis avides de savoir, qui veulent ensemble s'approprier une connaissance, trouvent, à l'époque des livres, une voie plus simple et plus naturelle que l' « école » et le « maître ».

181.

LA VANITÉ CONSIDÉRÉE COMME LA CHOSE LA PLUS UTILE. — Primitivement l'individu fort traite, non seulement la nature, mais encore la société et les individus faibles comme des objets de proie : il les exploite tant qu'il peut, puis il continue son chemin. Parce qu'il vit dans l'incertitude, alternant entre la faim et l'abondance, il tue plus de bêtes qu'il ne peut en consommer, pille et maltraite plus d'hommes qu'il ne serait nécessaire. Sa manifestation de puissance est en même temps une expression de vengeance contre son état de misère et de crainte : il veut, en outre, passer pour plus puissant qu'il n'est, voilà pourquoi il abuse des occasions : le surcroît de crainte qu'il engendre est pour lui un surcroît de puissance. Il remarque à temps que ce n'est pas ce qu'il *est*, mais ce pour quoi il *passe* qui le soutient ou l'abat : voilà l'origine de la *vanité*. Le puissant cherche par tous les moyens possibles à augmenter la *foi* en sa puissance. — Ceux qui lui sont assujettis, qui tremblent devant lui et le servent, savent, d'autre part, qu'ils ne valent exactement que ce pour quoi ils sont *réputés* : c'est pourquoi ils travaillent en vue de cette réputation et non point en vue de leur satisfaction personnelle. Nous ne connaissons la vanité que sous ses formes les plus affaiblies, lorsqu'elle ne se montre plus que sublimée et à petites doses, parce que nous vivons à une époque tardive et très adoucie de la société : primitivement elle était la chose *la plus utile*, le moyen de conservation le plus violent. Or, la vanité sera d'autant plus grande que l'individu sera plus avisé : parce qu'il est plus facile d'augmenter la croyance en la puissance que d'augmenter la puissance elle-même, mais c'est seulement le cas pour celui qui a de *l'esprit* — ou bien, comme il faut dire pour les états primitifs, pour celui qui est *rusé* et *dissimulé*.

182.

PRONOSTICS DE LA CULTURE. — Il y a si peu d'indices décisifs de la culture qu'il faut être heureux d'en posséder du moins un qui soit infaillible, pour s'en servir dans sa maison et son jardin. Pour examiner si quelqu'un est des nôtres ou non — je veux dire s'il fait partie des esprits libres — il faut s'informer de ses sentiments vis-à-vis du christianisme. S'il prend un autre point de vue que le point de vue critique il faut lui tourner le dos : il nous apportera un air impur et du mauvais temps. — Ce n'est plus *notre* tâche d'enseigner à de tels hommes ce que c'est qu'un vent de siroco ; ils ont Moïse et les prophètes du temps et de la raison : s'ils ne veulent pas les écouter : eh bien !...

183.

La colère et la punition viennent a leur temps. — La colère et la punition nous ont été léguées par l'espèce animale. L'homme ne s'émancipe qu'en rendant aux animaux ce cadeau de baptême. — Il y a là cachée une des plus grandes idées que les hommes puissent avoir, l'idée d'un progrès unique parmi tous les progrès. — Avançons ensemble de quelques milliers d'années, mes amis! Beaucoup de joies sont encore réservées aux hommes, des joies dont l'odeur n'est pas encore venue jusqu'à ceux du présent. Or, nous avons le droit de nous permettre cette joie, de l'invoquer et de l'annoncer comme quelque chose de nécessaire, pourvu que le développement de la raison humaine *ne s'arrête point!* Un jour viendra où l'on ne voudra plus assumer le péché *logique* qui se cache dans la colère et la punition, pratiquées individuellement ou en société : ce sera le jour où la tête et le cœur sauront être aussi près l'un de l'autre qu'ils sont éloignés maintenant. En jetant un regard sur la marche générale de l'humanité, on s'aperçoit assez bien qu'ils sont moins loin l'un de l'autre qu'ils l'étaient primitivement. Et l'individu qui peut embrasser d'un coup d'œil toute une existence de travail intérieur, prendra conscience avec une joie orgueilleuse de la distance surmontée, du rapprochement qui a eu lieu, et osera hasarder des espoirs plus hauts encore.

184.

Origine des pessimistes. — Une bouchée de bonne nourriture décide souvent si nous regardons l'avenir avec des yeux découragés ou pleins d'espoir : cela est vrai dans les choses les plus hautes et les plus intellectuelles. Le mécontentement et les idées noires ont été *transmis* aux générations actuelles par les faméliques de jadis. Même chez nos artistes et nos poètes, on remarque souvent, malgré l'opulence de leur vie, qu'ils ne sont pas d'une bonne origine, que leur sang et leur cerveau charrient des débris du passé, des souvenirs d'ancêtres mal nourris et opprimés leur vie durant, ce qui est visible dans leurs œuvres, dans l'objet et la couleur qu'ils ont choisis. La civilisation des Grecs est une civilisation de gens qui possèdent, dont la fortune est d'origine ancienne : ils vécurent mieux que nous à travers plusieurs générations (mieux de toute manière et, avant tout, beaucoup plus simplement au point de vue de la nourriture et de la boisson) : c'est alors que le cerveau devint à la fois si plein et si subtil, alors que le sang se mit à circuler rapidement, semblable à un joyeux vin clair. Ils produisirent donc ce qu'il y a de bien et de meilleur, non plus avec des couleurs sombres, pleins d'extase et de violence, mais avec des rayonnements de beauté et de soleil.

185.

DE LA MORT RAISONNABLE. — Qu'est-ce qui est plus raisonnable, arrêter la machine lorsque l'œuvre qu'on lui demandait est exécutée, — ou bien la laisser marcher jusqu'à ce qu'elle s'arrête d'elle-même, c'est-à-dire jusqu'à ce qu'elle soit abîmée ? Ce dernier procédé n'est-il pas un gaspillage des frais d'entretien, un abus des forces et de l'attention de ceux qui desservent la machine ? Ne répand-on pas inutilement ce qui ailleurs serait très nécessaire ? N'est-ce pas propager une espèce de mépris à l'égard des machines en général que d'en entretenir et d'en desservir un si grand nombre inutilement ? — Je veux parler de la mort involontaire (naturelle) et de la mort volontaire (raisonnable). La mort naturelle est la mort indépendante de toute volonté, la mort proprement *déraisonnable*, où la misérable substance de l'écorce détermine la durée du noyau : où, par conséquent, le geôlier étiolé, malade et hébété est maître de déterminer le moment où doit mourir son noble prisonnier. La mort naturelle est le suicide de la nature, c'est-à-dire la destruction de l'être le plus raisonnable par la chose la plus déraisonnable qui y soit attachée. Ce n'est que si l'on se met au point de vue religieux qu'il peut en être autrement, parce qu'alors, comme de juste, la raison supérieure (Dieu) donne ses ordres, à quoi la raison inférieure doit se soumettre. Abstraction faite de la religion, la mort naturelle ne vaut pas une glorification. La sage disposition à l'égard de la mort appartient à la morale de l'avenir, qui paraît insaisissable et immorale maintenant, mais dont ce doit être un bonheur indescriptible d'apercevoir l'aurore.

186.

Regardant en arrière. — Tous les criminels forcent la société à revenir à des degrés de civilisation antérieurs à celui où elle se trouve au moment où le crime s'accomplit; ils agissent en arrière. Que l'on songe aux instruments que la société est obligée de se créer et d'entretenir pour sa défense: au policier madré, au geôlier, au bourreau ; que l'on se demande enfin si le juge lui-même, et la punition et toute la procédure judiciaire, dans leurs effets sur le non-criminel, ne sont pas plutôt faits pour déprimer que pour élever. C'est qu'il ne sera jamais possible de prêter à la légitime défense et à la vengeance le vêtement de l'innocence; et chaque fois que l'on utilise et sacrifie l'homme, comme un moyen pour accomplir le but de la société, toute l'humanité supérieure en est attristée.

187.

La guerre comme remède. — Aux peuples qui deviennent faibles et misérables on pourrait conseiller la guerre comme remède : à condition, bien entendu, qu'ils veuillent à toute force continuer à vivre : car, pour la consomption des peuples, il y a aussi une cure de brutalité. Mais vouloir vivre éternellement et ne pas pouvoir mourir, c'est déjà un symptôme de sénilité dans le sentiment. Plus on vit avec ampleur et supériorité, plus vite on est prêt à risquer sa vie pour un seul sentiment agréable. Un peuple qui vit et sent ainsi n'a pas besoin des guerres.

188.

Transplantation intellectuelle et corporelle comme remède. — Les différentes cultures sont des climats intellectuels dont chacun est particulièrement nuisible ou salutaire à tel ou tel organe. L'*histoire*, dans son ensemble, étant la science des différentes cultures, est la science *des remèdes*, mais non point la thérapeutique elle-même. C'est pourquoi il faut un médecin qui utilise la science des remèdes, pour envoyer chacun dans le climat qui lui est particulièrement salutaire — pour un temps seulement, ou bien pour toujours. Vivre dans le présent, au milieu d'une seule culture, ne suffit pas comme prescription universelle, trop d'espèces d'hommes infiniment utiles qui ne peuvent pas respirer dans de bonnes conditions y périraient. A l'aide des études historiques il faut leur donner de l'*air* et chercher à les conserver ; les hommes des civilisations demeurées en arrière ont, eux aussi, leur valeur. A côté de cette cure de l'esprit il faut que l'humanité aspire, pour ce qui est des choses corporelles, à savoir, par une géographie médicale, quelles sont les dégénérescences et les maladies que provoque chaque contrée de la terre, et, au contraire, quels sont les facteurs de guérison qu'elle présente : il faut alors que les peuples, les familles et les individus soient transplantés sans cesse et jusqu'à ce qu'on se soit rendu maître des infirmités héréditaires. La terre tout entière finira par être un ensemble de stations sanitaires.

189.

L'ARBRE DE L'HUMANITÉ ET LA RAISON. — Ce qu'avec une sénile myopie vous craignez, comme un surcroît de population sur la terre, met entre les mains de ceux qui ont plus d'espoir que nous une tâche grandiose : il faut que l'humanité soit un jour un arbre qui ombragera la terre tout entière, avec plusieurs milliards de fleurs qui toutes deviendront des fruits ; c'est pourquoi il faut dès maintenant préparer la terre à nourrir cet arbre. Augmenter la sève et la force qui hâtera le développement maintenant encore *minime*, faire circuler en d'innombrables canaux cette sève nécessaire à la nutrition de l'ensemble et du particulier — de telles tâches ou de tâches semblables on peut déduire la *mesure* pour apprécier si un homme d'aujourd'hui est utile ou inutile. La tâche est sans limites, grandiose et téméraire : nous voulons tous y participer afin que l'arbre ne pourrisse pas avant le temps ! L'esprit historique réussira peut-être à se figurer, en imagination, l'être humain et l'activité humaine, semblables, dans l'ensemble du temps, à l'organisation des fourmis, à une fourmilière ingénieusement édifiée. A la juger superficiellement, toute l'humanité nous apparaît régie par l'instinct, comme l'organisation des fourmis. Mais, après un examen sévère, nous remarquons que des peuples tout entiers se sont efforcés, pendant des siècles, à découvrir et à *mettre à l'épreuve* des moyens nouveaux, par quoi l'on peut faire du bien à la grande collectivité humaine et enfin au grand arbre fruitier de l'humanité ; et, quel que soit le dommage causé pendant ces essais aux individus, aux peuples et aux époques, il y aura toujours des individus qui y auront gagné de la *sagesse*, et cette sagesse se répandra lentement sur les mesures que prendront des époques et des peuples tout entiers. Les fourmis, elles aussi, errent et se trompent ; l'humanité peut fort bien périr et dessécher avant le temps, par la folie des moyens ; il n'y a ni pour l'une, ni pour les autres un sûr instinct conducteur. Il nous faut, bien au contraire, *envisager* face à face cette tâche grandiose qui consiste à *préparer* la terre pour recevoir une plante de la plus grande et de la plus joyeuse fécondité, et c'est une tâche de la raison pour la raison !

190.

L'ÉLOGE DU DÉSINTÉRESSEMENT ET SON ORIGINE. — Entre deux chefs de bande voisins, l'on était depuis longtemps en querelle : on ravageait les récoltes, on enlevait les troupeaux, on incendiait les maisons, avec en somme, des succès douteux, puisque les deux puissances étaient à peu près égales. Un troisième, qui, par la situation isolée de ses domaines, pouvait se tenir loin de ces disputes, mais qui cependant avait des raisons pour craindre le jour où un de ces voisins querelleurs arriverait à une définitive prépondérance, s'entremit finalement avec bienveillance et solennité entre les deux partis en lutte : et secrètement il ajoutait à ses

propositions de paix un poids sérieux, en donnant
à entendre à chacun des deux belligérants que dorénavant il ferait cause commune avec la victime de
quiconque romprait la paix. On s'assembla devant
lui, on mit, avec hésitation, dans sa main, les mains
qui jusqu'à présent avaient été les instruments et
trop souvent les causes de la haine, — et l'on fit
vraiment de sérieuses tentatives pour maintenir la
paix. Chacun vit avec étonnement combien son
bien-être et son aisance grandissaient soudain et
que l'on trouvait, chez le voisin, au lieu d'un malfaiteur perfide ou arrogant, un marchand prêt à
l'achat et à la vente, il vit même que dans des cas
de nécessité imprévue, on pouvait réciproquement
se tirer de la détresse, au lieu d'exploiter, comme
cela s'était fait jusqu'à présent, cette détresse du
voisin et de la pousser à son comble si cela était
possible. Il sembla même que l'espèce humaine fût
depuis lors devenue plus belle dans les deux
régions : car les yeux s'étaient éclairés, les fronts
s'étaient débarrassés des rides et tous avaient pris
confiance en l'avenir — rien n'est plus salutaire
aux âmes et aux corps, chez les hommes, que cette
confiance. On se revoyait tous les ans au jour de l'alliance, tant chefs que partisans, et cela en présence
du médiateur, dont on admirait et vénérait la façon
d'agir, plus était grand le profit qu'on lui devait.
On appelait *désintéressée* cette façon d'agir — car
l'on envisageait de trop près l'avantage personnel
que l'on avait tiré de l'intervention, pour voir dans
la façon d'agir du voisin autre chose que ce fait :
les conditions d'existence de celui-ci ne s'étaient

pas transformées de la même façon que celle des belligérants réconciliés par lui : elles étaient au contraire demeurées les mêmes, il semblait par conséquent qu'il n'avait pas eu son intérêt en vue. Pour la première fois on se disait que le désintéressement était une vertu : certainement, dans les petites choses privées, il s'était souvent rencontré là des cas semblables, mais on ne porta son attention sur cette vertu que lorsque, pour la première fois, elle devenait évidente comme si elle était écrite au mur en gros caractères, lisibles pour toute la communauté. Reconnues comme des vertus, affublées d'un nom, mises en formules, recommandées pour l'usage, telles furent seulement les qualités morales à partir du moment où elles décidèrent *visiblement* des destinées et du bonheur de sociétés tout entières. Depuis lors, chez *beaucoup de gens*, l'élévation des sentiments et la stimulation des forces créatrices intérieures sont devenues si grandes que l'on offre des présents à ces qualités morales, chacun apportant ce qu'il a de meilleur : l'homme sérieux met à leurs pieds son sérieux, l'homme digne sa dignité, les femmes leur douceur, les jeunes gens tout ce qui est en eux riche d'espoir et d'avenir ; le poète leur prête des paroles et des noms, les introduit dans la ronde des êtres analogues, leur attribue un tableau généalogique et finit par adorer, comme font les artistes, les créatures de son imagination comme des divinités nouvelles, — il *enseigne* même à les adorer. C'est ainsi qu'une vertu, parce que l'amour et la reconnaissance de tous y travaillent, comme à une statue, finit par devenir une agglomération de tout ce qui est bon et digne de vénération, tout à la fois une espèce de temple et de personnalité divine. Elle se dresse désormais comme une vertu spéciale, comme un être à part, ce qu'elle n'était pas jusqu'à présent, et elle exerce les droits et la puissance dont dispose une surhumanité sanctifiée. — Dans la Grèce de la décadence, les villes étaient pleines de ces abstractions divines humanisées (que l'on pardonne le mot singulier à cause de l'idée singulière); le peuple s'était arrangé à sa manière une espèce de « ciel des idées » à la façon platonicienne, et je ne crois pas que l'on ait eu l'impression de cet habitant céleste moins vivement que celle d'une quelconque divinité passée de mode.

191.

« Temps d'obscurité ». — On appelle en Norvège « temps d'obscurité » les époques où le soleil demeure toute la journée au-dessous de l'horizon : pendant ce temps la température s'abaisse sans cesse lentement. — Quel merveilleux symbole pour tous les penseurs devant lesquels le soleil de l'avenir humain s'est obscurci pour un temps !

192.

Le philosophe de l'opulence. — Un petit jardin, des figues, du fromage et, avec cela, trois ou quatre bons amis, — ce fut là l'opulence d'Epicure.

193.

Les époques de la vie. — Les véritables époques

de la vie sont ces moments d'arrêt entre la montée et la descente d'une idée dominante ou d'un sentiment directeur. On éprouve de nouveau de la satiété : tout le reste est soif et faim — ou dégoût.

194.

Le rêve. — Nos rêves sont, pour le cas où, par exception, ils se poursuivent une fois et s'achèvent — généralement le rêve est un bousillage, — des enchaînements symboliques de scènes et d'images, en lieu et place du récit en langue littéraire. Ils modifient les événements, les conditions et les espoirs de notre vie, avec une audace et une prévision poétique qui nous étonnent toujours le matin lorsque nous nous en souvenons. Nous gaspillons trop notre sens artistique durant notre sommeil et c'est pourquoi le jour nous en sommes souvent si pauvres.

195.

Nature et science. — De même que dans la nature, dans la science ce sont aussi les terrains les plus mauvais et les plus inféconds qui sont défrichés les premiers, — parce que les moyens que possède la science *commençante* suffisent à peu près à cela. L'exploitation des domaines les plus féconds a pour condition une force énorme et soigneusement développée dans les méthodes, des résultats particuliers déjà acquis et une équipe d'ouvriers organisés et bien dressés — et l'on ne trouve tout cela réuni que très tard. — L'impatience et l'ambition s'emparent souvent trop tôt de ces domaines très féconds, mais les résultats sont nuls. Dans la nature, de pareilles tentatives se paieraient chèrement, car elles feraient mourir de faim les défricheurs.

196.

Vivre simplement. — Un genre de vie simple est difficile aujourd'hui : il y faut beaucoup plus de réflexion et d'esprit inventif que n'en ont des hommes même très intelligents. Le plus honnête parmi eux dira peut-être encore : « Je n'ai pas le temps de réfléchir si longtemps à cela. Le genre de vie simple est pour moi un but trop noble, je veux attendre jusqu'à ce que de plus sages que moi l'aient trouvé. »

197.

Sommets et monticules. — La fécondité médiocre, le fréquent célibat et, en général, la froideur sexuelle chez les esprits supérieurs et les plus cultivés, ainsi que dans les classes auxquelles ils appartiennent, sont essentiels pour l'économie de l'humanité : la raison reconnaît et utilise ce fait qu'à un point extrême de développement cérébral le danger d'une progéniture *nerveuse* est très grand : de tels hommes sont les *sommets* de l'humanité, — ils ne doivent pas se prolonger en monticules.

198.

La nature ne fait pas de bonds. — Quelle que soit la rapidité que puisse prendre l'homme et bien qu'il y ait apparence du passage d'une contradiction dans une autre : en y regardant de plus près on découvrira pourtant les *pierres d'attente* qui forment le passage de l'ancien édifice au nouveau. Ceci est la tâche du biographe : il doit raisonner sur la vie conformément au principe qu'aucune nature ne fait de bonds.

199.

PROPREMENT, IL EST VRAI... — Celui qui s'habille de guenilles proprement lavées s'habille proprement, il est vrai, mais il n'en est pas moins en guenilles.

200.

LE SOLITAIRE PARLE. — On recueille en guise de récompense pour beaucoup de dégoût, de découragement, d'ennui — tel que les apporte nécessairement une solitude sans amis, sans livres, sans obligations et sans passions — un quart d'heure du plus profond recueillement que procure un retour sur soi-même et la nature. Celui qui se gare complètement contre la nature se gare aussi contre lui-même : il ne lui sera jamais donné de boire à la coupe la plus délicieuse que l'on puisse emplir à sa source intérieure.

201.

FAUSSE CÉLÉBRITÉ. — Je déteste ces prétendues beautés de la nature qui n'ont en somme une signification qu'au point de vue de nos connaissances, surtout de nos connaissances géographiques et qui demeurent imparfaites, lorsque nous les apprécions au point de vue de notre sens du beau : voici, par exemple, l'aspect du Mont Blanc vu de Genève — c'est quelque chose d'insignifiant quand on n'appelle pas en aide les joies cérébrales de la science ; les montagnes voisines sont toutes plus belles et plus expressives, — mais « elles sont loin d'être aussi hautes », ajoute, pour les diminuer, ce savoir absurde. Dans ce cas l'œil contredit le savoir : comment saurait-il se réjouir vraiment dans la contradiction ?

202.

Touristes. — Ils montent la montagne comme des animaux, bêtement et ruisselant de sueur ; on a oublié de leur dire qu'il y a en chemin de beaux points de vue.

203.

Trop et trop peu. — De nos jours, les hommes vivent tous beaucoup trop et ils pensent trop peu : ils ont tout à la fois la colique et une faim dévorante, c'est pourquoi ils maigrissent à vue d'œil, quelle que soit la nourriture qu'ils absorbent. — Celui qui dit maintenant : « Il ne m'est rien arrivé » — passe pour un imbécile.

204.

La fin et le but. — Toute fin n'est pas un but. La fin de la mélodie n'est pas son but : mais, malgré cela, si la mélodie n'a pas atteint sa fin, elle n'a pas atteint son but. Un symbole.

205.

Neutralité de la grande nature. — La neutralité de la grande nature plaît (celle que l'on trouve dans la montagne, la mer, la forêt, le désert), mais seulement pour peu de temps : ensuite nous commençons à devenir impatients. « Ces choses-là ne veulent-elles donc rien nous dire *à nous?* N'existons-*nous* pas pour elles ? » Le sentiment naît d'un *crimen læsæ majestatis humanæ*.

206.

Oublier les intentions. — En voyageant, on oublie généralement le but du voyage. De même que toute profession est choisie et entreprise comme moyen pour arriver à un but, mais continuée comme si elle était le but extrême. L'oubli des intentions est la bêtise la plus fréquente que l'on fasse.

207.

Ecliptique de l'idée. — Lorsqu'une idée commence à se lever à l'horizon, la température de l'âme y est généralement très froide. Ce n'est que peu à peu que l'idée développe sa chaleur, et elle est le plus intense (c'est-à-dire qu'elle fait son plus grand effet) lorsque la croyance en l'idée est déjà en décroissance.

208.

Par quoi l'on aurait tout le monde contre soi. — Si quelqu'un osait dire maintenant : « Celui qui n'est pas pour moi est contre moi », il aurait immédiatement tout le monde contre lui. — Ce sentiment fait honneur à notre temps.

209.

Avoir honte de la richesse. — Notre temps ne tolère qu'une seule espèce de riches, ceux qui sont *honteux* de leur richesse. Si l'on entend dire de quelqu'un « il est très riche », on est pris immédiatement d'un sentiment analogue à celui que l'on éprouve en face d'une maladie répugnante qui fait enfler le corps, l'hydropisie ou l'excès d'embonpoint : il faut se souvenir brutalement de son humanité, pour pouvoir fréquenter ce riche de façon à ce qu'il ne s'aperçoive pas de notre sentiment de dégoût. Mais dès qu'il s'avise de s'enorgueillir de sa richesse, notre sentiment se trouble encore d'un étonnement mêlé de compassion devant une aussi forte dose de déraison humaine : en sorte que l'on aurait envie d'élever les mains au ciel et de s'écrier : « Pauvre être déformé, accablé et enchaîné de cent façons, à qui chaque heure apporte, ou *peut apporter*, quelque chose de désagréable, dont les membres éprouvent les contre-coups de *chaque* événement qui se passe chez vingt peuples différents, comment saurais-tu nous faire croire que tu te sens à ton aise dans ta situation ? Si tu parais quelque part en public, nous savons que c'est pour toi comme si tu passais par les verges, sous des yeux qui n'ont pour toi que de la haine froide, de l'importunité ou de la silencieuse raillerie. Il se peut qu'il te soit plus facile d'acquérir qu'à un autre : mais ce que tu acquerras sera superflu et ne te procurera que peu de joie; et *conserver* ce que tu as acquis, c'est là certainement pour toi *maintenant* une chose plus pénible encore que n'importe quelle acquisition pénible. Tu souffres *sans cesse*, car tu perds sans cesse. Que te sert-il que l'on t'amène artificiellement du sang nouveau, les ventouses n'en font pas moins mal, les ventouses placées toujours sur ta nuque! Mais, ne soyons pas injustes, il est difficile, peut-être impossible pour toi de ne pas être riche : il *faut* que tu conserves, que tu acquières à nouveau; le penchant héréditaire de ta nature t'impose ce *joug*, — raison de plus pour ne pas nous tromper et avoir honte, loyalement et visiblement, du joug que tu portes : vu qu'au fond de ton âme tu es honteux et mécontent de le porter. Cette honte n'est pas infamante.

210.

Excès d'arrogance. — Il y a des hommes si arrogants qu'ils ne savent pas louer un grand homme qu'ils admirent, autrement qu'en le représentant comme un degré ou un passage qui mène jusqu'à *eux-mêmes*.

211.

Sur le terrain de la honte. — Celui qui veut enlever une idée aux hommes ne se contente généralement pas de la réfuter et d'arracher le ver de l'illogisme qui la ronge : au contraire, après avoir tué le ver, il prend le fruit tout entier et le jette dans la boue, pour le rendre vil aux yeux des hommes et leur inspirer du dégoût. C'est ainsi qu'il croit avoir trouvé le moyen pour rendre impossible cette « résurrection au troisième jour » que l'on pratique si volontiers avec les idées réfutées. — Il se trompe, car c'est précisément sur le *terrain de la honte*, au milieu des immondices, que, du noyau de l'idée, poussent rapidement des germes nouveaux. — Il ne faut donc, à aucun prix, ni conspuer, ni railler ce que l'on se propose d'abolir définitivement, mais bien le poser respectueusement sur de la *glace* toujours renouvelée, en considérant que les idées ont une vie très dure. Il s'agit ici d'agir selon la maxime : « Une réfutation n'est pas une réfutation. »

212.

SORT DE LA MORALITÉ. — La contrainte des esprits étant en train de diminuer, il est certain que la moralité (c'est-à-dire la façon d'agir héréditaire, traditionnelle et instinctive, *conformément à des sentiments moraux*) diminue également : mais non point les vertus particulières, la modération, la justice, la tranquillité d'âme, — car la plus grande liberté pousse involontairement l'esprit conscient à ces vertus et les recommande aussi à cause de leur *utilité*.

213.

LE FANATIQUE DE LA MÉFIANCE ET SA GARANTIE. — *L'Ancien :* Tu veux tenter l'impossible et instruire les hommes en grand ? Où est ta garantie ? — *Pyrrhon :* La voici : je veux mettre les hommes en garde contre moi-même, je veux confesser publiquement tous les défauts de ma nature, et découvrir devant tous les yeux mes entraînements, mes contradictions et mes sottises. Ne m'écoutez pas, leur dirai-je, avant que je ne sois devenu pareil au moindre parmi vous et encore plus petit que lui ; hérissez-vous contre la vérité tant que vous pouvez, à cause du dégoût que vous cause son défenseur. Je serai votre séducteur et votre imposteur si vous percevez encore chez moi le moindre éclat de considération et de dignité. — *L'Ancien :* Tu promets trop, tu ne pourras pas porter ce fardeau. — *Pyrrhon :* Je dirai donc encore aux hommes que je suis trop faible et que je ne puis pas tenir ce que j'ai promis. Plus grande sera mon indignité, plus ils se méfieront de la vérité lorsqu'elle sortira de ma bouche. — *L'Ancien :* Veux-tu donc enseigner la méfiance de la vérité ? — *Pyrrhon :* Une méfiance telle qu'elle n'a jamais existé dans le monde, la méfiance à l'égard de tout et de tous. C'est là le seul chemin qui mène à la vérité. L'œil droit ne doit pas se fier à l'œil gauche et il faudra que, pendant un temps, la lumière s'appelle obscurité : c'est là le chemin qu'il vous faut suivre. Ne croyez pas qu'il vous mènera à des arbres fruitiers et auprès de saules admirables. Vous trouverez sur ce chemin de petits grains durs — ce sont les vérités : pendant des années il vous faudra avaler des mensonges par brassées pour ne pas mourir de faim : quoique vous sachiez que ce sont des mensonges. Mais ces petits grains seront semés et enfouis dans la terre et peut-être la moisson viendra-t-elle un jour : personne n'a le droit de la *promettre*, à moins d'être un fanatique.

— *L'Ancien* : Ami! ami! Tes paroles elles aussi sont les paroles d'un fanatique! — *Pyrrhon* : Tu as raison! je veux être méfiant à l'égard de toutes les paroles. — *L'Ancien* : Alors il faudra que tu te taises. — *Pyrrhon* : Je dirai aux hommes qu'il faut que je me taise et qu'ils doivent se méfier de mon silence. — *L'Ancien* : Tu renonces donc à ton entreprise? — *Pyrrhon* : Au contraire — tu viens de m'indiquer la porte par où il me faut entrer. — *L'Ancien* : Je ne sais pas trop si nous nous comprenons encore parfaitement? — *Pyrrhon* : Problablement non. — *L'Ancien* : Pourvu que tu te comprennes bien toi-même! — *Pyrrhon* : se retourne en riant. — *L'Ancien* : Hélas! mon ami! Se taire et rire — est-ce là maintenant toute ta philosophie? — *Pyrrhon* : Ce ne serait pas la plus mauvaise. —

214.

Livres européens. — Quand on lit Montaigne, La Rochefoucauld, La Bruyère, Fontenelle (particulièrement les *Dialogues des Morts*), Vauvenargues, Chamfort, on est plus près de l'antiquité qu'avec n'importe quel groupe de six auteurs d'un autre peuple. Par ces six écrivains l'esprit des *derniers siècles* de l'ère *ancienne* a revécu à nouveau, — réunis ils forment un chaînon important dans la grande chaîne continue de la Renaissance. Leurs livres s'élèvent au-dessus du changement dans le goût national et des nuances philosophiques, où chaque livre croit devoir scintiller maintenant pour devenir célèbre ; ils contiennent plus d'*idées véri-*

tables que tous les ouvrages de philosophie allemande ensemble : des idées de cette espèce particulière qui crée des idées et qui... je suis embarrassé pour finir ma définition ; bref, ces écrivains me semblent n'avoir écrit ni pour les enfants ni pour les exaltés, ni pour les jeunes vierges ni pour les chrétiens, ni pour les Allemands, ni pour... me voici encore embarrassé pour terminer ma liste. — Mais pour formuler une louange bien intelligible, je dirai qu'écrites en grec leurs œuvres eussent été comprises par des Grecs. Combien, par contre, un Platon lui-même aurait-il pu *comprendre* des écrits de nos meilleurs penseurs allemands, par exemple de Gœthe et de Schopenhauer, pour ne point parler de la répugnance que lui eût inspirée leur façon d'écrire, — je veux dire ce qu'ils ont d'obscur, d'exagéré et parfois de sec et de figé — ce sont là des défauts dont ces deux écrivains souffrent le moins parmi les penseurs allemands et ils en souffrent trop encore! (Gœthe, en tant que penseur a plus volontiers étreint les nuages qu'on ne le souhaiterait, et ce n'est pas impunément que Schopenhauer s'est promené presque toujours parmi les symboles des choses plutôt que parmi les choses elles-mêmes). — Par contre, quelle clarté et quelle précision délicate, chez ces Français! Les Grecs les plus subtils auraient été forcés d'approuver cet art et il y a une chose qu'ils auraient même admirée et adorée, la *malice* française de l'expression : ils *aimaient* beaucoup ce genre de choses sans y être précisément très forts.

215.

Mode et moderne. — Partout où l'ignorance, la malpropreté et la superstition sont encore coutumières, partout où le commerce est faible, l'agriculture misérable, le clergé puissant, on rencontre encore les *costumes nationaux*. Par contre la *mode* règne là où l'on trouve les indices du contraire. La mode se rencontre donc à côté des *vertus* de l'Europe actuelle : en serait-elle véritablement le revers ? — Le costume masculin qui se conforme à la mode et non plus au caractère national exprime d'abord chez celui qui le porte, que l'Européen ne veut se faire remarquer, ni comme *individu* ni comme représentant d'une classe et d'un peuple, qu'il s'est fait une loi de l'atténuation intentionnelle de ces sortes de vanités; ensuite qu'il est laborieux et qu'il n'a pas beaucoup de temps pour s'habiller et se parer, et aussi que tout ce qui est précieux et luxueux dans l'étoffe et l'agencement des plis se trouve en désaccord avec son travail; et enfin que par son costume il veut indiquer que les professions savantes et intellectuelles sont celles dont il se sent ou aimerait se sentir le plus près, en tant qu'homme européen: tandis qu'à travers les costumes nationaux qui existent encore transparaît le brigand, le berger ou le soldat, qui, de la sorte, seraient envisagés comme les conditions les plus désirables, celles qui donnent le ton. Il y a ensuite, dans les limites tracées par le caractère général des modes masculines, les petites oscillations produites par la vanité des jeunes hommes, les élégants et les oisifs des grandes villes, de ceux donc qui, en tant qu'hommes européens, *n'ont pas encore atteint leur maturité*. — Les femmes européennes y sont parvenues bien moins encore, c'est pourquoi chez elles les oscillations sont bien plus grandes: elles aussi ne veulent pas affirmer leur nationalité et détestent de voir démasquée, d'après le costume, leur qualité d'Allemande, de Française ou de Russe, mais, en tant qu'individualité, il leur plaît de frapper la vue; de même personne, à la façon dont elles sont vêtues, ne doit conserver un doute sur la classe de la société dont elles font partie (c'est la « bonne » société, la classe « supérieure », le « grand » monde), et elles tiendront d'autant plus à ce que l'on soit prévenu en leur faveur, dans ce sens, qu'elles n'appartiennent pas véritablement à cette classe ou qu'elles y appartiennent à peine. Mais avant tout la jeune femme ne veut rien porter de ce que porte la femme plus âgée parce que, en faisant soupçonner qu'elle compte quelques années de plus, elle croit qu'elle sera moins appréciée : la femme âgée, pour sa part, voudrait, par une toilette juvénile, faire illusion tant qu'il est possible, — une rivalité d'où il résulte toujours des modes où le caractère juvénile s'affirme d'une façon visible et inimitable. Lorsque l'esprit inventif des jeunes femmes artistes s'est complu pendant un certain temps à faire étalage de la jeunesse, ou, pour dire toute la vérité : lorsque l'on est de nouveau revenu à l'esprit inventif des anciennes civilisations de cour, pour s'en inspirer, ainsi qu'à celui des nations contemporaines et, en général, à tout l'univers costumé, lorsque l'on a accouplé l'Espagnol, le Turc et l'Antiquité grecque, pour faire étalage des belles chairs, on finit par découvrir toujours à nouveau que l'on n'a pas su agir au mieux de ses intérêts, et que, pour faire impression sur les hommes, le jeu de cache-cache avec les beautés du corps est plus heureux que la probité nue ou demi-nue ; et dès lors la roue du bon goût et de la vanité recommence encore une fois à tourner dans le sens inverse : les jeunes femmes un peu plus âgées trouvent que leur règne est venu et la lutte des êtres les plus gracieux et les plus absurdes recommence de plus belle. Mais plus se développe la personnalité des femmes qui dès lors n'accordent plus la prééminence parmi elles à des personnes qui n'ont pas atteint leur maturité, plus deviennent faibles ces oscillations dans le costume, plus leurs toilettes deviennent simples. Il est évident que l'on n'a pas le droit d'émettre un jugement sur ces toilettes en s'inspirant des modèles antiques, on ne peut donc pas prendre comme mesure le vêtement des habitants des côtes méridionales, mais il faut considérer les conditions climatériques des régions moyennes et septentrionales, de celles où le génie inventif de l'Europe, pour ce qui concerne les formes et les idées, a sa plus chère patrie. — Dans l'ensemble, ce ne sera donc pas le *changement* qui caractérisera la *mode* et la *modernité*, car le changement est quelque chose de rétrograde et désigne les Européens, hommes et femmes, qui ne sont pas encore parvenus à leur maturité : ce sera bien au contraire la négation de tout ce qui est vanité *nationale*, vanité de la *caste* et de *l'individu*. En conséquence, il est louable, parce que l'on y économise de la force et du temps, que ce soient certaines villes et contrées de l'Europe, qui, pour ce qui en est du vêtement, pensent et inventent, en lieu et place de toutes les autres, car il faut considérer que le sens de la forme n'est pas communément donné à tout le monde : aussi n'est-ce point une ambition trop exagérée si Paris, par exemple, revendique, tant que ces oscillations continuent à subsister, le droit d'être la seule ville qui invente et innove sur ce domaine. Si un Allemand, par haine contre les revendications d'une ville française, veut s'habiller autrement et porter par exemple l'accoutrement d'Albert Dürer, il lui faudra considérer que, bien qu'il porte un costume qui était celui des Allemands d'autrefois, celui-ci n'aura néanmoins pas été inventé par les Allemands, — car il n'a jamais existé de costume qui pût caractériser l'Allemand en tant qu'Allemand ; il fera d'ailleurs bien de se rendre compte de l'air qu'il aura ainsi vêtu et de l'anachronisme que ce serait de montrer, sur un vêtement à la Dürer, une tête toute moderne, avec les lignes et les plis de caractère que le dix-neuvième siècle y a creusés. — Les mots « moderne », « européen » étant ici presque équivalents, on entend par Europe des étendues de territoire bien plus grandes que celles qu'embrasse l'Europe géographique, la petite presqu'île de l'Asie : il faut surtout comprendre l'Amérique, en tant qu'elle est fille de notre civilisation. D'autre part, ce n'est pas l'Europe tout entière qui tombe sous la définition que l'on donne de l' « Europe » au point de vue de la civilisation, mais seulement ces peuples et ces fractions de peuples qui ont un passé commun dans la Grèce et la Rome anciennes, dans le judaïsme et le christianisme.

216.

La « vertu allemande ». — Il est indéniable que depuis la fin du siècle dernier un courant de réveil moral a traversé l'Europe. C'est alors seulement que la vertu recommença d'être éloquente; elle apprit à trouver les gestes sans contrainte de l'exaltation, de l'émotion, elle n'eut plus honte d'elle-même et elle imagina des philosophies et des poèmes pour se glorifier elle-même. Si l'on recherche les sources de ce courant, on trouve d'une part Rousseau, mais le Rousseau mystique, que l'on avait créé d'après l'impression laissée par ses œuvres — on pourrait presque dire : ses œuvres interprétées d'une façon mystique — et d'après les indications données par lui-même (lui et son public travaillèrent sans cesse à créer cette figure idéale). L'autre origine se trouve dans la résurrection du grand latinisme stoïque par quoi les Français ont continué de la façon la plus digne l'œuvre de la Renaissance. Ils passèrent, avec un succès merveilleux, de l'imitation des formes antiques à l'imitation des caractères antiques : ce qui leur confère à tout jamais un droit aux distinctions les plus hautes, car ils sont le peuple qui a donné jusqu'à présent à l'humanité nouvelle les meilleurs livres et les meilleurs hommes. Comment ce double exemple, celui du Rousseau mystique et celui de l'esprit romain ressuscité, a-t-il agi sur les peuples voisins plus faibles? On peut le constater surtout en Allemagne : car là, par suite d'un nouvel élan tout à fait extraordinaire vers un but sérieux et grand, dans la volonté et la domination de soi, on a fini par se mettre en extase devant sa propre vertu et par jeter dans le monde l'idée de « vertu allemande », comme s'il ne pouvait rien exister de plus original et de plus personnel que celle-ci. Les premiers grands hommes qui adoptèrent cette impulsion française vers des idées de noblesse et de conscience dans la volonté morale étaient animés d'une plus grande loyauté et n'oublièrent pas la reconnaissance. Le moralisme de Kant — d'où vient-il? Kant ne cesse pas de le faire entendre : de Rousseau et de la Rome stoïque ressuscitée. Le moralisme de Schiller : même source et même glorification de la source. Le moralisme de Beethoven dans la musique : c'est l'éternelle louange de Rousseau, des Français antiques et de Schiller. Mais plus tard ce fut le « jeune homme allemand » qui oublia la reconnaissance ; car, durant les années qui s'étaient écoulées, on avait prêté l'oreille aux prédicateurs de la haine anti-française : et ce jeune homme allemand se fit remarquer pendant un certain temps par plus de conscience que l'on n'en croit permise chez d'autres jeunes gens. Lorsqu'il voulait rechercher ses pères intellectuels, il avait le droit de songer à ses compatriotes, à Schiller, à Fichte et à Schleiermacher : mais il aurait dû chercher ses grands-pères à Paris et à Genève, et il fallait avoir la vue bien courte pour croire, comme lui, que la vertu n'était pas âgée de plus de trente ans. C'est alors que l'on s'habitua à exiger qu'en prononçant le mot « allemand » le mot vertu fût sous-entendu : et jusqu'à nos jours on ne s'est pas encore complètement déshabitué de ce travers. — Ce réveil moral, soit dit en passant, n'a fait que porter préjudice à la *connaissance* des phénomènes moraux, comme on pourrait presque le deviner, et il n'a pas manqué non plus de provoquer des mouvements rétrogrades. Qu'est toute la philosophie morale allemande depuis Kant, avec toutes ses ramifications françaises, anglaises et italiennes ? Un attentat mi-théologique contre Helvétius, un désaveu formel de la liberté du regard, lentement et péniblement conquise, de l'indication du bon chemin qu'Helvétius avait fini par exprimer et résumer de la façon qu'il fallait. Jusqu'à nos jours Helvétius est, en Allemagne, le mieux honni parmi tous les bons moralistes et tous les hommes bons.

217.

Classique et romantique. — Les esprits, au sens classique, tout aussi bien que les esprits au sens romantique — les deux espèces existeront toujours — portent en eux une vision de l'avenir : mais la première catégorie fait jaillir cette vision de la *force* de son temps, la seconde de sa *faiblesse*.

218.

L'enseignement de la machine. — La machine enseigne sur elle-même l'enchaînement des foules humaines, dans les actions où chacun n'a qu'une seule chose à faire : elle donne le modèle d'une organisation des partis et de la tactique militaire en cas de guerre. Par contre elle n'enseigne pas la souveraineté individuelle : elle fait une seule machine du grand nombre et de chaque individu un instrument à utiliser en vue d'un seul but. Son effet le plus général, c'est d'enseigner l'utilité de la centralisation.

219.

Pas sédentaire. — Quel que soit le plaisir que nous prenions à habiter dans une petite ville, nous nous sentons poussés, de temps en temps, à cause d'elle, à fuir dans la nature la plus solitaire et la plus cachée : c'est le cas, lorsque nous croyons trop bien connaître la petite ville. Mais alors, pour nous *reposer* de *cette* nature, nous finissons par retourner dans la grande ville. Il nous suffit d'en boire quelques gorgées pour deviner la lie qui se trouve au fond de sa coupe, — et le cercle des déplacements recommence, avec la petite ville au début. — C'est ainsi que vivent les hommes modernes : en toutes choses, ils ont un peu trop de *profondeur* pour être *sédentaires*, comme les hommes des autres temps.

220.

Réaction contre la culture des machines. — La machine, produit elle-même de la plus haute capacité intellectuelle, ne met en mouvement, chez les personnes qui la desservent, que les forces inférieures et irréfléchies. Il est vrai que son action déchaîne une somme de forces énorme qui autrement demeurerait endormie; mais elle n'incite pas à s'élever, à faire mieux, à devenir artiste. Elle rend *actif* et *uniforme*, mais ceci produit à la longue un effet contraire : un ennui désespéré s'empare de l'âme qui apprend à aspirer, par la machine, à une oisiveté mouvementée.

221.

LE CÔTÉ DANGEREUX DU RATIONALISME. — Toutes ces choses folles plus qu'à moitié, histrionesques, bestialement cruelles, voluptueuses et surtout sentimentales, ces choses toutes pleines d'une ivresse de soi qui, réunies, composent la véritable *substance révolutionnaire* et qui, avant la Révolution, s'étaient incarnées en Rousseau, — tout cet assemblage finit encore, avec un enthousiasme perfide, par élever au-dessus de sa tête fanatique le *rationalisme* qui acquit ainsi comme un rayonnement de gloire. Ce rationalisme qui, de par son essence, est si étranger à toutes ces choses, livré à lui-même, aurait passé comme un rayon de lumière qui traverse les nuages, et se serait contenté longtemps de ne transformer que les individus, de sorte que, sous son impulsion, les mœurs et les institutions des peuples ne se seraient aussi transformées que très lentement. Mais, lié à un organisme violent et impétueux, le rationalisme devint lui-même violent et impétueux. Par là, le danger qu'il présente est devenu presque plus grand que l'utilité libératrice et la clarté amenées par lui dans le vaste mouvement révolutionnaire. Celui qui comprend cela saura aussi de quelle confusion il faut dégager le rationalisme, de quelles impuretés il faut le purger, pour *continuer* ensuite *sur* soi-même l'œuvre commencée par lui et pour étouffer après coup, dans son germe, la révolution, pour la rendre invisible.

222.

La passion au moyen age. — Le moyen âge est l'époque des plus grandes passions. Ni l'antiquité, ni notre temps ne possèdent cette extension de l'âme : la *capacité* de celle-ci ne fut jamais plus grande et jamais on n'a mesuré à une échelle aussi grande. La structure physique de la forêt vierge, propre aux peuples barbares, les yeux d'une spiritualité maladive, hallucinés et trop brillants, propres aux disciples chrétiens du mystère, l'allure enfantine et très jeune, tout aussi bien que la maturité trop grande et la sénilité, la brutalité de la bête fauve et l'excès de délicatesse et de raffinement qui sont le propre de l'âme dans l'antiquité tardive, — tout cela se trouvait alors fréquemment réuni en une seule personne : c'est pourquoi, lorsqu'il arrivait que quelqu'un fût pris de passion, il fallait que les bonds du sentiment fussent plus formidables, le tourbillon plus embrouillé, la chute plus profonde que jamais. — Nous autres hommes modernes, nous devons être satisfaits du recul qu'il y a eu sur ce domaine.

223.

Piller et économiser. — Tous les monuments intellectuels réussissent, lorsqu'ils ont pour conséquence, chez les riches, l'espoir de pouvoir piller, chez les pauvres, l'espoir de pouvoir économiser. C'est pourquoi, par exemple, la Réforme allemande a fait des progrès.

224.

Ames joyeuses. — Lorsque, après boire, au moment où l'ivresse commence, on faisait allusion, ne fût-ce que de loin, à quelque saleté d'espèce malodorante, l'âme des vieux Allemands se réjouissait, — autrement ils étaient d'humeur chagrine. Mais là leur compréhension intime était éveillée.

225.

Athènes déréglée. — Lorsque la populace d'Athènes eut, elle aussi, ses poètes et ses penseurs, le dérèglement grec garda cependant encore une apparence plus idyllique et plus distinguée que le dérèglement romain et allemand. La voix de Juvénal aurait résonné là-bas comme une trompette creuse : un petit rire aimable et presque enfantin lui aurait répondu.

226.

Sagesse des Grecs. — La volonté de vaincre et de dominer étant un trait invincible de la nature, plus ancien et plus original que l'estime et la joie de la parité, l'État grec a sanctionné la lutte gymnastique et musicale entre égaux, délimitant ainsi une arène où cet instinct pouvait se décharger, sans mettre en danger l'ordre politique. Lorsque les concours de musique et de gymnastique dégénérèrent définitivement, l'Etat grec fut saisi de troubles intérieurs et se désagrégea.

227.

« L'ÉTERNEL ÉPICURE ». — Epicure a vécu de tous temps et il vit encore, inconnu à ceux qui s'appelaient ou qui s'appellent épicuriens, et sans réputation auprès des philosophes. Aussi a-t-il oublié lui-même son propre nom : c'était le plus lourd bagage qu'il ait jamais jeté loin de lui.

228.

LE STYLE DE LA SUPÉRIORITÉ. — La manière de parler des étudiants allemands s'est formée parmi les étudiants qui n'étudient pas et qui savent s'acquérir une sorte de prépondérance sur leurs camarades plus sérieux, en montrant le côté mascarade que l'on trouve dans ce qui est culture, décence, érudition, ordre, modération, tout en continuant, il est vrai, sans cesse, à se servir des expressions utilisées sur ces domaines, comme font les meilleurs et les plus savants, mais cela avec de la méchanceté dans le regard et une grimace offensante. C'est ce langage de la supériorité — le seul qui soit original en Allemagne — que parlent aussi, involontairement, les hommes d'Etat et les critiques des journaux : c'est une perpétuelle manie de la citation ironique, avec des coups d'œil inquiets et mécontents à droite et à gauche, une langue allemande faite de guillemets et de grimaces.

229.

Ceux qui s'enterrent. — Nous nous retirons à l'écart, non point peut-être pour quelque raison de mauvaise humeur personnelle, comme si nous n'étions point satisfaits des conditions politiques et sociales du présent, mais bien plutôt pour économiser et amasser, par notre retraite, des forces dont la culture aura *plus tard* absolument besoin, et cela dans la mesure où le présent d'aujourd'hui sera *ce* présent et, comme tel, accomplira sa tâche. Nous formons un capital et nous cherchons à le mettre à l'abri, mais de même qu'à des époques tout à fait dangereuses, en l'*enfouissant* sous terre.

230.

Tyrans de l'esprit. — A notre époque, tout individu qui serait l'expression d'un seul trait moral, aussi nettement que le sont les personnages de Théophraste et de Molière, passerait pour malade et serait accusé d'avoir une « idée fixe ». L'Athènes du troisième siècle, si nous pouvions nous y rendre, nous semblerait habitée par des fous. Aujourd'hui règne, dans chaque cerveau, la démocratie des *idées*, — plusieurs idées y sont *ensemble* le maître ; si une seule idée voulait dominer, on l'appellerait « idée fixe ». C'est là notre façon de tuer les tyrans, — nous évoquons la maison d'aliénés.

231.

L'émigration la plus dangereuse. — En Russie,

il y a une émigration de l'intelligence : on passe la frontière pour lire et pour écrire de bons livres. Mais on en arrive par là à transformer toujours davantage la patrie abandonnée par l'esprit, en une sorte de gueule avancée de l'Asie qui aimerait dévorer la petite Europe.

232.

La folie de l'Etat. — L'amour presque religieux pour la personne du roi fut transporté chez les Grecs sur la *polis*, lorsque ce fut fini de la royauté. Une idée supporte plus d'amour qu'une personne et surtout elle crée moins de déceptions à celui qui aime (— car plus les hommes se savent aimés, plus ils manquent généralement d'égards, jusqu'à ce qu'ils finissent par ne plus être dignes de l'amour et qu'il se produise une scission). C'est pourquoi la vénération pour la *polis* et l'Etat fut plus grande que ne fut jamais auparavant la vénération pour les princes. Les Grecs sont les *fous de l'Etat* de l'histoire ancienne, — dans l'histoire moderne ce sont d'autres peuples.

233.

Contre ceux qui ne ménagent pas leurs yeux. — Ne serait-il pas possible de démontrer dans les classes cultivées en Angleterre qui lisent le *Times* une diminution de l'acuité visuelle qui irait grandissant de dix ans en dix ans ?

234.

Grandes œuvres et grande foi. — Celui-ci possédait les grandes œuvres, mais son compagnon possédait la grande foi en ces mêmes œuvres. Ils étaient inséparables, mais il était visible que le premier dépendait complètement du second.

235.

L'homme sociable. — « Je me trouve mal de moi-même », disait quelqu'un pour expliquer son penchant pour la société. « L'estomac de la société est meilleur que le mien, il me supporte. »

236.

Fermer les yeux de l'esprit. — Si l'on est exercé et habitué à réfléchir à ses actions, on sera cependant forcé de fermer l'œil intérieur pendant l'action (ne fût-ce qu'en écrivant une lettre, en mangeant ou en buvant). Même dans la conversation avec des hommes de la moyenne, il faut s'entendre à *penser* en fermant les yeux de l'esprit, — car c'est la seule façon d'atteindre et de comprendre la pensée moyenne. Cette action de clore les yeux peut s'accomplir d'une façon sensible et volontaire.

237.

La vengeance la plus terrible. — Lorsque l'on veut à tout prix se *venger* d'un adversaire, il faut attendre jusqu'à ce que l'on ait entre les mains beaucoup de vérités et de jugements dont on pourra froidement se servir contre lui, de sorte que : exercer la vengeance équivaut à exercer la justice. C'est là la façon la plus épouvantable de vengeance : elle n'a au-dessus d'elle aucune instance à quoi elle pourrait encore appeler. C'est ainsi que Voltaire se vengea de Piron, avec cinq lignes qui prononcent un jugement sur toute sa vie, toute son œuvre et toute son activité : autant de mots, autant de vérités ; c'est ainsi qu'il se vengea aussi de Frédéric le Grand (dans une lettre qu'il lui adressa de Ferney).

238.

L'impôt du luxe. — On achète dans les magasins les choses nécessaires et les plus indispensables et on les paye fort cher, car on vous fait payer en même temps ce qu'il y a encore d'autre à vendre et qui ne trouve que rarement acquéreur : les objets de luxe et les choses superflues. C'est ainsi que le luxe met un impôt continuel sur les choses simples qui peuvent se passer de lui.

239.

Pourquoi les mendiants vivent encore. — Si toutes les aumônes n'étaient données que par pitié, tous les mendiants seraient déjà morts de faim.

240.

Pourquoi les mendiants vivent encore. — La plus grande dispensatrice d'aumônes c'est la lâcheté.

241.

Comment le penseur utilise une conversation. — Sans être précisément un écouteur, on peut entendre beaucoup si l'on a appris à bien voir, tout en se perdant de vue pour un certain temps. Mais les hommes ne savent pas utiliser une conversation; ils mettent beaucoup trop d'attention à ce qu'ils veulent dire et répondre, tandis que le véritable *auditeur* se contente parfois de répondre provisoirement et de *dire* simplement quelque chose, comme un acompte fait à la politesse, emportant par contre dans sa mémoire pleine de cachettes tout ce que l'autre a formulé, plus le ton et l'attitude qu'il mit dans son discours. — Dans la conversation habituelle chacun croit mener la discussion, comme si deux vaisseaux qui naviguent l'un à côté de l'autre et qui se donnent un petit choc de temps en temps avaient l'illusion de précéder ou même de remorquer le vaisseau voisin.

242.

L'ART DE S'EXCUSER. — Lorsque quelqu'un veut s'excuser devant nous, il faut qu'il s'y prenne très habilement : car autrement il risque de nous persuader que c'est nous qui sommes fautifs, ce qui nous produit une impression désagréable.

243.

RELATIONS IMPOSSIBLES. — Le vaisseau de tes idées a trop de tirage pour que tu puisses naviguer sur les eaux de ces personnes cordiales, honnêtes et avenantes. Il y a là trop de bas-fonds et de bancs de sable : il te faudrait louvoyer et biaiser et être dans un embarras continuel, et ces personnes s'embarrasseraient également à cause de ton embarras, dont elles ne sauraient deviner la cause.

244.

Le renard des renards. — Un véritable renard n'appelle pas seulement trop verts les raisins qu'il ne peut atteindre, mais encore ceux qu'il atteint et dont il prive les autres.

245.

Dans les relations intimes. — Quelle que soit l'étroite communion qui règne parmi certains hommes, sous leur horizon commun il y aura toujours pour eux quatre orientations différentes et à certaines heures ils s'en apercevront.

246.

Le silence du dégout. — Voici quelqu'un qui, en tant que penseur et en tant qu'homme, subit une transformation profonde et douloureuse et en rend un témoignage public. Mais les auditeurs ne s'en aperçoivent pas et s'imaginent qu'il est resté le même ! — Cette expérience douloureuse a déjà inspiré du dégoût à maint écrivain : il avait estimé trop haut l'intellectualité des hommes et à partir du moment où il s'est aperçu de son erreur, il s'est promis de se taire.

247.

Sérieux des affaires. — Les affaires de certain homme riche et noble sont sa façon de se *reposer* d'une trop longue *oisiveté* tournée à l'habitude : c'est pourquoi il les traite avec autant de sérieux et de passion que font d'autres gens de leurs rares loisirs et de leurs occupations d'amateur.

248.

Ambiguïté. — De même qu'il passe parfois sur l'eau qui s'étend à tes pieds un petit tremblement brusque qui la fait miroiter, comme si elle était couverte d'écailles, de même on trouve parfois dans l'œil humain de ces incertitudes soudaines et de ces ambiguïtés, où l'on se demande : est-ce un frémissement? est-ce un sourire? est-ce l'un et l'autre?

249.

Positif et négatif. — Ce penseur n'a besoin de personne pour le réfuter : il s'en charge lui-même.

250.

La vengeance des filets vides. — Méfiez-vous de toutes les personnes affligées d'un sentiment amer pareil à celui du pêcheur qui, après une journée de labeur pénible, revient le soir avec les filets vides.

251.

Ne pas faire valoir son droit. — Il faut user bien des peines à exercer la puissance et beaucoup de courage y est nécessaire. C'est pourquoi il y a tant de gens qui ne font pas valoir leur bon droit, puisque ce droit est une *sorte de puissance* et qu'ils sont trop paresseux ou trop lâches pour l'exercer. *Mansuétude* et *patience*, ainsi nomme-t-on les vertus qui couvrent ce défaut.

252.

Porteurs de lumière. — Il n'y aurait pas de rayons de soleil dans la société si les cajoleurs de naissance ne les y faisaient pénétrer, je veux parler des gens aimables.

253.

Le plus charitable. — L'homme est le plus charitable lorsque l'on vient de lui rendre un grand hommage et qu'il a un peu mangé.

254.

Vers la lumière. — Les hommes se pressent vers la lumière, non pour mieux voir, mais pour mieux briller. On considère volontiers comme une lumière celui devant qui l'on brille.

255.

L'hypocondriaque. — L'hypocondriaque est un homme qui possède assez d'esprit et de joie de l'esprit pour prendre au sérieux ses souffrances, ses pertes, ses défauts : mais le domaine sur lequel il cherche sa nourriture est trop petit; il le dépouille tellement qu'il lui faut chercher brin d'herbe par brin d'herbe. Cela finit par le rendre envieux et avare, — et c'est alors seulement qu'il est insupportable.

256.

Restituer. — Hésiode conseille de restituer au voisin qui nous a aidés, dès que nous le pouvons, en une plus large mesure. Car le voisin prend grand plaisir à voir sa bienveillance de jadis lui rapporter des intérêts ; mais celui qui restitue a, lui aussi, son plaisir, en ce sens qu'il rachète la petite humiliation qu'il a dû subir jadis en se laissant aider par le petit avantage que lui donnent ses largesses.

257.

Plus subtil qu'il n'est nécessaire. — L'esprit d'observation que nous mettons à reconnaître si les autres s'aperçoivent de nos faiblesses est beaucoup plus subtil que l'esprit d'observation que nous mettons à reconnaître les faiblesses des autres : d'où il résulte par conséquent que notre esprit d'observation est plus subtil qu'il n'est nécessaire.

258.

Une espèce d'ombre claire. — Immédiatement à côté des hommes tout à fait nocturnes se trouve généralement, comme liée à eux, une âme de lumière. Celle-ci est en quelque sorte une ombre négative que jettent ceux-ci.

259.

Ne pas se venger ? — Il y a tant de façons subtiles de la vengeance que quelqu'un qui aurait des motifs de se venger pourrait en somme agir comme il lui plairait : tout le monde sera d'accord au bout d'un certain temps pour dire qu'il s'est vengé. La passivité qui consiste à ne pas se venger ne dépend donc pas du bon vouloir d'un homme : celui-ci n'a pas même le droit d'exprimer *son désir* de ne pas se venger, le mépris de la vengeance étant interprété et *considéré* comme une vengeance sublime et très sensible. — D'où il résulte qu'il ne faut rien faire de *superflu*.

260.

Erreur de ceux qui vénèrent. — Chacun croit dire à un penseur quelque chose qui l'honore et qui lui est agréable en lui montrant qu'il est arrivé, de lui-même, exactement à la même pensée et, plus encore, à la même expression de la pensée; et pourtant il est fort rare que le penseur se réjouisse d'une pareille communication, bien au contraire, il arrive souvent qu'il devienne alors méfiant de sa pensée et de l'expression de celle-ci : il décide, à part lui, de les soumettre un jour toutes deux à une révision. — Lorsque l'on veut faire honneur à quelqu'un il faut se garder d'exprimer une concordance : elle place à un même niveau. — Dans beaucoup de cas, c'est affaire d'habileté mondaine d'écouter une opinion comme si elle n'était pas la nôtre, et même comme si elle dépassait notre horizon : par exemple lorsqu'un vieillard plein d'expérience ouvre une fois par exception les tiroirs de sa sagesse.

261.

Lettre. — La lettre est une visite qui ne se fait pas annoncer, le facteur est l'intermédiaire de ces surprises impolies. On devrait avoir tous les huit jours une heure pour recevoir sa correspondance et prendre chaque fois un bain après.

262.

Prévenir contre soi-même. — Quelqu'un disait : je suis *prévenu contre moi-même* depuis ma plus tendre enfance : c'est pourquoi je trouve dans chaque blâme un peu de vérité, dans chaque louange un peu de bêtise. J'estime généralement trop bas le blâme et trop haut la louange.

263.

Chemin de l'égalité. — Une heure d'ascension dans les montagnes fait d'un gredin et d'un saint deux créatures à peu près semblables. La fatigue est le chemin le plus court vers l'*égalité* et la *fraternité* — et durant le sommeil la *liberté* finit par s'y ajouter.

264.

Calomnie. — Si l'on trouve la trace d'une mise en suspicion vraiment infamante il ne faut jamais en chercher la source chez ses *ennemis* loyaux et simples ; car, si ceux-ci inventaient sur notre compte une pareille chose, étant nos ennemis, ils ne trouveraient pas créance. Mais ceux à qui nous avons été le plus utiles pendant un certain temps et qui, pour une raison quelconque, peuvent être secrètement certains de ne plus rien obtenir de nous, — ceux-là sont capables de mettre une infamie en circulation : ils trouvent créance, d'une part parce que l'on admet qu'ils n'inventeraient rien qui pourrait leur nuire personnellement, d'autre part puisqu'ils ont appris à nous connaître de plus près. —

Pour se consoler, celui qui est ainsi calomnié peut se dire : les calomnies sont des maladies des autres qui éclatent sur ton propre corps ; elles démontrent que la société est un seul organisme (moral), de sorte que tu peux entreprendre *sur toi-même* la cure qui doit être utile *aux autres*.

265.

LE CIEL DES ENFANTS. — Le bonheur des enfants est un mythe tout aussi bien que le bonheur des hyperboréens dont parlent les Grecs. Si vraiment le bonheur habite sur la terre, se disaient ceux-ci, ce doit être certainement aussi loin que possible de nous, peut-être là-bas, aux confins de la terre. Les hommes d'un certain âge pensent de même : si vraiment l'homme peut être heureux, c'est certainement aussi loin que possible de *notre âge*, aux limites et au début de la vie. Pour certains hommes l'aspect de l'enfant, à travers le voile de ce mythe, est la plus grande joie qu'il puisse avoir : il entre lui-même sous les parvis du ciel en disant : « Laissez venir à moi les petits enfants, car c'est à eux qu'appartient le royaume des cieux. » — Le mythe du ciel des enfants a cours, d'une façon ou d'une autre, partout où il y a dans le monde moderne quelque chose comme de la sentimentalité.

266.

LES IMPATIENTS. — C'est justement celui qui est dans son devenir qui ne veut pas admettre le devenir : il est trop impatient pour cela. Le jeune homme ne veut pas attendre jusqu'à ce que, après de longues études, des souffrances et des privations, son image des hommes et des choses devienne complète : il accepte donc de confiance une autre image entièrement terminée et qu'on lui offre, il l'accepte, comme s'il y trouvait d'avance les lignes et les couleurs de *son* tableau ; il se jette à la face d'un philosophe, d'un poète, et pendant longtemps il faut qu'il fasse des corvées et qu'il se renie lui-même. Il apprend ainsi beaucoup de choses, mais souvent il y oublie aussi ce qui est le plus digne d'être appris — la connaissance de soi-même ; il reste par conséquent un partisan durant toute sa vie. Hélas ! il faut surmonter beaucoup d'ennui et travailler à la sueur de son front jusqu'à ce que l'on ait trouvé ses couleurs, son pinceau, sa toile ! — Et l'on est encore bien loin alors d'être maître de son art de vivre, — mais on travaille du moins, en maître, dans son propre atelier.

267.

Il n'y a pas d'éducateurs. — En tant que penseur on ne devrait parler que d'éducation de soi. L'éducation de la jeunesse dirigée par les autres est, soit une expérience entreprise sur quelque chose d'inconnu et d'inconnaissable, soit un nivellement par principe, pour *rendre* l'être nouveau, quel qu'il soit, conforme aux habitudes et aux usages régnants : dans les deux cas, c'est quelque chose qui est indigne du penseur, c'est l'œuvre des parents et de pédagogues qu'un homme loyal et audacieux a appelés *nos ennemis* naturels. — Lorsque depuis longtemps on est éduqué selon les opinions du monde, on finit un jour par se *découvrir soi-même* : alors commence la tâche du penseur, alors il est temps de demander son aide — non point comme éducateur, mais comme quelqu'un qui s'est élevé lui-même et qui a de l'expérience.

268.

COMPASSION POUR LA JEUNESSE. — Nous sommes peinés d'apprendre qu'un jeune homme perd déjà ses dents ou qu'un autre commence à devenir aveugle. Si nous savions tout ce qu'il y a d'irrétractable et de désespéré dans toute sa nature, combien plus grande encore serait notre peine ! — Pourquoi tout cela nous fait-il *souffrir ?* Parce que la jeunesse doit continuer ce que *nous* avons entrepris et que la moindre atteinte à sa force portera préjudice à *notre* œuvre lorsqu'elle tombera entre ses mains. C'est la peine que nous fait la garantie insuffisante de notre immortalité : ou bien, pour le cas où nous ne nous considérerions que comme les exécuteurs de la mission humaine, la peine de voir que cette mission doit passer en des mains plus faibles que les nôtres.

269.

LES AGES DE LA VIE. — La comparaison des quatre saisons avec les quatre âges de la vie est une vénérable niaiserie. La première vingtaine d'années de la vie, pas plus que la dernière vingtaine, ne répond à une saison : à moins que l'on ne se contente de cette métaphore qui compare la couleur blanche des cheveux et celle de la neige, ou d'autres amusements de ce genre. Les premiers vingt ans sont une préparation à la vie en général, pour l'année entière de la vie, comme une espèce de jour de l'an prolongé ; tandis que la dernière vingtaine passe en revue, assimile, ordonne et harmonise tout ce que l'on a vécu, ainsi qu'on le fait en petit, le jour de la saint Sylvestre, de toute l'année écoulée. Mais entre ces deux âges de la vie il y a en effet une période qui suggère cette comparaison avec les saisons : c'est l'intervalle qui s'étend de la vingtième à la cinquantième année (pour compter une fois en bloc d'après des dixaines, tandis qu'il va de soi que chacun doit affiner pour son propre usage ces bornes grossières). Ces trois fois dix ans répondent à trois saisons : à l'été, au printemps, à l'automne. — Quant à l'hiver, la vie humaine n'en a point, à moins que l'on ne veuille donner le nom d'hiver à ces mois durs, froids, solitaires, mornes et stériles, ces *mois de la maladie* qui, hélas ! ne sont pas trop rares. — De vingt à trente ans : des années chaudes, incommodes, orageuses, années de production surabondante et de fatigue, où l'on vante le jour quand il est fini, en s'essuyant le front, années où le travail paraît dur mais nécessaire, — ces années-là sont l'été de la vie. Les années de trente à quarante en sont le *printemps* : atmosphère ou trop chaude ou trop froide, toujours agitée et stimulante ; débordement de sève, végétation luxuriante et floraison de toutes parts, charme magique et fréquent des matinées et des nuits délicieuses, travail où le chant des oiseaux nous convie au réveil — travail qu'on chérit de tout son cœur, et qui n'est que la pleine jouissance de sa propre vigueur, qui s'accroît des espoirs savourés d'avance. Les années de quarante à cinquante enfin : pleines de mystère, comme tout ce qui est immobile, pareilles à un vaste plateau des hautes montagnes, effleuré par une brise fraîche, sous un ciel pur et sans nuages qui, jour et nuit, regarde la terre avec la même sérénité : le temps de la récolte et de la joie la plus cordiale, — c'est l'*automne* de la vie.

270.

L'ESPRIT DES FEMMES DANS LA SOCIÉTÉ ACTUELLE. — Quelle est aujourd'hui la pensée des femmes au sujet de l'esprit des hommes? On le devine à la façon dont celles-ci négligent de souligner particulièrement l'intellectualité de leurs traits ou les détails spirituels de leur visage, et, plutôt qu'à cela, pensent à toute autre chose : elles font au contraire leur possible pour cacher ces qualités et savent se donner, en se couvrant par exemple le front de leurs cheveux, l'expression d'une sensualité et d'une matérialité vivantes et pleines d'appétits, surtout lorsqu'elles possèdent fort peu ces qualités. Leur conviction que l'esprit chez la femme effraye les hommes va si loin qu'elles renient volontiers l'acuité de l'intelligence pour s'attirer, avec intention, la réputation d'une vue courte : par là elles pensent donner confiance aux hommes; c'est comme si elles étendaient autour d'elles l'invite d'un doux crépuscule.

271.

Grand et périssable. — Ce qui touche jusqu'aux larmes ceux qui assistent à ce spectacle, c'est le regard de joie extatique qu'une belle jeune femme jette à son mari. On y ressent toute la mélancolie de l'automne, tant à cause de l'immensité, qu'à cause de la périssabilité du bonheur humain.

272.

Sens du sacrifice. — Certaine femme possède l'*intelletto del sacrifizio* et ne parvient plus à se réjouir de sa vie, lorsque son époux ne veut pas la sacrifier : elle ne sait plus alors que faire de sa raison et, imperceptiblement, de victime, elle devient sacrificateur.

273.

Peu féminin. — « Bête comme un homme », disent les femmes ; « lâche comme une femme », disent les hommes. La bêtise est chez la femme ce qui est *peu féminin*.

274.

Les tempéraments masculins et féminins et la mortalité. — La sexe masculin possède un plus mauvais tempérament que le sexe féminin, cela ressort aussi du fait que les enfants masculins sont plus exposés à la mortalité que les enfants féminins, apparemment parce que ceux-là s'exaspèrent plus facilement : leur sauvagerie et leur humeur inconciliante aggrave facilement tous les maux jusqu'à les rendre mortels.

275.

LE TEMPS DES CONSTRUCTIONS CYCLOPÉENNES. — La démocratisation de l'Europe est irrésistible : celui qui veut l'entraver use des moyens que l'idée démocratique a été la première à mettre entre les mains de chacun, et rend ces moyens eux-mêmes plus commodes à manier et plus efficaces : les adversaires convaincus de la démocratie (je veux dire les esprits révolutionnaires) ne semblent exister par contre que pour pousser les différents partis, par la peur qu'ils inspirent, toujours plus avant dans les voies démocratiques. Il se peut cependant que l'on soit pris d'une certaine appréhension à l'aspect de ceux qui travaillent maintenant consciemment et honnêtement en vue de cet avenir : il y a quelque chose de désolé et d'uniforme sur leur visage, et la grise poussière semble s'être abattue jusque dans leur cerveau. Malgré cela il est fort possible que la postérité se mette un jour à rire de nos craintes et qu'elle songe au travail démocratique de plusieurs générations, à peu près de la même façon dont nous songeons à la construction des digues de pierre et des remparts, — comme à une activité qui nécessairement répand de la poussière sur les vêtements et les visages et qui, inévitablement, rend aussi les ouvriers qui y travaillent quelque peu idiots : mais qui donc, pour cette raison, voudrait que tout ceci n'ait pas été fait ! Il semble que la démocratisation de l'Europe soit un anneau dans la chaîne de ces énormes *mesures prophylactiques* qui sont l'idée des temps nouveaux et nous séparent du moyen âge. C'est maintenant seulement que nous sommes au temps des constructions cyclopéennes! Enfin nous possédons la sécurité des fondements qui permettra à l'avenir de construire sans danger ! Il est impossible dès lors que les champs de la culture soient encore détruits, en une seule nuit, par les eaux sauvages et stupides de la montagne. Nous avons des remparts et des murs de protection contre les barbares, contre les épidémies, contre l'*asservissement corporel et intellectuel!* Et tout cela entendu d'abord à la lettre et en gros, mais peu à peu à un point de vue toujours plus haut et plus intellectuel, en sorte que toutes les mesures indiquées ici semblent être la préparation spirituelle à la venue de l'artiste supérieur dans l'art des jardins, qui ne pourra passer à sa véritable tâche que quand cette préparation sera entièrement terminée! — Il est vrai qu'étant donnés les grands espaces de temps qui séparent les moyens et le but, la peine énorme, une peine qui met en œuvre l'esprit et la force de siècles tout entiers et qui est nécessaire pour créer ou pour amener chacun de ces moyens, il ne faut pas trop en vouloir aux ouvriers du présent s'ils décrètent hautement que le mur et l'espalier sont déjà le but et le but dernier; attendu que personne ne voit encore le jardinier et les plantes à cause desquels l'espalier se trouve là.

276.

LE DROIT DE SUFFRAGE UNIVERSEL. — Le peuple

ne s'est pas donné à lui-même le suffrage universel ; partout où celui-ci est en vigueur aujourd'hui, il l'a reçu et accepté provisoirement : de toute façon il a le droit d'en faire la restitution s'il ne donne pas satisfaction à ses espoirs. Cela semble être maintenant partout le cas : si, à une occasion quelconque où l'on en fait usage, à peine deux tiers des électeurs et souvent pas même la majorité ne se présente à l'urne, on peut dire que c'est là un *vote* contre tout le système dans son ensemble. — Il faudrait même juger ici avec plus de sévérité encore. Une loi qui détermine que c'est la majorité qui décide en dernière instance du bien de tous ne peut pas être édifiée sur une base acquise précisément par cette loi ; il faut nécessairement une base plus large et cette base c'est l'*unanimité de tous les suffrages*. Le suffrage universel ne peut pas être seulement l'expression de la volonté d'une majorité : il faut que le pays tout entier le désire. C'est pourquoi la contradiction d'une petite minorité suffit déjà à le rendre impraticable : et la *non-participation* à un vote est précisément une de ces contradictions qui renverse tout le système électoral. Le « veto absolu » de l'individu, ou, pour ne pas nous perdre dans des minuties, le veto de quelques milliers d'individus plane sur ce système, et c'est une conséquence de la justice : à chaque usage que l'on fait du suffrage universel, il lui faudrait démontrer, selon que l'on y participe, qu'il existe encore *à bon droit*.

277.

La mauvaise induction. — Quelles mauvaises conclusions on tire sur les domaines qui ne vous sont pas familiers, lors même qu'en sa qualité d'homme de science, on a l'habitude de tirer de bonnes conclusions ! C'est honteux à dire. Et il est clair que, dans la grande agitation des questions contemporaines, dans les choses de la politique, dans tout ce que les événements de chaque jour ont de soudain et de hâtif, c'est précisément cette façon de *conclusion défectueuse* qui décide : car personne ne s'entend jamais tout à fait aux choses nouvelles qui ont poussé en une nuit; toute politique, même chez les plus grands hommes d'Etat, est de l'improvisation au hasard des événements.

278.

Prémisses de l'age des machines. — La presse, la machine, le chemin de fer, le télégraphe sont des prémisses dont personne n'a encore osé tirer la conclusion qui viendra dans mille ans.

279.

Une entrave de la culture. — Ici les hommes n'ont pas de temps pour les affaires productives: l'exercice des armes et les déplacements leur prennent toutes leurs journées, et il faut que le reste de la population les nourrisse et les habille : mais leur costume est voyant, souvent de couleurs variées, comme s'il venait d'une mascarade ; ici l'on admet très peu de qualités distinctives, les individus se ressemblent plus qu'ailleurs, ou, du moins, on les traite comme s'ils étaient égaux ; ici l'on exige l'obéissance et l'on obéit sans comprendre : on ordonne, mais on se garde bien de convaincre ; ici les punitions sont peu nombreuses, mais leur petit nombre est plein de dureté et va souvent à l'extrême, au pire ; ici la trahison est regardée comme le plus grand crime, les plus courageux sont seuls à oser la critique des abus ; ici la vie a peu de prix, et l'ambition se manifeste souvent de telle sorte qu'elle met la vie en danger. — Quelqu'un qui entendra dire tout cela s'écriera sans hésiter : « C'est là l'image d'une *société barbare, menacée de dangers.* » Peut-être y aura-t-il quelqu'un pour ajouter : « C'est la description de Sparte. » Mais un autre prendra peut-être un air songeur et soutiendra que c'est là la description de notre *militarisme moderne*, tel qu'il existe au milieu de notre civilisation et de notre société si différentes — anachronisme vivant, image, comme je l'ai indiqué, d'une société barbare, menacée de danger, œuvre posthume du passé, qui, pour les rouages du présent, ne peut avoir que la valeur d'une entrave. — Mais il arrive parfois à la culture d'avoir le besoin le plus absolu d'une entrave : lorsqu'elle décline trop rapidement, ou bien, comme dans notre cas, lorsqu'elle *s'élève* trop rapidement.

280.

PLUS DE RESPECT POUR LES COMPÉTENCES. — Avec la concurrence qui se fait dans le travail et parmi les vendeurs, c'est le public qui se fait juge du métier : mais le public ne possède pas de compétence rigoureuse et juge selon l'*apparence*. Par conséquent l'art de faire paraître, et peut-être aussi le goût, se développeront sous la domination de la concurrence, mais la qualité de tous les produits, devra s'amoindrir. Donc, pour que la raison ne perde pas sa valeur, il faudra mettre fin, un jour ou l'autre, à cette manœuvre et instituer un principe nouveau qui s'en rendra maître. Seul le chef de métier devrait juger les choses du métier et le public devrait se conformer à ce jugement, confiant en la *personne* et en la loyauté du juge. Alors point de travail anonyme! Il faudrait du moins qu'un expert pût être garant de ce travail et donner *son* nom en gage, lorsque l'auteur est obscur ou reste ignoré. Le *bon marché* d'un objet trompe aussi le profane d'une autre manière, car seule la durabilité peut décider si le prix de l'objet est vraiment modique; mais il est difficile et même impossible pour le profane d'apprécier cette durabilité. — Donc : ce qui fait de l'effet pour les yeux et ce qui est d'un prix modique l'emporte maintenant dans la balance, — et ce sera naturellement le travail de machine. D'autre part la machine, c'est-à-dire la cause de la plus grande rapidité et de la facilité dans la fabrication, favorise, elle aussi, l'objet le plus *vendable* : autrement on ne ferait pas avec elle un bénéfice sensible; on l'utiliserait trop peu et elle s'arrêterait souvent. Mais, comme c'est le public qui décide de ce qui est le plus vendable, il choisira les objets deplus belle apparence, c'est-à-dire ce qui *paraît* bon et ce qui paraît *bon marché*. Donc sur le domaine du travail, notre devise doit être aussi : « plus de respect des capacités ! »

281.

Le danger des rois. — Sans violence et seulement par une pression constante et légale, la démocratie est à même de *rendre creux* l'empire et la royauté, jusqu'à ce qu'il n'en reste plus qu'un zéro. On peut si l'on *veut* lui accorder la signification de tout zéro qui, par lui-même, n'est rien, mais qui, placé à droite d'un nombre, a pour effet de décupler sa valeur. L'empire et la royauté demeureraient des ornements magnifiques sur le vêtement simple et pratique de la démocratie, le beau superflu que celle-ci se permet, le reste historique et vénérable d'une parure ancestrale, le symbole même de l'histoire — et cette situation unique serait d'un grand effet, si elle n'était pas isolée, mais mise en bonne place. — Pour prévenir ce danger de l'*excavation*, les rois se cramponnent maintenant avec rage à leur dignité de chef, suprême de l'armée : pour mettre cette dignité en relief ils ont besoin de guerres, c'est-à-dire de conditions exceptionnelles, où s'arrête cette lente pression légale des forces démocratiques.

282.

Le professeur est un mal nécessaire. — Aussi peu de personnes que possible entre les esprits productifs et les esprits qui ont soif de recevoir ! Car les *intermédiaires* falsifient presque involontairement la nourriture qu'ils transmettent : de plus, en récompense de leur médiation, ils demandent trop *pour eux*, de l'intérêt, de l'admiration, du temps, de l'argent et autre chose, dont on prive par conséquent les esprits originaux et producteurs. — Il faut toujours considérer le professeur comme un mal nécessaire, tout comme on fait du commerçant : un mal qu'il faut rendre aussi *petit* que possible. Les conditions défectueuses que l'on rencontre aujourd'hui en Allemagne ont peut-être leur raison principale dans le fait qu'il y a trop de gens qui veulent vivre, et bien vivre, du commerce (et qui cherchent par conséquent à abaisser autant que possible les prix du producteur et à élever ceux du consommateur, pour tirer avantage du dommage aussi grand que possible qu'ils subissent tous deux). De même on peut certainement chercher une des raisons de la misère des conditions intellectuelles dans le nombre exagéré des professeurs : c'est à cause d'eux que l'on apprend si peu et si mal.

283.

La contribution de l'estime. — Nous aimons à payer celui que nous connaissons et vénérons, qu'il soit médecin, artiste ou artisan, lorsqu'il a travaillé ou fait quelque chose pour nous, aussi cher que nous pouvons, souvent même au delà de notre fortune. Par contre nous payons un inconnu d'un prix aussi minime que possible. Il y a là une lutte où chacun conquiert ou se fait enlever un pouce de terrain. Dans le travail de celui que nous connaissons, il y a quelque chose que nous ne saurions rétribuer : c'est le sentiment et l'ingéniosité que celui-ci y a mis à cause de nous; nous ne croyons pas pouvoir exprimer autrement l'impression que nous en ressentons que par une espèce de *sacrifice* de notre part. — La plus forte contribution est la *contribution de l'estime*. Plus règne la concurrence, plus on achète chez des inconnus; et plus on travaille pour des inconnus, plus cette contribution devient négligeable; mais elle donne justement la mesure pour les rapports humains d'*âme à âme*.

284.

Les moyens pour arriver a la paix véritable. — Aucun gouvernement n'avoue aujourd'hui qu'il entretient son armée pour satisfaire, à l'occasion, ses envies de conquête. L'armée doit au contraire servir à la défense. Pour justifier cet état de choses, on invoque une morale qui approuve la légitime défense. On se réserve ainsi, pour sa part, la moralité, et on attribue au voisin l'immoralité, car il faut imaginer celui-ci prêt à l'attaque et à la conquête, si l'Etat dont on fait partie doit être dans la nécessité de songer aux moyens de défense. De plus on accuse l'autre, qui, de même que notre Etat, nie l'intention d'attaquer et n'entretient, lui aussi, son armée que pour des raisons de défense, pour les mêmes motifs que nous, on l'accuse, dis-je, d'être un hypocrite et un criminel rusé qui voudrait se jeter, sans aucune espèce de lutte, sur une victime inoffensive et maladroite. C'est dans ces conditions que tous les Etats se trouvent aujourd'hui les uns en face des autres : ils admettent les mauvaises intentions chez le voisin et se targuent de bonnes intentions. Mais c'est là une *inhumanité* aussi néfaste et pire encore que la guerre, c'est déjà une provocation et même un motif de guerre, car on prête l'immoralité au voisin et, par là, on semble appeler les sentiments hostiles. Il faut renier la doctrine de l'armée comme moyen de défense tout aussi catégoriquement que les désirs de conquête. Et un jour viendra peut-être, jour grandiose, où un peuple, distingué dans la guerre et la victoire, par le plus haut développement de la discipline et de l'intelligence militaires, habitué à faire les plus lourds sacrifices à ces choses, s'écriera librement : « Nous brisons l'épée ! » — détruisant ainsi toute son organisation militaire jusqu'en ses fondements. *Se rendre inoffensif, tandis qu'on est le plus redoutable*, guidé par *l'élévation* du sentiment — c'est là le moyen pour arriver à la paix *véritable* qui doit toujours reposer sur une disposition d'esprit paisible, tandis que ce que l'on appelle la paix armée, telle qu'elle est pratiquée maintenant dans tous les pays, répond à un sentiment de discorde, à un manque de confiance en soi et en le voisin et empêche de déposer les armes soit par haine, soit par crainte. Plutôt périr que de haïr et que de craindre, et *plutôt périr deux fois que de se laisser haïr et craindre*, — il faudra que ceci devienne un jour la maxime supérieure de toute société établie ! — On sait que nos représentants du peuple libéraux manquent de temps pour réfléchir à la nature de l'homme : autrement ils sauraient qu'ils travaillent en vain s'ils s'appliquent à une « diminution graduelle des charges militaires ». Au contraire, ce n'est que lorsque ce genre de misère sera le plus grand que le genre de dieu qui seul pourra aider sera le plus près. L'arbre de la gloire militaire ne pourra être détruit qu'en une seule fois, par un seul coup de foudre: mais la foudre, vous le savez, vient des hauteurs.

285.

La propriété peut-elle être équilibrée par la justice ? — Lorsque l'on ressent fortement l'injustice de la propriété — la grande aiguille marque de nouveau cette heure au cadran du temps —, on nomme deux moyens pour y remédier : d'une part un partage égal de la fortune et, d'autre part, la suppression de la propriété et le retour de toute possession à la communauté. Ce dernier procédé est surtout selon le cœur de nos socialistes qui en veulent surtout à ce juif antique qui disait : « Tu ne déroberas point. » Selon eux le huitième commandement devrait au contraire être conçu dans ces termes : « Tu ne posséderas point ». — Dans l'Antiquité on fit souvent des tentatives conformes à la première recette, en petit il est vrai, mais pourtant avec un insuccès qui peut être plein d'enseignements pour nous. Il est facile de dire « des lots de terre égaux »; mais combien d'amertume engendrent les séparations et les déchirements que ce partage rend nécessaires, et la perte de la vieille propriété vénérable, combien de piété offensée et sacrifiée ! On déracine la moralité lorsque l'on déracine les bornes qui séparent les terres. Et après cela, quelle amertume nouvelle entre les propriétaires nouveaux, quelle jalousie, quels regards envieux ! car il n'y a jamais eu de lots de terre véritablement égaux, et, s'il en existait, l'esprit jaloux des biens du voisin n'y croirait pas. Et combien de temps durait cette égalité malsaine, empoisonnée dès l'origine ? Après quelques générations un seul lot était transmis par héritage à cinq têtes différentes, ailleurs cinq lots se réunissaient sur une seule tête. Et, pour le cas où l'on évitait ces inconvénients par de sévères lois d'héritage, les lots de terre continuaient, il est vrai, à être égaux, mais il restait toujours des nécessiteux et des mécontents qui ne possédaient rien autre chose que leur jalousie des biens du voisin et leur désir du renversement de toute chose. — Si, par contre, selon la seconde recette, on veut rendre la propriété à la *commune* et ne faire de l'individu qu'un fermier provisoire, on détruit la terre cultivée. Car l'homme est sans prévoyance à l'égard de ce qu'il ne possède que d'une façon passagère, il ne fait pas de sacrifices et agit en exploiteur, en brigand ou en misérable gaspilleur. Si Platon prétend que la suppression de la propriété supprimera l'égoïsme, il faut lui répondre qu'après déduction de celui-ci ce ne seront certainement pas les vertus cardinales de l'homme qui resteront, — de même qu'il faut affirmer que la pire peste ne pourrait faire autant de mal à l'humanité que si l'on en faisait disparaître la vanité. Sans vanité et sans égoïsme — que sont donc les vertus humaines ? Par quoi je suis loin de vouloir dire que celles-ci ne sont que des masques de celles-là. La mélodie fon-

damentale et utopique de Platon que les socialistes
continuent toujours à chanter, repose sur une connaissance imparfaite de l'homme : il ignore l'histoire des sentiments moraux, il manque de clair-
voyance au sujet de l'origine des bonnes qualités
utiles de l'âme humaine. De même que toute l'antiquité, il croyait au bien et au mal, comme au blanc
et au noir, donc comme à une différence radicale
entre les hommes bons et les hommes mauvais, les
bonnes qualités et les mauvaises qualités. — Pour
que, dans l'avenir, on ait plus de confiance en la propriété et que celle-ci devienne plus morale il faut
ouvrir tous les moyens de travail qui mènent à la
petite fortune, mais empêcher l'enrichissement facile
et subit ; il faudrait retirer des mains des particuliers toutes les branches du transport et du commerce qui favorisent l'accumulation des *grandes*
fortunes ; donc avant tout le trafic d'argent — et
considérer ceux qui possèdent trop comme des
êtres dangereux pour la sécurité publique au même
titre que ceux qui ne possèdent rien.

286.

La valeur du travail. — Si l'on voulait déterminer la valeur du travail d'après le temps, l'application, la bonne ou la mauvaise volonté, la contrainte, l'ingéniosité ou la paresse, l'honnêteté ou
la dissimulation que l'on y a mis, l'appréciation de
la valeur ne pourrait jamais être *juste ;* car il faudrait pouvoir mettre sur la balance la personne
tout entière, ce qui est impossible. Il s'agit de dire
ici « ne jugez point ! » Mais c'est précisément le cri

de justice que nous entendons maintenant chez ceux qui sont mécontents de l'évaluation du travail. Si l'on fait faire un pas de plus à sa pensée, on trouve chaque individu irresponsable de son produit, le travail : on ne peut donc jamais en déduire un mérite, tout travail étant aussi bon et aussi mauvais qu'il doit l'être d'après la constellation nécescessaire des forces et des faiblesses, des connaissances et des désirs. Cela ne dépend pas du bon vouloir du travailleur s'il travaille, ni comment il travaille. Seuls les points de vue de l'*utilité*, points de vue restreints ou plus larges, ont créé les évaluations de la valeur du travail. Ce que nous appelons aujourd'hui justice est très bien à sa place sur ce domaine, étant une utilité extrêmement raffinée qui n'a pas égard seulement au moment et exploite l'occasion, mais qui, songe à la durabilité de toutes les conditions et qui, pour cette raison, a aussi en vue le bien du travailleur, son contentement matériel et moral, — *afin que* lui et ses descendants continuent à bien travailler pour nos descendants à nous, et que nous puissions avoir confiance en lui pour de plus longs espaces de temps que celui d'une seule vie humaine. *L'exploitation* du travail était, ainsi que l'on s'en rend compte aujourd'hui, une bêtise, un vol au détriment de l'avenir, un danger pour la société. Maintenant on en est déjà presque arrivé la guerre : et, dans tous les cas, les frais nécessaires à conserver la paix, à conclure des traités et à inspirer de la confiance seront extrêmement élevés, puisque la folie des exploiteurs fut très grande et de très longue durée.

287.

DE L'ÉTUDE DU CORPS SOCIAL. — Ce qu'il y a de plus fâcheux pour celui qui veut étudier aujourd'hui en Europe, et surtout en Allemagne, l'économie et la politique, c'est que les conditions véritables, au lieu d'exemplifier les règles, démontrent un *état de transition* ou de *déclin*. C'est pourquoi il faut apprendre d'abord à regarder au delà de ce qui existe véritablement, pour arrêter par exemple le regard dans le lointain, sur l'Amérique du Nord, — où l'on peut suivre encore des yeux et rechercher les mouvements originels et normaux du corps social, si on le *veut* vraiment, — tandis qu'en Allemagne il faut pour cela de difficiles études historiques ou, comme je l'ai indiqué, une lunette d'approche.

288.

EN QUOI LA MACHINE HUMILIE. — La machine est impersonnelle, elle enlève au travail sa fierté, ses qualités et ses défauts individuels qui sont le propre de tout travail qui n'est pas fait à la machine, — donc une parcelle d'humanité. Autrefois tout achat chez des artisans était une *distinction* accordée à une *personne*, car on s'entourait des insignes de cette personne : de la sorte les objets usuels et les vêtements devenaient une sorte de symbolique d'estime réciproque et d'homogénéité personnelle, tandis qu'aujourd'hui nous semblons vivre seulement au milieu d'un esclavage anonyme et impersonnel. — Il ne faut pas acheter trop cher la facilitation du travail.

289.

QUARANTAINE DE CENT ANNÉES. — Les institutions démocratiques sont des établissements de quarantaine contre la vieille peste des envies tyranniques: en tant que telles, très utiles et très ennuyeuses.

290.

LE PARTISAN LE PLUS DANGEREUX. — Le partisan le plus dangereux est celui dont la défection détruirait tout le parti, c'est-à-dire que c'est le meilleur partisan.

291.

LA DESTINÉE DE L'ESTOMAC. — Un pain beurré de plus ou de moins dans l'estomac d'un jockey peut décider du succès des courses et des paris, donc du bonheur et du malheur de milliers d'individus. — Tant que la destinée des peuples dépendra encore des diplomates, l'estomac de ceux-ci sera toujours l'objet d'angoisses patriotiques. *Quousque tandem*—.

292.

VICTOIRE DE LA DÉMOCRATIE. — Toutes les puissances politiques essayent maintenant pour se fortifier d'exploiter la peur du socialisme. Mais, à la longue, la démocratie seule peut tirer avantage de cet état de choses : car *tous* les partis sont maintenant forcés de flatter le « peuple » et de lui accorder des soulagements et des libertés de toutes espèces, par quoi le peuple finit par devenir omnipotent. Il est tout ce qu'il y a de plus éloigné du socialisme, doctrine du changement dans la façon d'acquérir la propriété : et quand une fois, par la grande majorité de ses parlements, il finira par avoir entre les mains la vis des impôts, il attaquera par l'impôt progressif la royauté du capital, du grand commerce et de la bourse et créera ainsi, d'une façon lente, une classe moyenne qui aura le droit *d'oublier* le socialisme comme une maladie que l'on a surmontée. — Le résultat pratique de cette démocratisation qui va toujours en augmentant, sera en premier lieu la création d'une union des peuples européens, où chaque pays délimité selon des opportunités géographiques, occupera la situation d'un canton et possédera ses droits particuliers : on tiendra alors très peu compte des souvenirs historiques des peuples, tels qu'ils ont existé jusqu'à présent, parce que le sens de piété qui entoure ces souvenirs sera peu à peu déraciné de fond en comble, sous le règne du principe démocratique, avide d'innovations et d'expériences. Les rectifications des frontières qui seront ainsi nécessaires, de façon à les faire servir aux *besoins* du grand canton et en même temps à l'ensemble des pays alliés, mais non point à la mémoire d'un passé quelconque qui se perd dans la nuit des temps. Trouver les points de vue de cette rectification future, ce sera la tâche des *diplomates* de l'avenir, qui devront être à la fois des savants, des agronomes et des spécialistes dans la connaissance des moyens de communication, et avoir derrière eux, non point des armées, mais des raisons d'utilité pratique. Alors seulement la politique *extérieure* sera liée inséparablement à la politique *intérieure :* tandis que maintenant encore cette dernière continue à courir après sa fière maîtresse et glane dans sa pitoyable besace les épis oubliés dans le chaume, après la moisson de l'autre.

293.

But et moyens de la démocratie. — La démocratie veut créer et garantir l'indépendance à un aussi grand nombre d'individus que possible, l'indépendance des opinions, de la façon de conduire et de gagner sa vie. Pour arriver à ce but, il lui faut contester le droit de vote tant à ceux qui ne possèdent absolument rien qu'à ceux qui sont véritablement riches : car ce sont là deux classes d'hommes qu'elle ne saurait tolérer et à la suppression desquels il lui faut sans cesse travailler, au risque de voir sa tâche remise toujours en question. De même il lui faut empêcher tout ce qui semble tendre à l'organisation de partis. Car les trois grands ennemis de l'indépendance, à ce triple point de vue, sont le pauvre diable, le riche et les partis. — Je parle de la démocratie comme de quelque chose qui existera dans l'avenir. Ce que l'on appelle ainsi aujourd'hui se distingue seulement des vieilles formes de gouvernement en ceci que l'on se sert de *chevaux nouveaux :* les routes sont encore les mêmes que par le passé et les roues du char aussi. — Avec *cet* attelage du bien public le danger est-il vraiment devenu moins grand?

294.

LA CIRCONSPECTION ET LE SUCCÈS. — Cette grande qualité de la circonspection qui est au fond la vertu des vertus, l'ancêtre et la reine des vertus, est loin d'avoir toujours, dans la vie quotidienne, le succès de son côté : et l'amant qui n'aurait recherché cette vertu qu'à cause du succès se verrait amèrement trompé. Car, parmi les gens *pratiques*, on la tient en suspicion et on la confond avec la dissimulation et la subtilité hypocrite. Par contre, celui qui manque de circonspection, — l'homme qui va de l'avant et qui parfois frappe à côté, est tenu pour un compagnon loyal sur qui l'on peut compter. Donc les gens pratiques n'aiment pas l'homme circonspect et le tiennent pour dangereux. D'autre part on croit volontiers que le circonspect est craintif, embarrassé et pédant, — les gens peu pratiques et qui aiment à jouir de la vie le trouvent incommode, parce qu'il n'aime pas à vivre à la légère comme eux, qui ne songent ni à l'action ni aux devoirs : il apparaît au milieu d'eux comme leur conscience vivante, et, à leurs yeux, le jour pâlit à son approche. Si donc le succès et la popularité lui manquent qu'il se dise en manière de consolation : « C'est à ce prix que s'élèvent les *contributions* qu'il te faut payer pour posséder le bien le plus précieux parmi les hommes, — il en vaut la peine ! »

295.

ET IN ARCADIA EGO. — J'ai jeté un regard à mes pieds, en passant par-dessus la vague des collines, du côté de ce lac d'un vert laiteux, à travers les pins austères et les vieux sapins : autour de moi gisaient des roches aux formes variées et sur le sol multicolore croissaient des herbes et des fleurs. Un troupeau se mouvait près de moi, se développant et se ramassant tour à tour; quelques vaches se dessinaient dans le lointain en groupes pressés, se détachant dans la lumière du soir sur la forêt de pins : d'autres, plus près, paraissaient plus sombres. Tout cela était tranquille, dans la paix du crépuscule prochain. Ma montre marquait cinq heures et demie. Le taureau du troupeau était descendu dans la blanche écume du ruisseau et il remontait lentement son cours impétueux, résistant et cédant tour à tour : ce devait être là pour lui une sorte de satisfaction farouche. Deux êtres humains à la peau brunie, d'origine bergamasque, étaient les bergers de ce troupeau : la jeune fille presque vêtue comme un garçon. A gauche des pans de rochers abrupts, au-dessus d'une large ceinture de forêt, à droite deux énormes dents de glace, nageant bien au-dessus de moi, dans un voile de brume claire, — tout cela était grand, calme et lumineux. La beauté tout entière amenait un frisson, et c'était l'adoration muette du moment de sa révélation. Involontairement, comme s'il n'y avait là rien de plus naturel, on était tenté de placer des héros grecs dans ce monde de lumière pure aux contours aigus (de ce monde qui n'avait rien de l'inquiétude et du désir, de l'attente et des regrets); il fallait sentir comme Poussin et ses élèves : à la fois d'une façon héroïque et idyllique. — Et c'est ainsi que certains hommes ont vécu, c'est ainsi que sans cesse ils ont évoqué le sens du monde, en eux-mêmes et hors d'eux-mêmes; et ce fut surtout l'un d'entre eux, un des plus grands hommes qui soient, l'inventeur d'une façon de philosopher héroïque et idyllique tout à la fois : Epicure.

296.

Calculer et mesurer. — Voir beaucoup de choses, les peser les unes en face des autres, en faire le décompte, en tirer une conclusion rapide et en établir la somme avec assez de certitude, c'est là ce qui fait le grand politicien, le grand capitaine et le grand commerçant : — c'est donc la rapidité dans une sorte de calcul mental. Ne voir qu'une seule chose, y trouver le seul motif d'agir, l'étalon qui détermine toute autre action, c'est ce qui fait le héros et aussi le fanatique : — c'est donc une dextérité à mesurer avec un seul mètre.

297.

Ne pas voir au mauvais moment. — Durant qu'il vous arrive quelque chose, il faut s'abandonner à l'événement et fermer les yeux, donc ne pas jouer l'observateur tant que *l'on y est*. Car cela gâterait la bonne digestion de l'événement : au lieu d'y gagner de la sagesse on y gagnerait une indigestion.

298.

La pratique du sage. — Pour devenir sage, il faut *vouloir* que certaines choses arrivent dans votre vie, donc se jeter dans la gueule des événements. Il est vrai que c'est très dangereux ; bien des « sages » y ont été dévorés.

299.

LA FATIGUE DE L'ESPRIT. — Notre indifférence et notre froideur passagères à l'égard des hommes, que l'on interprète comme de la dureté et du manque de caractère, ne sont souvent que de la fatigue de l'esprit : lorsque nous sommes dans cet état, les autres, tout comme nous-mêmes, nous sont indifférents ou importuns.

300.

« UNE SEULE CHOSE EST NÉCESSAIRE » (1). — Lorsque l'on est intelligent, ce qui vous importe avant tout, c'est d'avoir la joie au cœur. — Hélas ! ajouta quelqu'un, lorsque l'on est intelligent, ce que l'on a de mieux à faire c'est d'être sage.

301.

UN TÉMOIGNAGE D'AMOUR. — Quelqu'un disait : « Il y a deux personnes au sujet desquelles je n'ai jamais réfléchi profondément : c'est là le témoignage d'affection que je leur apporte. »

302.

COMMENT ON CHERCHE A CORRIGER LES MAUVAIS ARGUMENTS. — Il y a certaines gens qui jettent encore un morceau de leur personnalité à la suite de leurs mauvais arguments, comme si par là ceux-ci attei-

---

(1) Luc, X, 42. — N. d. T.

gnaient mieux leur but et se laissaient transformer en bons arguments. C'est comme les joueurs de quilles qui, après avoir fait leur coup, cherchent à donner une direction à leur boule, par leurs gestes et le mouvement de leurs bras.

303.

La loyauté. — C'est peu de chose, lorsque, pour ce qui en est du droit et de la propriété, on est un homme exemplaire, de ne pas prendre de fruits dans un jardin étranger, quand on est encore enfant, ou de ne pas passer sur un pré non fauché quand on a atteint l'âge de raison ; — je choisis mes exemples parmi les petites choses qui, comme on sait, démontrent ce genre de perfection mieux que les grandes. C'est peu de chose : car on n'est alors en somme qu'une « personne juridique », avec ce degré de moralité dont une « société », une agglomération d'hommes est même capable.

304.

Homme ! — Qu'est la vanité de l'homme le plus vain à côté de la vanité que possède l'homme le plus humble qui, dans le monde et la nature, se considère comme « homme » !

305.

La gymnastique la plus nécessaire. — Par l'absence de domination de soi dans les circonstances minimes, la faculté de se dominer dans les cas plus graves s'effrite peu à peu. Chaque jour est mal utilisé et devient un danger pour le jour prochain, si l'on ne s'est pas *refusé* une fois au moins quelque petite chose : cette gymnastique est indispensable lorsque l'on veut se conserver la joie d'être son propre maître.

306.

SE PERDRE SOI-MÊME. — Lorsque l'on est arrivé à se trouver soi-même, il faut s'entendre à se *perdre* de temps en temps — pour se retrouver ensuite : en admettant, bien entendu, que l'on soit un penseur. Car il est préjudiciable à celui-ci d'être toujours lié à une seule personne.

307.

QUAND IL FAUT PRENDRE CONGÉ. — Il faut que tu prennes congé de ce que tu veux connaître et mesurer, du moins pour un temps. Ce n'est qu'après avoir quitté la ville que l'on s'aperçoit combien ses tours s'élèvent au-dessus des maisons.

308.

A L'HEURE DE MIDI. — Lorsque, dans la vie de quelqu'un, le matin fut actif et orageux, quand vient le midi de la vie, l'âme est prise d'une singulière envie de repos qui peut durer des mois et des années. Le silence se fait autour de cet homme, le son des voix s'atténue de plus en plus, le soleil tombe à pic sur sa tête. Sur une prairie, au bord de la forêt, il voit dormir le grand Pan ; toutes les choses de la nature se sont endormies avec lui, une expression d'éternité sur la figure — il lui semble du moins qu'il en est ainsi. Il ne désire rien, il n'a souci de rien, son cœur s'arrête, seul son œil vit, — c'est une mort au regard éveillé. L'homme voit là beaucoup de choses qu'il n'a jamais vues et tout ce qu'il peut apercevoir est enveloppé d'un tissu de lumière, noyé en quelque sorte. Il se sent heureux avec cela, mais c'est un bonheur lourd, très lourd. — Mais enfin le vent s'élève de nouveau dans les arbres, midi est passé, et la *vie* l'attire encore vers elle, la vie aux yeux aveugles, suivie de son cortège impétueux : les désirs et les duperies, l'oubli et les jouissances, l'anéantissement et la fragilité. Et c'est ainsi que vient le soir, plus orageux et plus actif que ne fut même le matin. — Pour les hommes véritablement actifs, ces états de connaissance prolongés paraissent presque inquiétants et maladifs, mais non pas désagréables.

309.

Se garder de son peintre. — Un grand peintre qui a révélé et fixé dans un portrait l'expression la plus complète, le moment le plus total dont un homme est capable, lorsqu'il reverra plus tard cet homme dans la vie réelle, aura presque toujours l'impression de voir une caricature.

310.

Les deux principes de la vie nouvelle. — *Premier principe* : il faut organiser la vie de la façon la plus sûre, la plus démontrable, et non point, comme on fit jusqu'à présent, selon des perspectives lointaines, incertaines, comme un horizon gros de nuages. *Deuxième principe* : il faut fixer, à part soi, la *succession* des choses prochaines et voisines, certaines et moins certaines, avant que d'organiser sa vie et de lui donner une direction définitive.

311.

IRRITABILITÉ DANGEREUSE. — Les hommes doués, mais nonchalants, auront toujours l'air un peu irrités lorsque l'un de leurs amis aura terminé un bon travail. Leur jalousie s'éveille, ils ont honte de leur paresse — ou plutôt ils craignent que l'homme actif ne les méprise alors encore *plus* que d'ordinaire. C'est dans cette disposition d'esprit qu'ils critiquent l'œuvre nouvelle — et leur critique devient de la vengeance, au grand étonnement de l'auteur.

312.

DESTRUCTION DES ILLUSIONS. — Les illusions sont certainement des plaisirs coûteux : mais la destruction des illusions est encore plus coûteuse — quand on la considère comme un plaisir, ce qu'elle est incontestablement chez certaines gens.

313.

LA MONOTONIE DU SAGE. — Les vaches ont parfois une expression d'étonnement qui a l'air d'une interrogation demeurée en route. Par contre le *nil admirari* se reflète dans l'œil de l'intelligence supérieure comme la monotonie d'un ciel sans nuages.

314.

NE PAS ÊTRE MALADE TROP LONGTEMPS. — Il faut

se garder d'être longtemps malade : car bientôt les spectateurs sont impatientés par l'obligation habituelle de témoigner de la compassion — vu qu'ils ont trop de peine à se maintenir longtemps dans cet état d'esprit. Et, presque sans transition, ils en viennent à soupçonner votre caractère et à conclure « que vous *méritez* d'être malade et qu'il est inutile de faire un effort de pitié ».

315.

AVERTISSEMENT AUX ENTHOUSIASTES. — Que celui qui aime à se laisser *entraîner* et qui désirerait se voir porté vers le ciel prenne garde à ne pas devenir *trop lourd* : c'est-à-dire qu'il n'apprenne pas trop de choses et surtout qu'il ne se laisse pas *envahir* par la science. C'est cela qui rend lourd ! — prenez garde, ô enthousiastes !

316.

SAVOIR SE SURPRENDRE. — Celui qui veut se voir lui-même tel qu'il est doit savoir se *surprendre* avec le flambeau à la main. Car il en est des choses spirituelles comme des choses corporelles : celui qui est habitué à se voir dans la glace oublie toujours sa laideur : ce n'est que par le peintre qu'il en reçoit de nouveau l'impression. Mais il s'habitue aussi à la peinture et il oublie sa laideur pour la seconde fois. — Ceci conformément à la loi générale qui fait que l'homme ne *supporte pas* ce qui est immuablement laid, si ce n'est pour un moment : il l'oublie et il le nie dans tous les cas. — Les moralistes ont besoin de compter sur ce « moment » pour placer leurs vérités.

317.

OPINIONS ET POISSONS. — On est possesseur de ses opinions comme on est possesseur de poissons, — en ce sens que l'on possède un étang à poissons. Il faut aller à la pêche et avoir de la chance, — alors on tient *ses* poissons, *ses* opinions. Je parle ici d'opinions vivantes, de poissons vivants. D'autres sont satisfaits lorsqu'ils possèdent une collection de fossiles — et, dans leur cerveau, des « convictions ». —

318.

SIGNES DE LIBERTÉ ET DE CONTRAINTE. — Satisfaire soi-même autant que possible, ses besoins les plus impérieux fût-ce même d'une façon imparfaite, c'est la façon d'arriver à la *liberté de l'esprit et de la personne*. Satisfaire, à l'aide des autres, et aussi parfaitement que possible, beaucoup de besoins superflus — cela finit par vous mettre dans un état de *contrainte*. Le sophiste Hippias qui avait acquis et créé lui-même tout ce qu'il portait, intérieurement et extérieurement, est par là le représentant de ce courant qui aboutit à la plus haute liberté de l'esprit et de la personne. Il importe peu que tout soit également bien travaillé, également parfait : la fierté reprisera les endroits défectueux.

319.

CROIRE EN SOI-MÊME. — De nos jours on se méfie

toujours de celui qui croit en lui-même ; autrefois croire en soi-même cela suffisait pour que les autres croient également en vous. La recette pour trouver créance aujourd'hui c'est : « Ne te ménage pas toi-même ! Si tu veux que ton opinion soit vue sous un jour favorable, commence par allumer ta propre chaumière » !

320.

Plus riche et plus pauvre, tout a la fois. — Je connais un homme qui, encore enfant, s'était déjà habitué à bien penser de l'intellectualité des hommes, c'est-à-dire de leur véritable penchant pour les objets de l'esprit, de leur goût désintéressé pour les choses reconnues vraies, etc., à avoir par contre une idée très médiocre de son esprit à lui (jugement, mémoire, présence d'esprit, imagination). Il ne s'accordait aucune valeur, lorsqu'il se comparait à d'autres. Mais au cours des années il fut forcé, une fois d'abord, puis cent fois, de changer d'opinion sur ce point, — on pourrait croire que ce fut à sa grande joie et à sa grande satisfaction. En effet, il y avait quelque chose de cela, mais, comme il disait une fois : « Il s'y mêle une amertume de la pire espèce, une amertume que je n'ai pas connue dans les années antérieures : car, depuis que j'apprécie les hommes et moi-même, avec plus de justice, par rapport aux besoins intellectuels, mon esprit me paraît moins utile ; avec lui je ne crois plus pouvoir faire œuvre bonne, parce que l'esprit des autres ne s'entend pas à l'accepter : je vois maintenant toujours devant moi l'abîme affreux qui existe entre l'homme secourable et celui qui a besoin de secours. Voilà pourquoi je suis tourmenté par la misère de posséder mon esprit à moi seul et d'en jouir autant qu'il est supportable. Mais *donner* vaut mieux que *posséder* : et qu'est l'homme le plus riche lorsqu'il vit dans la solitude d'un désert? »

321.

COMMENT IL FAUT ATTAQUER. — Les raisons qui font que l'on croit en quelque chose ou que l'on n'y croit pas sont rarement, et chez très peu d'hommes, aussi fortes *qu'elles peuvent l'être*. Ordinairement, pour ébranler la foi en quelque chose, on n'a nullement besoin d'amener, sans plus, la grosse artillerie de combat; chez beaucoup on atteint déjà son but en attaquant avec un peu de bruit, de sorte que les pois fulminants suffisent. Mais contre les personnes très vaniteuses c'est assez d'avoir *l'attitude* d'une attaque violente : celles-ci se figurent alors qu'on les prend très au sérieux — et elles cèdent.

322.

MORT. — Par la perspective certaine de la mort, on pourrait mêler à la vie une goutte délicieuse et parfumée d'insouciance — mais, vous autres, singuliers pharmaciens de l'âme que vous êtes, vous avez fait de cette goutte un poison infect, qui rend répugnante la vie tout entière!

323.

REMORDS. — Ne jamais donner libre cours au

remords, mais se dire de suite : ce serait là ajouter une seconde bêtise à la première. — Si l'on a occasionné le mal, il faut songer à faire le bien. — Si l'on est puni à cause de sa mauvaise action, il faut subir sa peine avec le sentiment que par là on fait une chose bonne : on empêche, par l'exemple, les autres de tomber dans la même folie. Tout malfaiteur puni doit se considérer comme un bienfaiteur de l'humanité.

324.

Devenir penseur. — Comment quelqu'un peut-il devenir un penseur s'il ne passe pas au moins le tiers de sa journée sans passions, sans hommes et sans livres?

325.

Le meilleur remède. — Un peu de santé par ci par là, c'est pour le malade le meilleur remède.

326.

Ne touchez pas! — Il y a des hommes néfastes qui, au lieu de résoudre un problème, l'obscurcissent pour tous ceux qui s'en occupent et le rendent encore plus difficile à résoudre. Celui qui ne s'entend pas à frapper juste doit être prié de ne pas frapper du tout.

327.

La nature oubliée. — Nous parlons de la nature et, tout en parlant, nous nous oublions nous-mêmes; mais nous aussi, nous sommes la nature, *quand même.* — Par conséquent la nature est tout autre chose que ce que nous ressentons en la nommant.

328.

Profondeur et ennui. — Pour les hommes profonds, comme pour les puits profonds, il se passe un certain temps jusqu'à ce que l'objet que l'on y jette atteigne le fond. Les spectateurs qui n'attendent généralement pas assez longtemps s'imaginent volontiers que de tels hommes sont insensibles et durs — ou bien encore qu'ils sont ennuyeux.

329.

Quand il est temps de se faire serment de fidélité. — On s'égare parfois dans une direction intellectuelle qui est en contradiction avec nos talents ; pendant un certain temps on lutte héroïquement contre le flot et le vent, c'est-à-dire contre soi-même ; on se fatigue et on finit par gémir. Ce que nous accomplissons ne nous fait pas un plaisir véritable, car nos succès nous ont fait perdre trop de choses. Il arrive même que l'on *désespère* de sa fécondité, de son avenir, lorsque l'on est peut-être en pleine victoire. Enfin, enfin, on finit par retourner *en arrière* — et maintenant le vent s'engouffre dans notre voile et nous pousse dans *notre* courant. Quel bonheur ! Combien nous nous sentons *certains de la victoire !* Maintenant seulement nous savons ce que nous sommes et ce que nous voulons, maintenant nous nous jurons fidélité à nous-mêmes et nous avons *le droit* de le faire — puisque nous savons.

330.

CEUX QUI PRÉDISENT LE TEMPS. — De même que les nuages nous révèlent où courent, bien au-dessus de nous, les vents, de même les esprits les plus légers et les plus libres, dans leurs courants, prédisent le temps qui va venir. Le vent de la vallée et les opinions de la place publique d'aujourd'hui ne signifient rien pour ce qui est de l'avenir, mais ne parlent que de ce qui est du passé.

331.

CONSTANTE ACCÉLÉRATION. — Les personnes qui commencent lentement et qui se familiarisent difficilement avec une chose, possèdent parfois plus tard la qualité de l'accélération constante, — en sorte que personne ne peut deviner « en fin de compte » où le flot pourra encore les entraîner.

332.

TROIS BONNES CHOSES. — La grandeur, le calme et la lumière du soleil — ces trois choses enveloppent tout ce qu'un penseur peut désirer et exiger de lui-même : ses espérances et ses devoirs, ses prétentions sur le domaine intellectuel et moral, je dirai même sa façon quotidienne de vivre et l'orientation du lieu où il habite. A ces trois choses correspondent d'une part des pensées qui *élèvent*, ensuite des pensées qui *tranquillisent*, en troisième lieu des pensées qui *illuminent* — mais en quatrième lieu des pensées qui participent de ces trois qualités, des pensées où tout ce qui est terrestre arrive à se transfigurer : c'est l'empire ou règne la grande *trinité de la joie.*

333.

MOURIR POUR LA « VÉRITÉ ». — Nous ne nous ferions pas brûler pour nos opinions, tant nous sommes peu sûrs d'elles. Mais peut-être pour le droit d'avoir nos opinions et de pouvoir en changer.

334.

AVOIR SA TAXE. — Si l'on veut passer exactement pour ce que l'on *est,* il faut être quelque chose qui possède *sa taxe.* Mais n'a une taxe que ce qui est d'un usage vulgaire. Par conséquent ce désir est ou bien la suite d'une modestie intelligente — ou d'une immodestie stupide.

335.

MORALE POUR CEUX QUI BATISSENT. — Il faut enlever les échafaudages lorsque la maison est construite.

336.

SOPHOCLÉISME. — Qui a mis plus d'eau dans son vin que les Grecs! La sobriété alliée à la grâce — ce fut là le privilège de noblesse des Athéniens du temps de Sophocle et de ceux qui vinrent après lui. Que celui qui le peut fasse de même! Dans la vie et dans la création!

337.

L'héroïsme. — L'héroïsme consiste à faire de grandes choses (ou à *ne pas* faire quelque chose d'une façon grande), sans avoir, dans la lutte *avec* les autres, le sentiment d'être *devant* les autres. Le héros porte avec lui le désert et la terre sainte aux limites infranchissables, où qu'il aille.

338.

Double de la nature. — Dans certaines contrées de la nature nous nous découvrons nous-mêmes avec un frisson agréable; c'est pour nous la plus belle façon d'avoir un double. — Combien doit être heureux celui qui peut avoir ce sentiment, *ici* même, dans cette atmosphère d'automne sans cesse ensoleillé, sous le souffle malicieux et heureux du vent, qui se prolonge du matin au soir, enveloppé de cette clarté la plus pure et de cette fraîcheur tempérée, et se retrouver dans le caractère riant et sérieux, à la fois, des collines, des lacs et des forêts de ce plateau, qui s'étend sans crainte à côté de l'épouvante de la neige éternelle, là où l'Italie et la Finlande ont formé alliance et semblent être la patrie de toutes les nuances argentées de la nature : — heureux celui qui peut dire : « Il y a certainement beaucoup de choses plus grandes et plus belles dans la nature, mais *ceci* est étroitement et intimement parent avec moi, j'y suis lié par les liens du sang, par plus encore ! »

339.

AFFABILITÉ DU SAGE. — Le sage sera involontairement affable avec les autres hommes, comme ferait un prince, et, malgré toutes les différences de dons, de conditions et de manières, il lui arrivera de les traiter comme des égaux : ce qu'on lui reproche amèrement dès qu'on s'en aperçoit.

340.

OR. — Tout ce qui est or ne brille pas. Le rayonnement doux est le propre du métal le plus précieux.

341.

ROUE ET FREIN. — La roue et le frein ont des devoirs différents, mais ils en ont aussi un semblable : celui de se faire mal.

342.

DÉRANGEMENTS DU PENSEUR. — Tout ce qui l'interrompt dans ses réflexions (le *dérange*, comme on dit), le penseur doit le regarder paisiblement comme un nouveau modèle qui entre par la porte pour s'offrir à l'artiste. Les interruptions sont les corbeaux qui apportent sa nourriture au solitaire.

343.

AVOIR BEAUCOUP D'ESPRIT. — Avoir beaucoup d'esprit conserve jeune : mais il faut supporter avec cela de passer pour plus vieux qu'on est. Car les hommes lisent les traits d'esprit comme si c'étaient des traces d'*expérience* de la vie, c'est-à-dire des témoignages que l'on a beaucoup vécu et mal vécu, que l'on a souffert, que l'on s'est trompé et que l'on s'est repenti. Donc : on passe auprès d'eux pour plus vieux, tout aussi bien que pour *plus mauvais* qu'on n'est, lorsque l'on a beaucoup d'esprit et qu'on le montre.

344.

Comment il faut vaincre. — Il ne faut pas vouloir vaincre lorsque l'on a seulement la perspective de dépasser son adversaire d'un cheveu. La bonne victoire doit réjouir le vaincu, et avoir quelque chose de divin qui épargne l'*humiliation*.

345.

Illusion des esprits supérieurs. — Les esprits supérieurs ont de la peine à se délivrer d'une illusion : ils se figurent qu'ils éveillent la jalousie des médiocres et qu'ils sont considérés comme des exceptions. Mais en réalité on les considère comme quelque chose de superflu, dont on se passerait, si cela n'existait pas.

346.

Exigence de la vanité. — Changer ses opinions, c'est, pour certaines natures, une exigence de propreté, de même que changer de vêtements : mais pour d'autres natures ce n'est qu'une exigence de la vanité.

347.

DIGNE D'UN HÉROS. — Voici un héros qui n'a pas fait autre chose que de secouer l'arbre dès que les fruits étaient mûrs. Cela vous semble-t-il être trop peu de chose? Voyez donc l'arbre qu'il a secoué.

348.

A QUOI L'ON PEUT MESURER LA SAGESSE. — Le surcroît de sagesse se laisse mesurer exactement d'après la diminution de bile.

349.

L'ERREUR PRÉSENTÉE D'UNE FAÇON DÉSAGRÉABLE. — Ce n'est pas du goût de tout le monde d'entendre la vérité dite d'une façon agréable. Mais personne ne doit s'imaginer que l'erreur devient vérité lorsqu'on la présente d'une façon *désagréable*.

350.

LA MAXIME DORÉE. — On a mis beaucoup de chaînes à l'homme pour qu'il désapprenne de se comporter comme un animal : et, en vérité, il est devenu plus doux, plus spirituel, plus joyeux, plus réfléchi que ne sont tous les animaux. Mais dès lors il souffre encore d'avoir manqué si longtemps d'air pur et de mouvements libres : — ces chaînes cependant, je le répète encore et toujours, ce sont ces erreurs lourdes et significatives des représentations morales, religieuses et métaphysiques. C'est seulement quand la *maladie des chaînes* sera surmontée que le premier grand but sera entièrement atteint : la séparation de l'homme et de l'animal. — Or, nous nous trouvons au milieu de notre travail pour enlever les chaînes, et il nous faut pour cela les plus grandes précautions. Ce n'est qu'à *l'homme anobli* que la *liberté d'esprit* peut être donnée; lui seulement est touché par l'*allègement de la vie* qui met du baume dans ses blessures; il est le premier à pouvoir dire qu'il vit à cause de la *joie* et à cause de nul autre but; et, dans toute autre bouche, la devise serait dangereuse : *Paix autour de moi et bonne volonté à l'égard de toutes les choses prochaines.* — Cette devise pour les individus le fait songer à une parole ancienne, magnifique et touchante à la fois, qui était faite pour *tous* et qui est demeurée au-dessus de l'humanité, comme une devise et un avertissement dont périront tous ceux qui en orneront trop tôt leur bannière, — une devise qui fit périr le christianisme. Il semble bien que *les temps ne sont pas encore venus* où tous les hommes pourront avoir le sort de ces bergers qui virent le ciel s'illuminer au-dessus d'eux et qui entendirent ces paroles : « Paix sur la terre, bonne volonté envers les hommes (1) » — Le temps appartient encore aux *individus*.

(1) Luc, II, 14. — N. d. T.

L'ombre : De tout ce que tu as énoncé, rien ne m'a autant plu qu'une de tes promesses : vous voulez redevenir bons prochains des choses prochaines. Cela nous profitera bien, à nous aussi, pauvres ombres. Car, avouez-le donc, vous avez eu jusqu'ici trop de plaisir à nous calomnier.

Le voyageur : Calomnier ? Mais pourquoi ne vous être jamais défendues ? Vous aviez bien nos oreilles à proximité.

L'ombre : Il nous semblait que nous étions justement trop près de vous pour pouvoir parler de nous-mêmes.

Le voyageur : Délicat ! très délicat ! Ah ! vous autres ombres êtes « meilleures gens » que nous, je le remarque.

L'ombre : Et pourtant, vous nous appeliez « indiscrètes » — nous qui nous entendons bien à une chose, au moins, nous taire et attendre — pas d'Anglais qui s'y entende mieux. Il est vrai qu'on nous trouve très, très souvent à la suite de l'homme, mais non pas dans sa domesticité. Quand l'homme appréhende la lumière, nous appréhendons l'homme : c'est la mesure de notre liberté.

Le voyageur : Ah! la lumière appréhende encore plus souvent l'homme, et alors vous l'abandonnez aussi.

L'ombre : Je t'ai souvent abandonné à regret : pour moi qui suis jalouse de savoir, il est bien des choses dans l'homme qui sont restées obscures, parce que je ne puis être toujours à ses côtés. Au prix de la connaissance complète de l'homme, j'accepterais même d'être ton esclave.

Le voyageur : Sais-tu donc, sais-je donc si par là à ton insu, d'esclave tu ne deviendrais pas maîtresse? Ou bien resterais-tu esclave, mais, ayant le mépris de ton maître, mènerais-tu une vie d'humiliation, de dégoût? Contentons-nous l'un et l'autre de la liberté telle qu'elle t'est restée — à toi *et* à moi! Car l'aspect d'un être sans liberté empoisonnerait mes plus grandes joies, la meilleure chose me répugnerait, si quelqu'un *devait* la partager avec moi, — je ne veux pas savoir d'esclaves autour de moi. C'est pourquoi je ne puis souffrir le chien, l'écornifleur fainéant qui frétille de la queue, qui n'est devenu « cynique » qu'en qualité de valet de l'homme, et qu'ils ont coutume de vanter, disant qu'il est fidèle à son maître et le suit comme son...

L'ombre : Comme son ombre, c'est ainsi qu'ils disent. Peut-être t'ai-je aujourd'hui suivi trop longtemps. C'était le jour le plus long, mais nous voici au bout, aie un petit moment de patience encore. Ce gazon est humide, j'ai le frisson.

Le voyageur : Oh! est-il déjà temps de nous séparer? Et il a fallu pour finir que je te fasse mal, j'ai vu que tu en devenais plus sombre.

L'ombre : J'ai rougi, dans la couleur où il m'est possible. Il m'est revenu que j'ai souvent couché à tes pieds comme un chien et qu'alors tu...

Le voyageur : Et ne pourrais-je pas en toute hâte faire quelque chose qui te fît plaisir? N'as-tu point de souhait à former?

L'ombre : Pas d'autre que le souhait que formait le « chien » philosophe devant le grand Alexandre : Ote-toi un peu de mon soleil, je commence à avoir trop froid.

Le voyageur : Que dois-je faire?

L'ombre : Marche sous ces pins et regarde autour de toi vers les montagnes, le soleil se couche.

Le voyageur : Où es-tu? Où es-tu?

NOTES

Les deux recueils d'aphorismes qui forment la deuxième partie d'*Humain, trop humain*, ont été composés d'après des notes dont quelques-unes remontent à 1876. Après la publication de la première partie (voir les notes au premier volume d'*Humain, trop humain*), Nietzsche fit un nouveau triage dans ses papiers de Sorente et reprit de nombreuses sentences qu'il n'avait pas encore utilisées.

Les *Opinions et Sentences mêlées* se cristallisèrent autour de ce noyau primitif. D'après un brouillon écrit de la main du philosophe, dans les derniers mois de l'année 1878, à Bâle, Mme Marie Baumgartner rédigea avec soin un premier manuscrit qui fut ensuite retravaillé par Nietzsche. Imprimé à Chemnitz au commencement de l'année 1879, cet opuscule parut chez E. Schmeitzner à la fin du mois de mars sous le titre de : « *Humain, trop humain. Un livre dédié aux esprits libres. Appendice : Opinions et Sentences mêlées*.

La rédaction du deuxième recueil, *Le Voyageur et son ombre*, se fit au printemps et en été de 1879, surtout pendant un long séjour à Saint-Moritz, d'où le titre primitif « *Suites de Saint-Moritz* ». Au commencement de septembre, une rédaction plusieurs fois refondue fut envoyée de là à Venise, à M. P. Gast, qui rédigea le manuscrit pour l'impression. Après une nouvelle révision de la part de Nietzsche, l'opuscule fut imprimé en octobre et en novembre de la même année et parut sous le titre de : « *Le Voyageur et son ombre. Chemnitz, 1880. Ernest Schmeitzner, éditeur.* » Au verso de la page de titre se trouvait cette phrase : « Deuxième et dernier appendice à un recueil de pensées précédemment publié :

Humain, trop humain. Un livre dédié aux esprits libres. »

Les deux opuscules furent réunis sous une forme définitive en 1886 et prirent le titre de « *Humain, trop humain. Deuxième partie* », lorsque E. W. Fritzsch, à Leipzig, devint l'éditeur des œuvres de Nietzsche. Pour cette nouvelle édition Nietzsche écrivit (en septembre 1886, à Sils-Maria) l'avant-propos qu'on a lu en tête de l'ouvrage.

La présente traduction a été faite sur le troisième volume des *Œuvres complètes de Nietzsche* publié en 1894 chez C.-G. Naumann, à Leipzig, par les soins du « *Nietzsche-Archiv* ».

Au moment de la réimpression en 1886 le philosophe avait songé à refondre entièrement les deux volumes d'*Humain, trop humain*, et à leur donner une forme semblable à celle de *Par delà le Bien et le Mal*. L'idée fut abandonnée provisoirement, mais il rédigea alors ce fragment de préface qui peut en aider la compréhension.

I.

« Humain, trop humain : ce titre indique la volonté d'une grande *séparation*, une entreprise individuelle pour se dégager des préjugés anciens qui parlent en *faveur* de l'homme, pour se dégager et suivre tous les chemins qui mènent assez haut pour permettre de regarder, ne fût-ce qu'un instant, *vers en bas*, sur l'homme. Non point mépriser ce qu'il y a de méprisable dans l'homme, mais se demander, jusque dans les causes profondes, s'il n'y a pas quelque chose qu'il faudrait mépriser dans tout ce dont l'homme a été fier jusqu'à présent, et dans cette fierté elle-même, dans la confiance innocente et superficielle que l'homme mettait dans ses jugements de valeurs. Cette tâche temporaire et difficultueuse fut un moyen parmi tous les autres moyens à quoi me força une tâche *grandiose*. Quelqu'un veut-il parcourir avec moi ces chemins ? Je ne *conseille* à personne de le faire. — Mais vous le voulez ? Mettons-nous en route !

2.

Pour celui qui a en lui les désirs d'une âme haute et difficile, les dangers seront toujours très grands : mais aujourd'hui, ils sont extraordinaires. Jeté dans une époque bruyante et populacière dont il se soucie peu de partager la nourriture, il court le risque de mourir de faim et de soif, ou encore de dégoût, pour le cas où il se déciderait à prendre place à la table. Il faut bien que quelques *hasards heureux* viennent, au bon moment, en aide à un pareil homme.

C'est pourquoi je ne saurais assez louer les *trois* hasards heureux de ma vie, qui vinrent à temps pour combler le dommage que m'avait causé une jeunesse trop solitaire, avide et pleine de désirs. Le premier fut d'avoir trouvé, dès mes jeunes années, une occupation honorable et savante, qui me permit de me rendre familier le voisinage des Grecs, si l'on veut me passer cette expression peu modeste, mais intelligible. Ainsi placé à l'écart et occupé au mieux, il ne me fut pas facile de m'émouvoir violemment de quelque chose qui se passe aujourd'hui. J'étais, de plus, dévoué à un philosophe qui savait contredire, avec bravoure, tout ce qui est actuel, ainsi que les « idées modernes », sans déraciner, par un excès de négations, l'esprit vénérateur de ses disciples. Enfin je fus, dès ma plus tendre enfance, amateur de musique et aussi, de tous temps, l'ami de bons musiciens : de tout cela il résultait que j'avais peu de raison de m'occuper des hommes actuels : — car les bons musiciens sont tous des ermites qui se mettent en dehors du temps.

3.

Je ne compris que très tard ce qui, en somme, me manquait encore tout à fait : je veux dire la *Justice*. « Qu'est-ce que la justice ? Et si elle n'était pas possible, comment la vie serait-elle tolérable ? » — c'est ce que je me demandais sans cesse. J'étais profondément inquiet de ne trouver partout où je scrutais en moi-même, que des passions, des perspectives incomplètes, l'assurance de quelqu'un à qui les conditions premières de la justice font défaut ; mais où donc était la circonspection ? — je veux dire la circonspection qu'engendre une profonde compréhension. Je ne m'accordai que du *courage* et une certaine dureté, qui est le fruit d'une longue domination de soi : et il faut, en effet, du courage et de la dureté, pour s'avouer tant de choses, et encore si tard.

4.

Ce livre introductif, qui a su trouver ses lecteurs dans un vaste cercle de pays et de peuples, et qui doit posséder, par conséquent, l'art de séduire les esprits, même les plus secs et les plus récalcitrants, ce livre est demeuré le plus incompréhensible pour mes amis les plus proches : — lorsqu'il parut, ils furent pris de terreur et il leur apparut comme une énigme, mettant, entre eux et moi, une gêne angoissante. En effet, l'état d'âme d'où il tira son origine, était gros de problèmes et de contradictions ; j'étais alors *très* heureux et *très* souffrant, conscient, avec fierté, d'une victoire que je venais de remporter sur moi-même, — mais d'une de ces victoires dont on périt généralement. Un jour — c'était durant l'été de 1876 — je sentis naître en moi un mépris soudain et une compréhension nouvelle : impitoyablement, je passai sur les belles aspirations et les beaux rêves, tels que jusqu'à présent ma jeunesse les avait aimés, impitoyablement, je continuai à suivre mon chemin, le chemin de la « connaissance à tout prix » : et ce fut avec une telle dureté, avec une telle impatience dans la curiosité, et aussi avec une telle pétulance que je gâtai ma santé pour quelques années.

5.

Que se passa-t-il alors, en somme, avec moi ? Je ne me comprenais pas moi-même, mais l'incitation était comme un commandement. Il semble que notre destinée future dispose de nous ; ce qui nous arrive est longtemps une énigme pour nous. Le choix des événements, la poussée et le désir soudain, la répulsion en face de ce qu'il y a de plus agréable, souvent de plus vénéré : de pareilles choses nous effrayent, comme si l'arbitraire jaillissait de nous, quelque chose de capricieux, de fou, de volcanique. Mais ce n'est que la raison supérieure et la précaution de notre tâche future. La longue phrase de ma vie — me disais-je avec inquiétude — faut-il peut-être la lire *à rebours* ? En lisant autrement, cela est certain, les paroles que je lisais n'avaient « pas de sens ».

Une grande *séparation*, toujours plus grande, un éloignement volontaire, un besoin de distance, un refroidissement et un assainissement — tout cela, et rien autre chose, fut mon désir pendant ces années. J'examinai tout ce à quoi mon cœur avait été attaché jusque-là, je retournai les choses, les meilleures et les plus aimées, et je ne regardai que leurs revers, j'agis à rebours avec tout ce que l'art humain de la calomnie et de la médisance avait pratiqué le plus finement. Alors je me mis à tourner autour de certaines choses qui jusqu'à m'étaient demeurées étrangères, avec une curiosité pleine de ménagements et même d'affection. J'appris à juger, d'une façon équitable, notre temps et tout ce qui est « moderne ». Il se peut que ce fût une façon de mauvais jeu, car j'en fus souvent malade. Mais ma résolution demeura inébranlable, et, même malade, je fis encore la meilleure mine à mon « jeu » et je me défendis méchamment contre toute conclusion à quoi la maladie ou la solitude, ou encore la fatigue des pérégrinations eussent pu contribuer. « En avant, me disais-je, demain tu seras bien portant ; aujourd'hui, il te suffit de passer pour tel. » A cette époque, je me rendis maître de tout ce qu'il y avait en moi de « pessimiste » ; la *volonté* même de la santé, le cabotinage furent mes remèdes. Ce que je considérais alors comme de la santé, ce que je *voulais*, est assez bien exprimé et révélé par ces phrases : « Une âme solide, douce et joyeuse au fond, un état d'esprit qui n'a pas besoin de se garder des perfidies et des éclats soudains et qui, dans ses manifestations, n'a rien du ton grondeur et de l'irritation qui sont les qualités particulières et désagréables des vieux chiens et des hommes qui ont longtemps été enchaînés. » — La condition la plus désirable me semblait être « ce balancement libre et sans crainte au-dessus des hommes, des mœurs, des lois et des appréciations traditionnelles des choses ». — C'était, en effet, une espèce d'indépendance d'oiseau, de coup d'œil d'oiseau, curiosité et mépris, tout à la fois, tels que les connaît celui qui, sans y être mêlé, jette un regard sur un grand nombre de choses — je parvins à cette nouvelle condition et je la supportai longtemps. « Un esprit libre » — ce mot froid fait du bien en cet état, il réchauffe presque ; l'homme est devenu le contraire de ceux qui s'occupent de choses qui ne les regardent pas ; l'esprit libre s'intéressait à beaucoup de choses qui ne le « préoccupent » plus.

6.

Le résultat personnel de tout cela, ce fut, ainsi que je le dénommai, la négation logique du monde : je veux dire la conviction que le monde *qui nous regarde de quelque façon* est faux. « Ce n'est pas le monde en tant que chose en soi — celui-ci est vide, vide de sens et digne d'un rire homérique ! — c'est le monde en tant qu'*erreur* qui est si riche en signification, si profond, si merveilleux, portant dans son sein le bonheur et le malheur » : voilà ce que j'ai décrété alors. — La « victoire sur la métaphysique », qui est « affaire de la plus haute tension dans la réflexion humaine », était à mes yeux chose atteinte ; et en même temps, j'émis l'opinion qu'il fallait *garder* pour ces métaphysiques *vaincues*, attendu que « la plus grande accélération de l'humanité » était venue d'elles, un sentiment de profonde reconnaissance.

Mais à l'arrière-plan se trouvait le désir d'une curiosité bien plus vaste encore, et même d'une tentative immense : je commençais à me demander si toutes les valeurs ne pouvaient pas être renversées, et sans cesse je me posais cette question : que signifient, en général, toutes les évaluations humaines ? Que laissent-elles deviner des conditions de la vie, de *la* vie tout d'abord, puis de la vie humaine, et enfin, de la vie universelle ?

7.

J'avais déjà dépassé la vingtième année, lorsque je compris que la *connaissance des hommes* me faisait défaut. Et comment saurait-il en être autrement pour quelqu'un qui n'a dirigé son esprit ni sur les honneurs, ni sur l'argent, ni sur les places, ni sur les femmes, et qui passe la plus grande partie de chaque jour seul avec lui-même ? Il y aurait là maint motif à railleries, si ce n'était pas contraire au bon goût, dans la préface d'un livre, de se moquer de son auteur. Bref, j'ai trouvé des raisons et des raisons toujours meilleures, pour me méfier de mes louanges, ainsi que de mes blâmes, et pour rire de la dignité magistrale que j'avais usurpée ; je finis même par m'*interdire* humblement tout droit à un Oui et à un Non ; en même temps s'éveilla en moi, une curiosité soudaine et violente du « monde inconnu » ; — je me décidai à me soumettre à une nouvelle discipline, dure et longue, aussi loin que possible de mon coin habituel ! Peut-être qu'en route la justice elle-même viendrait de nouveau à ma rencontre.

Donc vinrent pour moi les années de *pérégrinations*, qui furent les années de *guérison* : des années compliquées, pleines de transformations multicolores et douloureusement charmantes, d'événements que les hommes bien portants, les esprits carrés doivent comprendre et sentir tout aussi peu que les malades et les condamnés, ceux qui sont prédestinés à la mort et non pas à la vie. A ce moment-là, je ne m'étais pas encore trouvé, mais je m'étais mis bravement en route pour arriver à mon « moi », et j'examinai mille choses et mille gens auprès de qui je passai, pour voir s'ils ne faisaient pas partie de « moi », ou du moins s'ils en savaient quelque chose.

8.

Peu à peu, il me vint un étonnement plus pur et plus profond, — il y eut plus de chaleur autour de moi, une atmosphère plus lumineuse. J'eus le sentiment qu'après de pareilles perspectives lointaines, mes yeux, les yeux pour mon « voisinage », commençaient seulement à s'ouvrir. Ces choses voisines et proches, quel duvet, quel charme, dans l'intervalle, avait été le leur ! Combien j'eus de reconnaissance envers mes aventures ! Et comme je fus heureux de ne pas être demeuré chez moi, au coin du feu, blotti frileusement dans un coin. Que de surprises ! Que de nouvelles émotions ! Que de bonheur encore dans la fatigue ! Quel repos sous les rayons du soleil ! Et cette nouvelle voix que j'entendais, ces rencontres, ces rares tendresses ! Que n'ai-je entendu alors ! Il est vrai que toujours la vieille voix dure me parvenait à l'oreille, la voix qui commandait : « Eloigne-toi d'ici ! En avant ! Mets-toi en route ! L'homme n'a pas encore été découvert par toi ! Il reste bien des pays et bien des mers qu'il te faudra voir : on ne sait pas qui tu pourras bien rencontrer ! Qui sait, toi-même peut-être ! »

9.

Comme cela arrive à chacun, mes amis, lorsqu'il reste longtemps en chemin, plein de curiosité, séjournant longtemps à l'étranger, moi aussi j'ai vu passer sur mon chemin maint esprit singulier et dangereux : mais c'en était un, avant tout, qui revenait sans cesse, et non des moindres — nul autre que le dieu Dionysos, ce grand dieu équivoque et tentateur, à qui j'avais offert jadis, comme vous savez, en toute « vénération humaine », mon œuvre de début : — c'était un véritable holocauste de jeunesse, plus fumée que flamme !

Entre temps, j'appris bien des choses, trop de choses, sur la philosophie de ce dieu — et peut-être viendra pour moi un jour de si grand calme et de bonheur alcyonien, que mes lèvres déborderont pour raconter tout ce que je sais, pour vous raconter, mes amis, la philosophie de Dionysos. A mi-voix, bien entendu, car il s'agit là de maintes choses mystérieuses, nouvelles, étranges, problématiques et même inquiétantes. Mais Dionysos est un philosophe et les dieux, eux aussi, font de la philosophie, cela me semble être une nouveauté bien problématique et pleine de choses insidieuses, qui éveillera peut-être de la méfiance, surtout parmi les philosophes : — parmi vous, mes amis, elle soulèvera peut-être moins d'objections, à moins qu'elle ne vous parvienne pas en temps opportun, car je me suis laissé dire que, de nos jours, on est mal disposé, parmi vous, en faveur des dieux !

10.

C'était le printemps et dans tous les arbres montait la jeune sève. En traversant les bois, tandis que je réfléchissais à un enfantillage, je me mis à tailler une flûte, sans savoir au juste ce que je faisais. Mais à peine l'avais-je portée à mes lèvres pour siffler, que le *dieu* apparut devant moi, le dieu que je connaissais depuis longtemps, et il se prit à dire :

— Eh bien ! attrapeur de rats, que viens-tu donc faire ici ? Toi qui es à moitié jésuite et à moitié musicien, et presque un Allemand ? »

(Je m'étonnai qu'un dieu cherchât à me flatter de cette manière, et je me proposai d'être sur mes gardes à son égard.)

— J'ai tout fait pour les rendre bêtes, reprit-il. Je les ai fait suer dans leur lit, je leur ai fait manger des *klœsse* et leur ai commandé de boire jusqu'à s'affaisser par terre, je fis d'eux des casaniers et des savants, et leur ai donné les sentiments misérables d'une âme de domestiques...

— Tu me sembles venir avec de mauvaises intentions, répondis-je. Tu as l'air de vouloir la destruction de l'homme.

— Peut-être, répondit le dieu. Mais de façon à ce que le résultat soit heureux pour lui...

— Quoi donc ? m'écriai-je avec curiosité.

— *Qui* donc ? devrais-tu demander ! — Ainsi parla Dionysos, puis il se tut de la façon qui lui est particulière, c'est-à-dire en séducteur. Vous auriez dû voir l'air qu'il avait !

C'était le printemps, et dans tous les arbres montait la jeune sève. »

La disposition selon laquelle Nietzsche a groupé les matières dans la première partie d'*Humain, trop humain* est la même pour ce volume-ci. Chacun des deux opuscules devrait se diviser en neuf chapitres, mais l'auteur n'a pas marqué par des divisions visibles ce parallélisme intérieur, laissant à chaque lecteur le soin de reconnaître dans cet ouvrage un développement logique et une amplification de l'œuvre principale.

Il nous a paru cependant intéressant de reproduire ici une disposition établie par M. P. Gast, qui montre la concordance entre les matières des deux volumes :

HUMAIN, TROP HUMAIN

PREMIÈRE PARTIE	DEUXIÈME PARTIE	
	OPINIONS	LE VOYAGEUR
I. Des choses premières et dernières.	Aph. 1-32	Aph. 1-17
II. Pour servir à l'histoire des sentiments moraux.	— 33-91	— 18-71
III. La vie religieuse.	— 92-98	— 72-86
IV. De l'âme des artistes et des écrivains.	— 99-178	— 87-170
V. Caractères de haute et de basse civilisation.	— 179-230	— 171-233
VI. L'homme dans la société.	— 231-269	— 234-264
VII. La femme et l'enfant.	— 270-293	— 265-274
VIII. Coup d'œil sur l'Etat.	— 294-324	— 275-294
IX. L'homme avec lui-même.	— 325-408	— 295-350

Henri Albert.

INDEX DES APHORISMES

OPINIONS ET SENTENCES MÊLÉES

A ceux que la philosophie a déçus	21
Être gâté	21
Les prétendants de la réalité	21
Progrès de la pensée libre	22
Un péché originel des philosophes	22
Contre les imaginatifs	23
Inimitié contre la lumière	23
Scepticisme chrétien	24
La « loi de la nature » une superstition	24
Echu à l'histoire	25
Le pessimiste de l'intellect	25
Besace des métaphysiciens	26
La connaissance nuisible à l'occasion	26
Ce dont le philistin a besoin	27
Les exaltés	27
Le bien induit à la vie	27
Bonheur de l'historien	27
Trois espèces de penseurs	28
L'image de la vie	28
La vérité ne tolère pas d'autres dieux	28
Sur quoi l'on exige le silence	29
Historia in nuce	29
Incurable	29
Les applaudissements sont une continuation du spectacle	30
Courage de l'ennui	30
De la plus intime expérience du penseur	30
Les obscurantistes	34
Quelle espèce de philosophie fait périr l'art	34
A Gethsémané	35
Au métier à tisser	35
Dans le désert de la science	36
La prétendue « vérité vraie »	36
Vouloir être juste, et vouloir être juge	38
Sacrifice	40
Contre les inquisiteurs de la morale	40
Dent de serpent	41
La duperie en amour	41
A celui qui nie sa vanité	42
Pourquoi les gens bêtes deviennent si souvent méchants	42

L'art des exceptions morales......................	42
L'absorption et la non-absorption des poisons...	43
Le monde privé du sentiment du péché..........	43
Les consciencieux........	43
Moyens opposés pour éviter l'amertume.............	43
Ne pas prendre trop à cœur	44
L'humaine « chose en soi »	44
Ce qu'il y a de comique chez beaucoup de gens laborieux...............	44
Avoir beaucoup de joie...	45
Dans le miroir de la nature	45
Puissance sans victoires..	46
Joie et erreur............	46
On a tort d'être injuste...	46
Jalousie, avec ou sans porte-parole...........	47
La colère comme espion..	48
La défense est moralement plus difficile que l'attaque................	48
Honnête contre l'honnêteté	48
Charbons ardents........	49
Livres dangereux........	49
Compassion feinte.......	49
La contradiction ouverte est souvent conciliante.	49
Voir luire sa lumière.....	50
Joie partagée............	50
Grossesse ultérieure......	50
Dur par vanité..........	51
Humiliation	51
Hérostratisme extrême...	51
Le monde des diminutifs.	51
Défaut de la pitié........	52
Indiscrétion	52
La volonté a honte de l'intellect..................	52
Pourquoi les sceptiques déplaisent à la morale....	53
Timidité	53
Un danger pour la moralité universelle..............	53
L'erreur la plus amère...	53
Amour et dualisme.......	54
Interpréter selon le rêve..	54
Débauche................	54
Punir et récompenser.....	54
Deux fois injuste.........	55
La méfiance.............	55
Philosophie du parvenu..	55
S'entendre à se laver proprement...............	55
Se laisser aller...........	56
Le gredin innocent.......	56
Faire des plans..........	56
Ce qui nous sert à voir l'idéal...................	56
Louanges déloyales......	57
Il est indifférent comment on meurt..............	57
Les mœurs et leurs victimes	58
Le bien et la bonne conscience.................	59
Le succès sanctifie les intentions................	59
Christianistes, et non pas chrétiens	60
Impression de la nature chez les hommes pieux et irréligieux...........	60
Assassinats légaux.......	61
« Amour »...............	61
Le christianisme accompli.	62

INDEX DES APHORISMES

De l'avenir du christianisme............	62
Historisme et bonne foi des incrédules............	64
Le poète comme indicateur de l'avenir............	67
La muse en Penthésilée....	68
Ce qui est le détour vers le beau............	69
Pour excuser mainte faute	69
Satisfaire les meilleurs....	69
D'une même étoffe........	70
Langage et sentiment.....	70
Erreur au sujet d'une privation............	70
Les trois quarts de la force	71
Ne pas accepter comme hôte la faim............	71
Vivre sans art et sans vin.	71
Le génie de proie........	71
Aux poètes des grandes villes............	72
Le sel du discours.......	72
L'écrivain le plus libre...	73
Réalité choisie............	76
Espèces bâtardes de l'art..	76
La couleur manque pour faire le héros............	76
Style de la surcharge.....	77
Pulchrum est paucorum hominum............	77
L'origine du goût pour les œuvres d'art............	78
Pas trop rapproché........	79
Brutalité et faiblesse.....	79
La bonne mémoire........	80
Affamer au lieu de rassasier............	80
Crainte de l'artiste.......	80
Le cercle doit être décrit.	81
L'art ancien et l'âme du présent............	81
Contre ceux qui blâment la brièveté............	83
Contre les myopes........	83
Lecteurs de sentences.....	83
Inconvenances du lecteur.	84
Ce qu'il y a de troublant dans l'histoire de l'art..	84
Aux héros de l'art........	84
Le manque de conscience esthétique............	85
Comment l'âme doit se mouvoir d'après la musique nouvelle............	85
Poète et vérité............	87
Moyens et but............	87
Les plus mauvais lecteurs.	87
Caractère des bons écrivains............	87
Les genres mêlés........	87
Se taire............	88
Insignes du rang.........	88
Livres froids............	88
Artifice du balourd........	88
Du style baroque.........	89
La valeur des livres honnêtes............	91
Par quoi l'art crée un parti............	91
Devenir grand aux dépens de l'histoire............	92
Comment on peut gagner une époque pour l'art...	92
Critique et joie............	93
Au delà des limites......	93
Œil de verre............	93
Ecrire et vouloir vaincre..	94
« Bon livre sait attendre ».	94

L'excessif comme procédé d'art...	95
L'orgue de barbarie caché.	95
Le nom sur la page de titre	95
La critique la plus violente.	96
Peu et sans amour...	96
Musique et maladie...	96
Avantage pour les adversaires...	97
Jeunesse et critique...	97
Effet de la quantité...	97
Tout commencement est danger...	98
En faveur des critiques...	98
Succès des sentences...	98
Vouloir vaincre...	99
Sibi scribere...	99
Eloge de la sentence...	99
Besoins artistiques de second ordre...	99
Les Allemands au théâtre...	101
La musique, manifestation tardive de toute culture.	104
Les poètes ne sont plus des éducateurs...	107
Regard en avant et en arrière...	108
Contre l'art des œuvres d'art...	109
Persistance de l'art...	110
Les porte-paroles des dieux...	111
Ce que tout art veut et ne veut pas...	112
Art et restauration...	113
Bonheur de l'époque...	113
Une vision...	114
Education, tortion...	115
Philosophes et artistes de l'époque...	116
Ce n'est pas sans peine que l'on est soldat de la culture...	116
Comment il faut raconter l'histoire naturelle...	117
Génialité de l'espèce humaine...	118
Culte de la culture...	118
L'ancien monde et la joie.	119
Les muses mensongères.	120
Homère sait être paradoxal...	120
Justification ultérieure de l'existence...	121
Le pour et le contre sont nécessaires...	121
Injustice de génie...	121
La pire destinée d'un prophète...	122
Trois penseurs égalent une araignée...	122
Les rapports avec les auteurs...	122
Attelage à deux...	122
Ce qui lie et ce qui sépare.	123
Tireurs et penseurs...	123
De deux côtés à la fois...	123
Original...	124
Erreur des philosophes...	124
Trait d'esprit...	124
Le moment qui précède la solution...	124
Se joindre aux exaltés...	125
Air vif...	125
Pourquoi les savants sont plus mobiles que les artistes...	125
En quoi la piété obscurcit.	126
Etre placé sur la tête...	126
Origine et utilité de la mode	127

INDEX DES APHORISMES

Délier la langue............ 127
Esprits à libre cours..... 128
Oui, la faveur des muses. 128
Contre l'enseignement de la musique............. 129
Ceux qui découvrent des trivialités.............. 129
Morale des savants...... 129
Cause de la stérilité..... 130
Monde renversé des larmes. 130
Les Grecs comme interprètes................. 130
Du caractère acquis des Grecs................ 131
Ce qui est vraiment païen. 132
Grecs exceptionnels...... 134
Ce qui est simple ne se présente ni en premier ni en dernier lieu...... 135
Où il faut partir en voyage. 138
Baume et poison......... 140
La foi sauve et damne.... 142
La tragi-comédie de Ratisbonne................ 143
Erreurs de Gœthe....... 145
Les voyageurs et leurs degrés................... 146
En montant plus haut.... 147
Mesure et milieu......... 147
Humanité dans l'amitié et dans la maîtrise......... 148
Les profondeurs.......... 148
Pour ceux qui méprisent « l'humanité de troupeau »................ 148
Principal manquement à l'égard des vaniteux.... 149
Déception 149
Deux sources de la bonté. 149

Le voyageur en montagne se parle à lui-même.... 150
Excepté le prochain...... 150
Précaution............... 151
Vouloir paraître vaniteux. 151
La bonne amitié.......... 151
Les amis comme fantômes. 151
Un œil et deux regards.. 152
Le lointain bleu.......... 152
Avantage et désavantage dans le même malentendu................... 152
Le sage qui se fait passer pour fou.............. 152
Se forcer à l'attention.... 153
Le chemin qui mène à une vertu chrétienne...... 153
Ruse de guerre de l'importun................... 153
Raison de l'aversion..... 153
En se séparant........... 154
Silence !................. 154
Impolitesse.............. 154
La franchise qui se méprend.................. 157
Dans l'antichambre de la faveur................. 155
Avertissement aux méprisés.................... 155
Certaines ignorances anoblissent................ 155
L'adversaire de la grâce.. 155
En se revoyant.......... 156
Il ne faut se faire d'amis que parmi les gens qui travaillent.............. 156
Une arme peut valoir le double de deux armes.. 156
La profondeur et l'eau trouble................... 157

Démontrer sa vanité devant les amis et les ennemis.	157
Rafraîchissement	157
Sentiments composites	157
Quand le danger est le plus grand	157
Pas trop tôt	158
Le plaisir que causent ceux qui regimbent	158
Tentative de l'honnêteté	158
L'éternel enfant	158
Toute philosophie est la philosophie d'un âge particulier	159
De l'esprit des femmes	160
Elévation et abaissement sur le domaine sexuel	160
La femme accomplit, l'homme promet	160
Transplantation	161
Le rire révélateur	161
De l'âme du jeune homme	161
Pour rendre le monde meilleur	161
Ne pas se mêler de ses sentiments	162
Cruelle invention de l'amour	162
Portes	162
Femmes compatissantes	162
Mérites précoces	163
Ames faites d'une pièce	163
Jeunes talents	163
Dégoût de la vérité	164
La source du grand amour	164
Propreté	164
Vieillards vaniteux	165
Utilisation du nouveau	165
Avoir raison auprès des deux sexes	165
Renoncement dans la volonté d'être belle	165
Incompréhensible, insupportable	166
Le parti qui prend l'allure d'une victime	166
Affirmer vaut mieux que démontrer	166
Les meilleurs receleurs	167
De temps en temps	167
La vertu n'a pas été inventée par les Allemands	167
Pia fraus ou autre chose	168
Dans les choses bonnes, le demi vaut mieux que l'entier	168
L'homme de parti	169
Ce qui est allemand selon Gœthe	169
Quand il faut s'arrêter	169
Révolutionnaires et propriétaires	170
Tactique des partis	171
Pour fortifier les partis	171
Prendre soin de son passé	172
Ecrivains de parti	172
Prendre parti contre soi-même	172
Danger dans la richesse	172
Le plaisir de commander et d'obéir	173
Ambition de la vedette	174
La nécessité de l'âne	174
Mœurs et parti	174
Se vider	174
Ennemis désirés	174
La propriété possède	175
De la domination des compétences	175
Le « peuple des penseurs »	

INDEX DES APHORISMES

(celui des mauvais penseurs)............	176
Porter des hiboux à Athènes..............	177
La presse..................	180
Après un grand événement,	180
Etre un bon Allemand, c'est cesser d'être Allemand..	180
Prédilection pour l'étranger	181
Opinions..................	184
Deux espèces de sobriété..	184
Falsification de la joie....	184
Le bouc de vertu..........	184
Souveraineté..............	185
Celui qui agit sur ses semblables est un fantôme et non pas une réalité....	185
Prendre et donner.......	185
Le bon champ...........	185
Les relations une jouissance	186
Savoir souffrir publiquement...................	186
Chaleur sur les sommets..	186
Vouloir le bien, savoir le beau...................	187
Danger de ceux qui renoncent..............	187
Dernière opinion sur les opinions	188
« Gaudeamus igitur »...	188
A quelqu'un qui a été loué	188
Aimer le maître...........	188
Trop beau et trop humain.	188
Effets mobiliers et propriété terrienne...............	189
Involontaires figures idéales	189
Idéaliste et menteur......	190
Être mal compris........	190
Le buveur d'eau parle....	190
Au pays des anthropophages	190
Le degré de congélation de la volonté..........	190
L'idéal renié	191
Penchant perfide.........	191
Bonheur d'escalier.......	192
Vers....................	192
La position victorieuse...	192
Danger dans l'admiration.	192
Utilité de la maladie.....	193
Infidélité, condition de la maîtrise.................	193
Jamais en vain..........	193
A travers les vitres dépolies	194
Indices de transformations violentes...............	194
Médicament de l'âme.....	194
Classification des esprits..	194
Le fataliste..............	194
Raison de beaucoup d'humeur...................	195
L'excès comme remède...	195
« Veuille être toi-même ! ».	195
Vivre, si possible, sans adhérents..............	195
S'obscurcir..............	196
Ennui...................	196
Le danger dans l'admiration	196
Ce que l'on demande à l'art	196
Réfection................	197
Après la mort............	197
Laisser dans le royaume des ombres..................	197
Près de la mendicité.....	197
Penser par enchaînements.	198
Compassion..............	198
Qu'est-ce que le génie?....	198
Vanité des combattants...	198
La vie philosophique est mal interprétée.........	198
Imitation................	198

Dernier enseignement de l'histoire............ 199
La générosité comme masque!................. 199
Impardonnable............ 200
Axiomes parallèles....... 200
L'oreille qui fait défaut... 200
Défaut de point de vue et non pas de l'œil........ 201
L'ignorance sous les armes 201
A la buvette de l'expérience 201
Oiseaux chanteurs........ 202
Pas à la hauteur.......... 202
Fautes que commettent les biographies............ 203
Ne pas payer trop cher... 203
Quelle est la philosophie dont une société a toujours besoin........... 203
Indices d'une âme noble.. 203
Le sublime et celui qui le contemple............. 203
Se contenter............. 204
Avantage dans la privation 204
Recette pour le martyr.... 204
Le juge.................. 204
Utilité du grand renoncement................. 205
Comment le devoir prend de l'éclat.............. 205
Prière aux hommes....... 205
Créateurs et jouisseurs.... 205
La gloire de tous les grands 205
La course aux enfers..... 206

LE VOYAGEUR ET SON OMBRE

De l'arbre de la science... 213
La raison du monde...... 213
« Au commencement était » 213
Mesure de la valeur de la vérité................. 214
Langage et réalité........ 214
L'imperfection terrestre et sa cause principale..... 215
Deux modes de consolation 217
Dans la nuit............. 218
Où a pris naissance la théorie du libre arbitre..... 219
Ne pas sentir de nouvelles chaînes................ 220
Le libre arbitre et l'isolation des faits.......... 221
Les erreurs fondamentales 222
Dire deux fois les choses. 223
L'homme comédien du monde................ 223
Modestie de l'homme..... 225
Où l'indifférence est nécessaire................. 225
Explications profondes... 227
Le Diogène moderne...... 229
Immoralistes............. 230
Ne pas confondre........ 230
L'homme, celui qui mesure. 231
Principe de l'équilibre.... 231
Les partisans de la doctrine du libre arbitre ont-ils le droit de punir........ 234
Pour juger le criminel et son juge............... 237
L'échange et l'équité..... 237
Les conditions légales comme moyens............. 238
Explication de la joie maligne.................. 239
Ce qu'il y a d'arbitraire

INDEX DES APHORISMES

dans l'attribution du châtiment	239
La jalousie et sa sœur plus noble	241
Jalousie des dieux	242
La vanité comme surpousse d'un état antisocial	242
L'équité	243
Élément de la vengeance . . .	248
Les vertus du préjudice . . .	248
Casuistique de l'avantage . .	249
Devenir hypocrite	249
Une espèce de culte des passions	250
Le remords	251
Origine des privilèges	251
La signification de l'oubli dans le sentiment moral.	251
La richesse morale par succession	252
Le juge et les circonstances atténuantes	253
Problème du devoir de la vérité	254
Degrés de la morale	255
La morale de la compassion dans la bouche des immodérés	256
Cloaques de l'âme	256
Une façon de repos et de contemplation	257
Une défense sans raison . .	257
Caractéristique	257
Compassion et mépris	258
Savoir être petit	258
L'image de la conscience . .	258
Les passions surmontées . .	259
L'habileté à servir	259
Danger du langage pour la liberté intellectuelle	260
Esprit et ennui	260
Les rapports avec des animaux	260
Nouveaux acteurs	262
Qu'est-ce « être obstiné » ?	262
Le mot « vanité »	263
Fatalisme turc	263
Avocat du diable	265
Les masques de caractère moraux	265
La vertu la plus noble	265
Ce qui est d'abord nécessaire	266
Qu'est-ce que la vérité ? . .	266
Habitude des contrastes . .	266
Si l'on peut pardonner . . .	267
Honte habituelle	267
L'éducateur le plus maladroit	268
L'écriture de la prévoyance	269
Missionnaires divins	269
Loyauté dans la peinture . .	270
La prière	271
Un saint mensonge	272
L'apôtre le plus nécessaire	272
Qu'est-ce qui est plus périssable, l'esprit ou le corps ?	273
La foi en la maladie, une maladie	273
Parole et écriture des hommes religieux	273
Danger dans la personne . .	274
La justice terrestre	274
Une affectation en prenant congé	275
Sauveur et médecin	276
Les prisonniers	276
Le persécuteur de Dieu . . .	278
Socrate	278
Apprendre à bien écrire . .	279

L'école du meilleur style..	280
Prendre garde à l'allure...	280
Déjà et encore..............	281
Allemand original.........	281
Livres interdits............	281
Montrer de l'esprit........	282
Littérature allemande et française...............	282
Notre prose...............	282
Le grand style............	283
Eviter.....................	283
Quelque chose comme du pain...................	284
Jean Paul.................	284
Savoir aussi goûter le contraste.................	285
Auteurs à esprit de vin...	285
Le sens médiateur........	285
Lessing...................	285
Lecteurs que l'on ne désire pas..................	286
Idées de poètes...........	286
Ecrivez simplement et utilement................	286
Wieland...................	287
Fêtes rares................	287
Le trésor de la prose allemande.................	288
Style écrit et style parlé..	288
Citer avec prudence......	288
Comment doit-on dire les erreurs?..............	289
Restreindre et agrandir...	289
La littérature et la morale s'expliquent............	290
Quelles sont les contrées qui réjouissent d'une façon durable?................	290
Lire à haute voix.........	291
Le sens dramatique.......	291
Herder...................	291
Odeur des mots...........	293
Le style cherché..........	293
Promesse solennelle......	293
La convention artistique..	293
Affectation de la science chez les artistes........	294
L'idée de Faust...........	296
Y a-t-il des classiques allemands?.................	296
Intéressant mais point beau.	299
Contre les novateurs du langage.................	299
Les auteurs tristes et les auteurs graves.............	300
Santé du goût............	300
Résolution	300
Corriger la pensée........	300
Livres classiques.........	301
Mauvais livres............	301
Présence des sens........	301
Idées choisies............	301
Cause principale de la corruption du style........	302
Pour excuser les stylistes lourds.................	302
Perspective à vol d'oiseau.	302
Comparaisons hasardeuses.	303
Danser dans les chaînes...	303
Ampleur des écrivains....	304
Héros essoufflés..........	304
Les demi-aveugles........	304
Le style de l'immortalité..	304
Contre les images et les symboles...............	305
Se garder.................	305
Squelettes tatoués........	306
Le style grandiloquent et ce qui lui est supérieur..	306
Sébastien Bach............	306

INDEX DES APHORISMES

Haendel	307
Haydn	307
Beethoven et Mozart	307
Récitatif	308
Musique « sereine »	308
François Schubert	309
La diction musicale la plus moderne	308
Félix Mendelssohn	310
Une mère des arts	310
La liberté dans les entraves — une liberté princière	311
La barcarolle de Chopin	311
Robert Schumann	312
Les chanteurs dramatiques	312
Musique dramatique	312
Victoire et raison	313
Du principe de l'exécution musicale	313
Musique d'aujourd'hui	314
Où la musique est à l'aise	314
Sentimentalité dans la musique	315
En amis de la musique	317
L'art dans le temps réservé au travail	317
Les employés des sciences et les autres	319
Reconnaissance du talent	321
Rire et sourire	321
Entretien des malades	321
La médiocrité comme masque	322
Les patients	322
Les meilleures plaisanteries	323
Accessoires de toute vénération	323
Le grand danger des savants	323
Les maîtres à l'époque des livres	325
La vanité considérée comme la chose la plus utile	325
Pronostics de la culture	326
La colère et la punition viennent à leur temps	327
Origine des pessimistes	328
De la mort raisonnable	329
Regardant en arrière	330
La guerre comme remède	330
Transplantation intellectuelle et corporelle comme remède	331
L'arbre de l'humanité et la raison	332
L'éloge du désintéressement et son origine	333
« Temps d'obscurité »	336
Le philosophe de l'opulence	336
Les époques de la vie	336
Le rêve	337
Nature et science	337
Vivre simplement	338
Sommets et monticules	338
La nature ne fait pas de bonds	338
Proprement, il est vrai	339
Le solitaire parle	339
Fausse célébrité	339
Touristes	340
Trop et trop peu	340
La fin et le but	340
Neutralité de la grande nature	341
Oublier les intentions	341
Ecliptique de l'idée	341
Par quoi l'on aurait tout le monde contre soi	341

Avoir honte de la richesse.	342
Excès d'arrogance.......	343
Sur le terrain de la honte.	343
Sort de la mortalité.....	344
Le fanatique de la méfiance et sa garantie.........	344
Livres européens.........	346
Mode et moderne........	348
La « vertu allemande »...	352
Classique et romantique...	354
L'enseignement de la machine..................	354
Pas sédentaire...........	355
Réaction contre la culture des machines..........	355
Le côté dangereux du rationalisme..............	356
La passion au moyen-âge.	357
Piller et économiser......	357
Ames joyeuses...........	358
Athènes déréglée.........	358
Sagesse des Grecs........	358
L'éternel Epicure.........	359
Le style de la supériorité..	359
Ceux qui s'enterrent......	360
Tyrans de l'esprit........	360
L'émigration la plus dangereuse................	360
La folie de l'État.........	361
Contre ceux qui ne ménagent pas leurs yeux....	361
Grandes œuvres et grande foi..................	361
L'homme sociable........	362
Fermer les yeux de l'esprit.	362
La vengeance la plus terrible.................	362
L'impôt du luxe..........	363
Pourquoi les mendiants vivent encore...........	363
Comment le penseur utilise une conversation.......	363
L'art de s'excuser........	364
Relations impossibles.....	364
Le renard des renards....	365
Dans les relations intimes.	365
Le silence du dégoût.....	365
Sérieux des affaires......	365
Ambiguïté...............	366
Positif et négatif.........	366
La vengeance des filets vides...................	366
Ne pas faire valoir son droit.................	366
Porteurs de lumières......	367
Le plus charitable........	367
Vers la lumière..........	367
L'hypocondriaque........	367
Restituer...............	367
Plus subtil qu'il n'est nécessaire.................	368
Une espèce d'ombre claire.	368
Ne pas se venger ?.......	368
Erreur de ceux qui vénèrent.................	369
Lettre..................	369
Prévenir contre soi-même.	370
Chemins de l'égalité......	370
Calomnie................	370
Le ciel des enfants.......	371
Les impatients...........	371
Il n'y a pas d'éducateurs.	372
Compassion pour la jeunesse................	373
Les âges de la vie........	373
L'esprit des femmes dans la société actuelle.....	375
Grand et périssable......	376
Sens du sacrifice.........	376
Peu féminin.............	376

INDEX DES APHORISMES

Les tempéraments masculins et féminins et la mortalité..................	376
Le temps des constructions cyclopéennes............	377
Le droit de suffrage universel.......................	378
La mauvaise induction....	380
Prémisses de l'âge des machines...................	380
Une entrave de la culture.	380
Plus de respect pour les compétences	381
Le danger des rois........	383
Le professeur est un mal nécessaire.............	383
La contribution de l'estime.	384
Les moyens pour arriver à la paix véritable.....	385
La propriété peut-elle être équilibrée par la justice ?	387
La valeur du travail......	389
De l'étude du corps social.	391
En quoi la machine humilie.......................	391
Quarantaine de cent années.	392
Le partisan le plus dangereux.|.................	392
La destinée de l'estomac..	392
Victoire de la démocratie.	392
But et moyens de la démocratie.................	394
La circonspection et le succès	395
Et in Arcadia ego........	395
Calculer et mesurer.......	397
Ne pas voir au mauvais moment...............	397
La pratique du sage.......	397
La fatigue de l'esprit....	398
« Une seule chose est nécessaire »	398
Un témoignage d'amour..	398
Comment on cherche à corriger les arguments mauvais....................	398
La loyauté...............	399
Homme !................	399
La gymnastique la plus nécessaire...............	399
Se perdre soi-même......	400
Quand il faut prendre congé.	400
A l'heure de midi........	400
Se garder de son peintre..	401
Les deux principes de la vie nouvelle...........	401
Irritabilité dangereuse....	402
Destruction des illusions..	402
La monotonie du sage...	402
Ne pas être malade trop longtemps..............	402
Avertissement aux enthousiastes|................	403
Savoir se surprendre.....	403
Opinions et poissons.....	404
Signes de liberté et de contrainte..................	404
Croire en soi-même......	404
Plus riche et plus pauvre, tout à la fois.........	405
Comment il faut attaquer..	406
Mort....................	406
Remords.................	406
Devenir penseur.........	407
Le meilleur remède......	407
Ne touchez pas !.........	407
La nature oubliée........	407
Profondeur et ennui......	408
Quand il est temps de se faire serment de fidélité.	408

Ceux qui prédisent le temps.	409	Dérangements du penseur.	412
Constante accélération.	409	Avoir beaucoup d'esprit.	412
Trois bonnes choses.	409	Comment il faut vaincre.	413
Mourir pour la « vérité ».	410	Illusions des esprits supérieurs.	413
Avoir sa taxe.	410	Exigence de la vanité.	413
Morale pour ceux qui bâtissent.	410	Digne d'un héros.	414
Sophocléisme.	410	A quoi l'on peut mesurer la sagesse.	414
L'héroïsme.	411		
Double de la nature.	411	L'erreur présentée d'une façon désagréable.	414
Affabilité du sage.	412		
Or.	412	La maxime dorée.	414
Roue et frein.	412		

TABLE DES MATIÈRES

Avant-propos... 7

PREMIÈRE PARTIE
Opinions et Sentences mêlées.............   19

DEUXIÈME PARTIE
Le Voyageur et son Ombre................. 207

Notes... 419

Index des aphorismes............................ 431

ACHEVÉ D'IMPRIMER

le trente septembre mil neuf cent deux

PAR

BLAIS ET ROY

A POITIERS

pour le

MERCVRE

DE

FRANCE

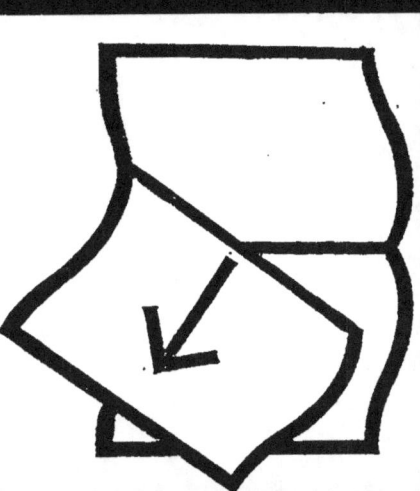

Documents manquants (pages, cahiers...)
NF Z 43-120-13

www.ingramcontent.com/pod-product-compliance
Lightning Source LLC
Chambersburg PA
CBHW060929230426
43665CB00015B/1888